KB044678

교회는 언제쯤 너그러워질까

교회는 언제쯤 너그러워질까
-삐딱한 목사의 서재

2018년 8월 20일 초판 1쇄 펴냄

펴낸곳 도서출판 **삼인**

지은이 김기대
펴낸이 신길순

등록 1996.9.16 제25100-2012-000046호
주소 03716 서울시 서대문구 연희로 5길 82(연희동 2층)

전화 (02) 322-1845
팩스 (02) 322-1846
전자우편 saminbooks@naver.com

디자인 디자인 지폴리
인쇄 수이북스
제책 은정제책

©2018, 김기대
ISBN 978-89-6436-146-7 03330

값 14,000원

교회는
언제쯤
너그러워질까

삐딱한 목사의 서재

김기대 산문집

삼인

다른 이들이 애써 쓴 글을 내 맘대로 읽는다는 것은 예의 없기는 하지만 즐거운 일이다. 창조적 오독誤讀이라고 했던가? 하지만 자크 데리다에 따르면, 오독은 없다. 작가의 의도를 해체하는 순간 글은 나만을 위한 새로운 텍스트가 된다.

암울한 군사 독재 시절은 차라리 견디기가 쉬웠다. 그때 죽고 사라져 간 이들의 비극을 생생히 기억하지만 역사의 진보를 믿었기에 비겁한 관망자는 앞서간 이들에 대한 예의만 갖추면 그런대로 살 수 있는 세상이었다.

역사의 진보를 증명이라도 하듯이 세상은 조금씩 나아지고 있었다. 그런데 어느 날 갑자기 대중은 진보를 외면하고 '돈'과 '쿠데타의 후예'를 그들의 지도자로 삼고 말았다. 적어도 나에게 이 시절은 십수 년 전의 그 시절보다 더 견디기 어려운 세월이었다. 한때 관망자로서 헌사를 보내던 활동가들이 현실에 안주해가는 모습을 보면서 나의 회의는 깊어졌고 합리도 진보도 사라지고 믿음도 상품화된 사회가 나를 옥죄어왔다. 이민사회라는 좁은 공간에서조차 한국 사회의 퇴행적 행태가 그대로 드러날 때 나의 숨막힘은 더욱 심해졌다.

운동을 조직하고 거리로 나섰다. 그리고 책을 들었다. 이전부터 책읽기에서 기쁨을 얻기는 했지만 희망이 사라진 시절에는 분야에 구분을 두지 않고 닥치는 대로 읽었다. 그러자 자크 라캉, 발터 벤야민, 알랭 바디우, 슬라보예 지젝 등이 내게로 다가왔고 생소한 분야의 책들도 의미있게 읽혔다.

이 서평집에는 어려운 시대를 살아가던 '남겨진 자'의 고민이 담겨 있다. 책이 없었으면 온전히 살아가기가 어려웠을 것이기에 말이다. 그 시절을 다루다 보니 다소 뒤늦은 분석도 있지만 관망자에서 활동가로 바뀐 한 사람의 변화 과정을 기록한다는 차원에서 책을 내게 되었다.

첫 번째 책이 나올 때 나는 스페인 산티아고 순례길에 포함된 이름 모를 길을 걷고 들을 건너며 산을 넘고 있었다. 공교롭게도 이번 책의 출판 소식도 아이슬란드 산행 중에 들었다. 산티아고 길이 스페인의 정취를 그대로 보여준다면, 아이슬란드 산행 길은 빙하와 초목, 바닷가와 사막이 번갈아 나오는, 즉 다양한 해석이 가능한 공간이었다. 책 읽기란 저자의 체취를 발견하는 작업을 넘어 하나의 텍스트 안에서 다양한 해석을 발굴해내는 일이다. 책 안에서 진리를 발견하는 것이 아니라 책 속의 글자를 지금 내가 살아가는 사회 속으로 끌어내서 만나게 하는 작업이 책 읽기다.

나는 여행을 하면서 앞서간 이들의 여행 정보로부터 도움을 받지 않으려고 노력한다. 그들이 본 세상과 내가 본 세상이 꼭 같아야 할 필요가 없기 때문이다. 그들이 극찬한 곳이 나에게는 하찮을 수 있다.

여기 소개된 많은 인용문들의 책 제목은 소개했지만 구체적인 쪽수를 명기하지 않은 이유도 이와 같다. 여행안내 책자에서 소개한 한 곳만 꼭 집어 찾아가는 여행이 아니라 특정 장소를 좋은 곳이라고 스스로 만들어낼 수 있는 여행 같은 책 읽기를 추천하고 싶어서이다. 이 졸저를 읽는 독자들이, 여기 소개하는 책들에서 더 많은 보화를 발견하기를 바라는 마음에서 쪽수를 콕 집는 친절한 안내를 생략한 뜻을 혜량해주시기를. 이 일은 원저자에 대한 예의이기도 했다.

여기에 담긴 글들은 주로 〈뉴스 M〉에 실렸던 글들이고 〈오마이 뉴스〉에 중복 게재되었던 글들도 간혹 있다. 열악한 환경에서 언론의 사명을 다하고 있는 〈뉴스 M〉 최병인 대표에게 감사를 전한다. 책의 출간을 허락해준 삼인 출판사의 김도언 주간을 비롯한 편집진들의 노고도 잊을 수 없다. 삼인이 출판을 허락해준 이후에 내 서가를 살펴보니 삼인에서 나온 책들이 꽤 많았다. 내가 읽고 싶었던 책들을 많이 냈다는 뜻이다. 고마운 일이다. 짧은 인연에도 불구하고 좋은 추천의 말을 써준 분들 역시 내게는 소중한 벗들이다. 무엇보다도 목회는 제쳐놓고 책 읽기, 영화 보기만 하는 목사를 20년째 참아내고 있는 평화의교회 교우들에게 깊은 감사의 뜻을 전한다.

2018년 7월
아이슬란드 아쿠레이리 바닷가에서
김기대

차례

2부 장기 두던 꼭두각시는 어디로 가고

3부 대의 민주주의에 민의民意 없다

4부　장기 두던 꼭두각시는 어디로 가고

5부 인간 자격, 인간 실격

교회는
왜 성공에
집착하는가

"역사를 통틀어 교회는 공정경제의 편을 들었을 뿐 아니라 반경제적 자세까지도 취했다는 말을 하고 있는 것이다. 다수결로 결정되는 공식적인 방식으로는 논의할 수 없는 이와 같은 것들을 숙고하여 표현하는 부분에서 내가 로마 천주교회에 도움이 될 수 있으면 좋겠다. 이는 민주주의 문제도 아니고 위원회가 결정하고 말고 할 문제가 아니다. 증인 역할을 하느냐 마느냐 하는 문제이다."

이반 일리치·데이비드 케일리, 『이반 일리치와 나눈 대화』 중에서

교회는 현실 정치(폴리스)가 작동되는 공간이 아니다. 가톨릭 사제로 출발했다가 사회가 당연하다고 믿어왔던 것들을 하나씩 부수어나가는 사상가이자 활동가로 생을 마친 이반 일리치는 제도화된 가톨릭 교회에 대해서 쓴소리를 마다하지 않았다. 개신교를 향해 넘쳐나는 비판들이 일리치에 못 미치는 이유는, 대부분 폴리스적 가치를 우선하기 때문이다. 비판은 늘 허공에 머무는 까닭이다. 교회는 너그러워질 수 없을까? 이 논의는 교회가 법과 도덕체계의 공간이 아니라 증인들의 공동체라는 데서부터 시작해야 한다.

중산층 구미에 맞추다
갈 길 잃은 개신교

기독교윤리실천운동본부(이하 기윤실)가 의뢰하여 실시한 여론 조사에서, 개신교에 대한 신뢰도는 17.6퍼센트로 3년 새 가장 낮은 수치로 나타났다. 그나마 비기독교인 중에서는 8.2퍼센트만이 신뢰한다고 했는데 나는 이토록 수치가 높게 나온 데 오히려 놀랐다. 비기독교인 중에 기독교에 대한 신뢰라는 것이 남아 있기는 한 것인가?

이러한 현상에 대해 많은 분석이 있지만 "원인은 무엇보다 리더인 목회자의 문제로서 세상의 한가운데로 나가지 않고, 신앙의 본질을 제대로 가르치지 못했고, 자신의 삶으로 보여주지 못한 데" 있다고 2010년 10월 연세신학연구회에서 연세대 정종훈 교수가 말한 바 있다.

또한 그는 한국 교회가 "부끄러운 현실에 대한 회개 때조차 무게중심을 회개에 두는 게 아니라 새로운 부흥에 두고 있다"고 지적했다. 기윤실에서 실시한 조사에 따르면 응답자들은 교회 지도자들의 언행일치(38.8퍼센트), 타 종교에 대한 관용(29.7퍼센트), 재정 사용의 투명화(13.0퍼센트), 사회봉사(12.3퍼센트)를 개신교에 요구했다. 이와 함께 향후 한국 교회 신뢰도 제고를 위한 중요 사회적 활동 중 1순위로 '봉사 및 구제활동'(48.2퍼센트)을 꼽았다고 한다.

한국 개신교와 목회자의 문제가 어제오늘의 일이 아니기에 그런가? 분석조차 어제와 오늘이 똑같다. 세상은 변하고 있는데 분석은 20년 전이나 지금이나 똑같다. 세상의 변화를 따라가지 못하는 교회야 그렇다고 쳐도, 분석과 평가는 달라져야 하는 것이 지성인의 몫 아니던가? 이러한 분석은 항상 상투적이며(클리셰) 어디선가 본 듯하다.(데자뷰)

또 다른 여론 조사를 보자. 지난 2010년 8월 『시사저널』에 실린 기사에 따르면, 가장 영향력 있는 종교인은 1위 고故 김수환 추기경, 2위 정진석 추기경, 3위 자승 스님이었으며, 10위권 내에 개신교는 5위의 조용기 목사를 비롯해 이광선 목사, 김삼환 목사가 포함되었을 뿐이다. 한국 개신교가 외형적 성장에 비해 영향력이 약하므로 반성하자는 상투적 분석이 제기될 법했으나 문제를 제기하기에는 개신교 쪽 인사들이 불교나 천주교의 인사들과 특색이 겹치지 않았다. 청렴, 지도력, 이런 것들과는 거리가 먼 인물들이 포함되었기에 이 조사를 매개로 한국 교회의 영향력 하락을 이슈화시키지 못했다.

오늘 한국 개신교는 분명 문제다. 그런데 과연 문제의 중심에 목회자만 있는가? 나는 이 글을 통해 목회자를 변호하려는 생각은 없다. 한국 교회의 목회자는 분명 문제다. 다만 내가 말하고 싶은 것은, 상투적인 분석으로는 한국 개신교가 신뢰를 회복할 수 없을뿐더러 영향력도 발휘하지 못한다는 것이다.

먼저 상투적 분석들이 간과하는 부분을 보자. 목회자(모든 종교 지도자들을 이 단어로 통칭하기로 한다)의 윤리 문제는 왜 유독 개신교에서만 그렇게 강조되는가? 불교에서 스님은 세 가지 보배 중 하나로 귀의의 대상이 된다. 그들은 매 예불 의식에 앞서 삼보, 즉 부처님과 그 가르침과 스님에게 귀의한다. 예불에 앞서 목회자는 나와 다른 존재라는 것을 인정하고 시작하는 것이다.

천주교 사제는 아버지 같은 존재로 고해성사에 대해 사죄권까지 갖는다. 여기서 목회자는 대중들이 감히 범접할 수 없는 다른 세계에 살고 있는 사람들, 즉 예외 상태에 속한 사람들이다. 카를 슈미트Carl Schmitt의 정치 신학적 입장을 적용해보자면, 이들은 예외 상태를 규정할 주권을 가진 사람들이고 바로 그 주권 때문에 역사를 바른 방향으로 이끌어나갈 수 있는 힘을 갖는다.

반면 개신교 목회자는 다르다. 특별한 지위를 부여받은 사람도 아니고 하느님 또는 아버지와 동격도 아니다. 그런데 개신교 평신도들은 목사에게 나와 다른 종교성(예외 상태)을 요구하며 동시에 세속의 법과 질서(예외가 없는 상태)를 따르라는 모순적 요구를 한다.

이런 현상이 심한 교회가 주로 자칭 개혁적인 교회들이다. 결국 이러한 교회들은 생각이 비슷한 사람이 보이는 근친적 교회로 전락하거나 목회자들이 지쳐 떠나게 되고 교회는 영향력은커녕 생존에 급급하게 된다.

그러는 동안 영향력을 발휘하지 말아야 할 교회들이 성장한다. 이들

교회들은 주로 목회자의 리더십이 부정적인 형태로 강화된 교회다. 그런 점에서 개신교에서 목회자의 지위에 대한 재고가 없으면 신뢰도 회복을 향한 길은 요원해 보인다.

또한 우리는 윤리란 무엇인가를 물어야 한다. 절차가 윤리인가? 도덕이 윤리인가? 바른 세계관이 윤리인가? 이 모든 것이 갖추어지면 거의 성인의 수준이겠지만 절차의 문제에 비껴 있는 타 종교 목회자들과 비교하자면 개신교 지도자들은 불리한 입장이다. 그렇기 때문에 좀 봐달라는 뜻이 아니라 바로 그렇기 때문에 모순이 확대되어 보이는 구조를 인정하라는 것이다.

지난 2007년, 1987년 6월항쟁 20주년을 맞으면서 사회과학계에서는 '87년 이후 체제'라는 신조어가 만들어졌다. 권위주의 시대에는 민주주의 수립이 가장 우선적 과제였기 때문에 민주주의에 모든 에너지가 집중되었다. 그 결과 우리는 20세기 식민지 경험을 가진 나라 중에서 산업화와 민주화를 함께 이룬 거의 유일한 나라라는 귀한 자산을 쌓았다.

그런 절차적 민주주의는 절차상으로는 아무런 문제가 없는 이명박 정부와 박근혜 정부를 탄생시켰다. 다소 거친 속담의 인용이기는 하지만 "죽 쑤어서 개 준" 꼴이 되고 만 것이다. 그래서 사회과학계는 민주주의에 천착하느라 놓쳐버린 그 무엇을 찾고 있다. 비단 이것은 우리나라만의 일은 아니다.

1968년 유럽을 뒤흔들었던 68혁명 이후, 유럽의 사회와 의식은 끝 모르게 진보했다. 그리고 포스트모더니즘의 열풍이 한바탕 휩쓸고 지나간 후 유럽 사회는 다시 한 번 고민에 빠졌다. 무한한 자유와 관용이

준 결과는 무엇이었나에 대한 회의가 일어나기 시작한 것이다.

이 세대 동안 동양 종교에서 영향을 받은 명상이나 요가 같은 것들이 실천적 지식인들을 잠식하기 시작했고 다른 한편으로는 자유에 싫증 나서 이슬람의 가족주의나 권위주의에 귀의하는 젊은이들이 점차 늘어나기 시작했다.

그동안 계몽과 이성의 적으로 생각되던 기독교에 대한 철학적 재사유가 늘어난 것도 이런 것 때문이다. 바로 그 고민에 슬라보예 지젝Slavoj Zizek이나 알랭 바디우Alain Badiou 같은 인물들이 함께하고 있다. 심지어는 나치에 부역한 적이 있던 카를 슈미트의 정치 신학에 대한 인기도 높아가고 있다. 이들은 주권과 예외 상태의 문제를 사유하기 시작한다. 이들은 개인의 선택이 절대선인가에 대해서 묻는다. 마이클 샌델Michael Sandel의 베스트 셀러 『정의란 무엇인가(Justice: What's the Right Thing to Do?)』도 이 문제를 묻고 대답은 못한 채로 책을 끝맺는다.

이러한 현상은 개신교가 안고 있는 고민과 겹쳐진다. 종교 중 가장 많은 자유가 보장된 개신교 내에서 그 자유를 즐길 능력을 가진 대중의 자유와 평등에 대한 요구가 거세어지는 동안, 정작 사회의 진보에 필요한 동력은 허튼 것들과 싸우느라 그 힘이 소진돼버렸다. 또한 우리가 함께 인정할 수밖에 없는 예외 상태와 주권은 허울 좋은 민주주의라는 이름 아래 잠식되어버렸다.

그사이 자신들의 신앙 체계에서 자유를 귀찮아하는 보수주의 대중은 그들의 교회를 성장시키는 '정치적으로 옳은' 선택을 한다. 성장한 그 교회의 지도자들은 막대한 재력으로 사회 구제도 많이 한다. 그러나 신뢰도는 떨어진다. 이명박·박근혜 정권을 거치면서 떨어진 국격과 묘하게 일치하지 않는가.

그런 점에서 오늘 개신교가 신뢰를 잃은 이유에는 세속에 노출된 이러한 구조적 한계도 한몫했다. 깊은 곳을 들여다보면 다른 종교도 매한가지다. 다만 우리는 노출되어 있고 분석가들은 그 구조적 차이를 알지 못하고 설왕설래하면서 오히려 신뢰 하락을 부추기고 있는 것이다.

기윤실 조사 결과로 드러난 요구 사항을 보자. '재정 사용의 투명화'라는 항목이 있는데 그것이 과연 개신교만큼 되는 곳이 있는가? 이명박 정부와 대립각을 세우는 봉은사의 명진 스님이 유명해진 것은 불교 최초로 사찰 재정을 공개하기로 한 것 때문이다. 그러나 그것은 조계종단의 방침과 다른 것이어서 그는 주지 재임에 실패한다. 분명히 민주적이지 않은데 주지 스님의 임기와 재정 공개 등이 종단에 의해 좌우된다. 그런데 조계종단의 자승 스님과 법정 스님과 명진 스님은 존경과 영향력을 다 갖고 있다.

대부분의 교회에서 예결산 공동의회가 요식 행위에 그쳐버리기는 하지만 어쨌든 하지 않는 것보다는 절차적으로 민주적이지 않은가? 개신교에는 눈살을 찌푸리게 하는 교회 분쟁이 많이 일어나지만 뒤집어보면 제도적으로 분쟁 자체가 봉쇄되어 있는 타 종교와 비교 자체가 되지 않는다.

그런 점에서 기윤실 조사보다는 『시사저널』의 조사에 나타난 대중의 여론이 더 솔직하다. 그들이 종교 지도자들에게 바라는 것은 세속성이 아니라 영적 지도력이다. 고 김수환 추기경과 자승 스님 누구도 조용기 목사나 김삼환 목사만큼 사회 구제를 하지 않았지만 그들의 종교는 신뢰도가 높고 그들의 영향력은 목사들보다 높다.

개신교가 세속과 초월 사이에 방황하고 있는 동안, 신뢰도는 하락하고 신뢰도 하락을 부채질한 인물들의 영향력은 막강해진다. 누구의 탓인가? 이중적 잣대를 요구하는 대중과 어설픈 분석가들 때문이다. 그 사이에 끼어서 바른 목회를 고민하던 힘없는 이들은 목회에 지쳐가거나 생존에 급급해한다. 어느 순간 대중의 이성에 대한 신뢰를 상실하고 넓은 문으로 방향을 선회한다.

그렇다면 왜 개신교가 이 지경이 되었을까? 그것은 소비자 중심의 시장주의 때문이다. 그것을 가능하게 한 것은 역설적이게도 타 종교에 비해 가장 잘 이루어진 개신교의 절차적 민주주의다. 개신교는 천주교나 불교와 달리 제도적으로 평신도들의 권한이 가장 활발한 곳이다.(얼마나 신뢰받기 좋은 구조인가!)

이곳에서 살아남기 위해서는 대체로 교회의 실권을 장악하고 있는 중산층 이상들의 눈치를 볼 수밖에 없다. 한 조직이 건강한 힘을 발휘하기 위해서는 재정적 뒷받침이 필수인데, 이른바 교회 내 '개혁' 세력들은 여기에 힘을 보태지 않는다. 결국 목회자는 중산층들이 듣기 좋아하는 설교에 집중한다. 신뢰도 하락의 첫 단추다.

그리고 교회의 중심 세력인 이들의 구미에 맞는 가벼운 봉사나 구제를 통해 그들에게 면죄부를 준다. 대중이 경쟁사회 속에서 살아남으며 '알게 모르게 지은 죄'값을 대신하여 구제와 선교는 제물로 바쳐진다.

여기서 이들의 가슴을 찌를 사회 정의나 희생에 대한 메시지는 생략된다. 자연을 훼손하는 4대강을 비판하거나 전쟁을 부르는 세력들에 대해 쓴소리라도 하게 되면 그 목회자는 졸지에 정치 목사가 된다.

신뢰도 회복은 교회가 선한 일을 하는 NGO와 경쟁하면서 이루어질 일이 아니다. 지금 필요한 것은 개신교의 구조적 장점(또는 약점)을 제대로 파악하는 일이다. 이제 어디 분석에서 본 듯한 상투적 장면을 다시 보는 것은 싫다. 목회 현장에서 바쁜 목사로 하여금 자꾸 이러한 글을 쓰게 하지 말고, 연구실에 있는 학자들의, 공부 제대로 한 분석을 보고 싶다.

　도덕주의에 빠진 어설픈 분석보다는 이 바닥(시장)에서 무슨 일이 일어나는지를 솔직하게 파악하는 일이 더 값져 보인다.

・로저 핑크·로드니 스타크, 『미국 종교 시장에서의 승자와 패자, 1776-2005』(김태식 옮김, 서로사랑, 2014).
・마이클 샌델, 『정의란 무엇인가』(김명철 옮김, 와이즈베리, 2014).

영화 〈1987〉 속의 그 사람, 김정남
– 설경구가 역할을 맡았던 그는 어떤 사람인가

1978년 고故 조영래 변호사는 오랜 자료 수집 끝에 『전태일 평전』을 완성했다. "나에게 대학생 친구가 있었으면 좋겠다"고 생전에 이야기하던 전태일, 그는 평화시장의 살인적인 노동 환경을 개선하기 위해 운동을 조직하다가 1970년 11월 13일 "우리는 기계가 아니다", "근로기준법 준수하라"를 외치면서 분신했다.

서울대 법대생이었던 조영래는 전태일에게 근로기준법을 읽어주고 (당시 법전은 모두 한자로 표기되어 있었기에 전문가가 아니고서는 읽기 어려웠다) 설명해줄 지식인 친구가 하나도 없었다는 사실에 자책하면서 장기표(재야 활동가, 그는 전태일의 소식을 듣고 시신이 있던 성모병원으로 제일 먼저 달려갔다)와 함께 평전 집필을 위한 자료를 수집하기 시작했다.

하지만 유신 정권이 최후의 발악을 하던 시대 상황에서 완성된 원고의 출판이 국내에서는 불가능했다. 하는 수 없이 "불꽃이여, 나를 감싸라—어느 한국 노동자의 삶과 죽음"이라는 제목으로 일본에서 출판했다. 당시 수배 중이던 조영래를 저자로 올릴 수는 없었다. 그래서 '김영기'라는 가명으로 책을 출판하는데 '영'은 조영래의 '영', '기'는 장기표의 '기', '김'은 바로 영화 〈1987〉에서 설경구가 연기한 김정남이었다.

일반인들에게는 조영래와 장기표에 비해 김정남의 지명도가 떨어진다. 그래서 영화 〈1987〉을 본 젊은 세대들 가운데 김정남이 실존인물이었는지 묻는 사람이 많은데 운동권 내부에서 김정남은 뛰어난 지략가였다. 조영래가 완성된 원고를 처음으로 보여준 이가 김정남이라는 사실이 그의 위상을 짐작하게 한다. 일본에서의 출판 역시 김정남이 주선을 할 정도로 기획력이 돋보이는 인물이었다.

서울대 문리대 정치학과를 나온 김정남은 1964년 6·3한일회담반대투쟁의 배후 주동 인물로 구속되었고, 여기서 『전환시대의 논리』의 저자 리영희와 함께 감옥생활을 하게 된 계기로 그와 오랫동안 교분을 나눈다.

김정남은 '민주회복국민회의'의 결성, '민주주의와 민족통일을 위한 국민연합'의 활동을 비롯해 한국 민주화운동 해외 지원 세력과의 연대를 담당한 기획통으로 알려져 있다. 그뿐 아니라 최종길 교수 고문치사 사건, 인혁당 사건 진상 조사 요구 등에 함께한 실질적인 '배후 조종자'였다.

이번 영화에서도 나왔듯이 박종철 고문치사 사건의 축소 후 대학가에는 간헐적인 시위만 있을 뿐이었다. 하지만 전두환의 4·13 호헌 조치가 불을 질렀고 명동성당의 5·18 추모 미사에서 터져 나온 고문 경찰 은폐 폭로로 시국은 걷잡을 수 없이 흘러갔다. 이 과정에서 김정남은 재야 세력을 한데 모았다.

김정남은 선동적인 글쟁이이기도 했다. 김영삼의 단식 선언문도 그가 작성했으며 '닭의 모가지를 비틀어도 새벽은 온다'는 김영삼의 명언도 실제로는 그의 '저작'이었다. 현재 현충원에 있는 김영삼 전 대통령의 묘소 비문도 그가 썼다. 리영희 선생의 딸 미정이 시위로 구속되자 리영희의 부인은 남편의 구속보다 딸의 구속을 더 아파했다고 한다. 보다 못한 김정남은 리영희의 부인을 대신해 탄원서를 썼고, 옛 동료들(그러나 5공화국하에서 변절한) 중 고위 공직에 있던 이들을 찾아다니며 탄원한 결과 미정은 며칠 만에 풀려났다. 변절자들을 찾아다니는 일이 그에게는 수모였으나 리영희 선생을 생각해 마다할 수가 없었다는 게 그의 회고다.

6·29선언으로 김대중과 김영삼이 분열하자 김정남은 많은 재야 활동가들과 달리 김영삼 진영에 가담한다. 그가 김영삼 진영에 서자 이재오, 김문수, 제정구, 손학규, 이부영(영화에서 감옥에 갇혀 있었던, 배우 김의성이 맡은 역할) 등 명망가들이 뒤따라 김영삼과 함께한다.

이들은 왜 김대중에게 가지 않고 김영삼에게 갔을까? 문익환·문동환 형제, 김근태 등이 김대중과 함께한 것과 대비된다.

이것은 한국 진보 세력의 고질병인 통일 인식의 차이, 지역색, 엘리트주의와 무관하지 않다고 보인다. 김영삼 측에 가담한 이들은 진보 세력이었음에도 불구하고 박정희와 전두환이 만들어놓은 '김대중＝빨갱이'라는 등식에서 자유롭지 못했다. 이들은 한국 사회가 진보 세력에게

덧씌운 빨갱이 이름표를 지우기 위해서는 김영삼이 더 안전하다고 생각했던 것 같다. 지리산 빨치산 조직인 '남부군'을 소설로 극화하면서 대장 이현상을 세상에 알렸던 작가 이태 역시 김영삼과 함께 갔다. 이들은 빨갱이로 호명되는 터무니없는 시대 상황과의 맞대결을 피했다. 이러한 현상은 진보신당이 분당되고 마침내 통합진보당이 해산되는 장면에서도 되풀이되었다.

김정남이 김영삼 정부 첫 비서실에서 교육문화 수석을 맡았을 때, 언론에서는 그를 가리켜 좌익 세력의 청와대 위장 잠입이라고 몹시도 흔들었다. 그때 김정남은 무슨 생각을 했을까? 그에 비해 김근태는 가족 대부분이 월북자였음에도 빨갱이 호명과 맞서 싸우면서 김대중과 함께하는 '모험'을 감당했다.

민주주의를 위한 김정남과 그의 벗들의 노고는 인정하지만, 그들의 시대정신은 딱 거기까지였다. 어쨌든 그들은 한국 민주주의의 발전을 정체시킨 3당 합당의 부역자들이었다. 3당 합당에 분연히 맞섰던 노무현의 시대정신이 새롭게 부각되었지만 진보 세력 내에서조차 노무현 흔들기에 나섰던 현상도 재야 세력의 엘리트주의와 닿아 있다. 그러므로 그들의 시대는 노무현 시대의 시작과 함께 끝났어야 했다.

남은 이들의 현재 모습은 아쉽다. 이재오는 이명박의 방패막이 역할을 수행하고 있으며 장기표는 어디서 무얼 하는지 알 길이 없고 김지하는 박근혜를 칭송하기까지 했다. 김문수는 뒤늦게 친박이 되는 실기를 범하면서 일선 소방관과 말싸움이나 하는 신세가 되었다가 서울시장 선거에서 고배를 들었고, 손학규는 '만덕산 손학규'로 희화화되면서 여전히 이곳저곳을 기웃거리고 있다. 조용히 통일운동을 하고 있는 이부 영만이 정상적인 노후를 보내고 있다. 이부영은 지난 2003년 참여정부 출범 이후 김부겸과 함께 신한국당을 떠났다는 점에서 과거를 참회한 듯하다.

김정남은 그의 화려한(?) 경력에 비해 교육문화수석이 최고의 직책 이었다. 숨어서 '배후 조종'(?)하는 데 익숙해서였을까? 장관을 지낸다 거나 국회에 진출하지 않았다. 김영삼과의 지나친 밀접함이 IMF 이후 정치 지형에서 그의 설자리를 없게 만들었을 것이다.

지난 2005년 8월, 김정남은 『신동아』와의 인터뷰에서 "운동권 출신 정치인들은 독선·분열·무능·부패에 빠졌다"고 지적했다. 당시는 노 무현 정부 시절, 물론 운동권이 지고선은 아니고 비판받을 부분이 많은 것도 사실이지만, 『월간 조선』과의 1994년 6월 인터뷰에서 김영삼을 추켜세우던 그가 할 수 있는 말은 아니었다. 그는 조갑제의 질문에 대 해 김영삼을 아주 위대한 대통령으로 칭송하며 울먹였다. 그는 "조국을 위해 불면의 밤을 지새우며 고민하지 않은 사람은 나를 비판할 자격이 없다"면서 과거의 무용담 속에서 벗어나지 못했다.

『신동아』와 가진 인터뷰는 일선 후퇴 후에 그가 가진 세계관을 잘 보 여주고 있다.

"저는 앞으로 몇 년간이 우리 민족이 웅비할 것인가. 나락으로 떨어 질 것인가를 결정하는 갈림길이라고 봅니다. 그 해답은 해외로 적극 진 출하는 것입니다. 굳이 명명하자면 '환環차이나 벨트'라고 할까. 옛날 우리 민족이 진출한 것처럼 연해주, 몽골, 중앙아시아, 동남아 등지로 활로를 개척해야 한다고 생각해요. 우리 재외동포의 수는 이스라엘이나 이탈리아보다 적지만, 이른바 4대 강국에 동포가 고루 배치된 구조를 가진 나라는 우리밖에 없어요. 저는 이것이야말로 우리 민족으로 하여금 홍익인간 이념으로 인류의 진보에 기여하고 솔선하라는 하늘의 메시지가 아닐까 생각합니다."

김지하의 냄새가 많이 난다.

크리스토퍼 래시Christopher Lasch는『진보의 착각―당신이 진보라 부르는 것들에 관한 오해와 논쟁의 역사(The True and Only Heaven: Progress and Its Critics)』에서 엘리트적 이념 논쟁을 넘어 서민철학으로 진보가 눈을 돌려야 한다고 주장한다. 한국 진보 세력에서 나타나는 과잉 이념을 부정할 생각은 없으나, 그 빈자리를 래시가 말하는 '정신적인 것의 귀환, 한계에 승복하는 삶'으로 채우기에는 우리 사회가 아직 덜 성숙하다. 김지하, 김정남처럼 한때 잘나가던 이들의 '정신'에는 국수주의의 냄새가 짙게 배어 있다. 그리고 고대사에 심취한 이들은 그 밖의 모든 사학을 친일로 매도해버리는 경향까지 보이고 있다.

거기에 더해서 교회는 정신적인 것을 주장하는 듯하면서 한계에 승복시킨다. 래시 식으로 말하자면 한국 교회의 승복은 이미 충분히 '진보적'이다. 아직 한국 사회는 갈 길이 멀다. 유럽에 데려다 놓으면 극우 정당일 법한 자유한국당이 보수로 호명되는 사회에서, 아직 진보는 나타나지 않았다. 거대 종교 권력이 그 길목을 막고 서 있다.

· 크리스토퍼 래시, 『진보의 착각―당신이 진보라 부르는 것들에 대한 오해와 논쟁의 역사』(이희재 옮김, 휴머니스트, 2014).

교회는 왜
성공에 집착하는가

이어령은 오래전 『축소 지향의 일본인』에서 일본이 확대 지향적이었을 때는 항상 실패했다며, 일본이 큰 나라가 되고 싶으면 더욱 작아져야 한다고 충고한 바 있다. 그에 따르면, 한국어에는 확대를 의미하는 접두어는 있지만 축소를 나타내는 것은 없다. 일본어는 그 반대라고 한다. 우리 문화에 확대 접두어만 있기 때문일까? 오늘날 한국 교회는 확대 지향의 중병에 걸려 있다. 이어령의 책 제목을 빌려 『확대 지향의 한국 교회』라는 책이 나와도 전혀 어색하지 않을 상황이다.

한국 교회 최초의 대형교회는 영락교회다. 1945년 10월에 월남한 한경직 목사는 조선신학교(지금의 한신대) 설립자 김재준 목사의 요청에 따라 서울 영락동에서 조선신학교 산하 여성 신학교를 열었다. 학교가 시작된 곳은 김재준 목사가 미 군정청으로부터 인수받은 일본 신도의 일파인 천리교 건물이었다. 동자동에 있는 천리교 본부 건물은 조선신학교가 사용하고 교내에 성남교회(송창근 목사)를 세우고, 장충동 건물에는 경동교회(김재준 목사)가 들어섰다. 한경직 역시 여성 신학교를 맡았다가 그해 11월 같은 장소에 베다니 전도교회를 세웠다. 당시 베다니 교회에 있던 여성 신학교를 졸업한 사람들 중에는, 현재의 영락교회 터를 김재준 목사가 소개한 것인데, 1954년 기독교 장로교와 예수교 장로교 분립 당시 한경직 목사가 영락교회 소유로 만들었다고 분개하는 이들이 많다. 건물에 얽힌 법적 관계는 알 수 없지만 영락교회가 조선신학교 여성 신학교 자리에서 시작한 것은 맞다.

해방 후 한국 교회 리더들이 신학교를 먼저 시작하고 그 안에 교회를 세운 시도는 신학과 목회의 공존 가능성이라는 점에서 긍정적이었다. 조선신학교 – 한국신학대학 – 한신대를 거치면서 기독교 장로교 교단이 다른 교단에 비해 교단 대학과 긴밀한 관계를 맺고 있는 것은 해방 직후 신학과 목회를 병행하려 했던 초기 리더들의 영향을 받아서이다.

신학과 결별하고, 상식과 결별하고,
사회와 결별하고

그러나 한국전쟁 발발로 이북 출신의 피난자들이 급증하면서 영락교회는 '신학'과 결별하고 대형교회의 길을 걷기 시작한다. 1934년 출판된 아빙돈 주석 사건은 한국 교회사에서 유명한 사건이다. 아빙돈 출판사에서 나온 『아빙돈 성경 단권주석』은 자유주의 신학을 소개했다고 해서 1935년 24차 장로교 총회에서 이단서로 낙인 찍혔다. 번역에 참여했던 신진 신학자들은 평양신학교 출판 잡지인 『신학지남』에 시말서 형식의 반성문을 울며 겨자 먹기로 쓰는데, 이때 송창근, 김재준과 함께 번역에 참여했던 '신학자' 한경직의 패기는 영락교회의 대형화와 더불어 더 이상 찾을 수 없게 되었기에 '신학과 결별'했다고 표현할 수밖에 없다.

한경직은 대형교회를 지향했다기보다는 밀려오는 월남자들 때문에 자연스럽게 대형교회의 목사가 된 경우라고 볼 수도 있지만, 교회의 규모를 유지하기 위해 신학을 멀리한 것은 틀림없다.

이후 조용기는 본격적으로 강남이 개발되기 전에 여의도로 교회를 옮겨 1970년대 식 대형교회의 모델이 된다. 한경직이 신학과 결별했다면 조용기는 상식과 결별한다. 이른바 '삼박자 축복'이라는 비상식적 물질 축복 신앙은, 용어만 다를 뿐 오늘 거의 모든 목사들의 설교에 포함되어 있다. 1980년대 정치군인들이 정권을 잡은 뒤, 교회는 본격적으로 대형화의 길에 들어선다. 이들은 사회문제와 결별하며 교회의 내적 발전에 몰두한다. 게다가 대형교회들의 수가 늘어나면서 중원의 권력을 차지하기 위해 이들은 각종 프로그램들을 양산하며 자기 과시에 모든 것을 건다.

권력의
맛을 알다

이승만 정권하에서 교회는 대통령을 배출한 종교였기에 '가만있어도 중간은 가는' 상황이었다. 한국전쟁의 상흔이 아직 남아 있던 시절, 미국은 고마운 나라였고 미국의 헌법과 상관없이 한국 기독교인들에게 기독교는 미국의 국교였다. 따라서 특별히 권력화를 추구하지 않아도 교회는 강한 집단이었다. 당시 교회가 이승만 정권의 독재를 외면하기는 했지만 교회가 앞서서 권력화를 추구하지는 않았던 이유도 여기에 있다. 미국을 비롯한 서구의 원조를 받은 교회는 고아원을 비롯한 사회사업에 눈을 돌려 적어도 지탄의 대상은 아니었다.

5·16혁명 이후 상황은 급변한다. 개발을 모토로 내건 박정희 장군의 공약에 일부 기독교 인사들은 혁명 초기에는 지지를 보냈다. 함석헌이 그러했고, 장준하는 『사상계』 6월호에서 "과거의 방종, 무질서, 타성, 편의주의의 낡은 껍질에서 탈피하여, 일체의 구악을 뿌리 뽑고 새로운 민족적 활로를 개척할 계기를 마련한 것"이라며 정변을 지지했다.

캐나다 선교사로 일제강점기 당시 제암리 학살 사건을 폭로한 프랭크 스코필드Frank William Schofield(석호필) 박사도 1961년 6월 14일 『코리언 리퍼블릭』지에 「5·16군사혁명에 대한 나의 견해」라는 글을 발표하면서 군사혁명의 필요성을 강조했다. 이승만 정부하에서 쥐여주는 권력을 누리기만 하던 보수 기독교는 권력과 직접적인 관계가 끊긴 것에 불안해한다. 게다가 함석헌, 장준하 등이 박정희의 실체를 깨닫고 비판적 입장으로 돌아서는 것을 기점으로, 한국 교회는 박정희 정권과 불가근 불가원不可近 不可遠의 어정쩡한 관계를 유지한다.

하지만 이 당시만 해도 교회가 권력에 노골적으로 줄을 대지는 않았다. 이 틈새를 이용해 비주류 교단들이 자기들의 세를 확장하기 시작한다. 이승만 정부하에서 활동하던 이른바 '미국통' 목사들이 권력에 거리를 둘 즈음 뛰어난 영어 솜씨와 화려한 언변을 갖춘 김장환은 권력과 급속도로 가까워진다. 박정희의 독재가 심각해지면서 주류 교단들이 적당한 거리를 두면서 생겨났던 빈틈을 김장환은 공략했던 것이다. 이승만 정권하에서 미국과의 가교 역할을 하던 기독교 세력을 옆에 두지 못했던 박정희 정권으로서도 친미 기독교 인사들이 꼭 필요한 시점이기도 했다.

교회,
레저를 대신하다

한국에서 대형교회를 비판할 수밖에 없는 이유는, 대형교회가 도시 개발, 성장주의, 교회의 탈사회화, 독재권력과의 유착이라는 요소를 모두 갖추었기 때문이고, 이러한 것은 박정희 정권 말기에서 전두환 정권으로 이어지는 1970~1980년대의 시대적 특징이기도 했다. 게다가 경제 호황을 누림과 동시에 다양한 레저 문화가 개발되기 전, 돈은 급속도로 교회로 몰려든다. 교회는 돈은 있고 마땅한 소일거리가 없던 이들에게 돈 받는 값을 해야 했고, 각종 프로그램을 서둘러 개발했다. 돈과 교인이라는 두 마리 토끼를 다 잡은 대형교회 목사들은 권력이 되어 정치적 권력자들과 어깨를 나란히 하고 때로는 선거철에 그들에게 와서 머리를 조아리는 후보들 위에 군림하고 싶어 했다. 1960~1970년대 앞서서 권력을 비판하지는 못했지만, 창피해서 권력 지향적이지 못했던 기성 교회와는 달리, 신흥 주자들은 창피한 줄 모르고 권력놀음을 즐기게 된다.

한경직 목사를 굳이 변호하자면, 한경직이 박정희와 전두환을 위해 기도해준 것은 맞지만 그가 권력이 두려워 마지못해 기도해준 소심한 목사였다면 1980년대 이후 대형교회 목사들은 권력의 맛을 즐기던 욕망의 화신들이었다. 박정희와 전두환을 위해 기도해준 것보다 바알과 맘몬(물질)을 위해 기도해주는, 즉 더 큰 악을 행한 욕망의 화신들이야말로 우리가 맞서야 할 공적들이다.

그들이 성공에 집착하는 이유는 매우 단순하다. 그들은 권력을 즐기고 싶은 것이다. 교인들에게는 낮아지라고, 순종하라고 하면서, 자신들은 권력의 맛을 즐긴다. 좋은 차에, 좋은 집에, 좋은 음식에, 비싼 양복에, 선교지 방문을 빙자한 빈번한 외국 여행에 그들의 욕망이 적나라하게 드러난다. 그러면 교인들은 목사들의 이중성을 몰라 침묵하는가? 교인들은 교회 안에서만 약해지는 척할 뿐, 사회에 나가 자신들의 문중을 자랑하며 또 다른 갑이 되어, 노론이 되어 완장을 찬다. 나는 사랑의 문중, 나는 온누리 문중, 나는 소망 문중, 나는 순복음 문중, 하면서.

중형교회 목사들은 대형교회가 되기 위해 그들을 벤치마킹하고 동네 교회 목사들은 중형교회를 따라잡으려 한다. 도시 개발과 경제적 호황이라는 호조건 속에서 성장한 대형교회를 지금 따라잡을 수 없다. 지금은 레저 문화도 발전해서 돈이 쓰일 곳도 많아졌다

그들은
아프다

"종교에서 생겨난 분파들은 국가나 권력의 서열 구조 내에 편입되기를 바라고, 오래전에 이미 지배자 사고방식에 오염되고 장악당했다."

미국의 진보적 라디오 진행자 톰 하트만Thom Hartmann의 말이다. 권력 속에 편입된 그들은 자신들을 몰아가는 거대한 힘이 성령인 줄로 착각하고 있지만 그것은 지배자 사고방식일 뿐이다. 결국 그들도 아프다. 누군가 나서서 치료해야 한다. 그 병이 깊어지면 과도한 성과 욕망으로 나타나기도 하지만 성장 말고는 어떤 보상도 없는 데서 그들의 영혼은 점점 다급해지고 피폐해진다.

정신분석학에서는 보상이 지연되는 것을 참지 못하는 병을 경계성 성격장애라고 부른다. 대형교회 목사들의 열정 하나만은 분명 남다르다. 그런데 휴식을 잊은 자신의 열정에 상응하는 보상(교회 성장, 사회적 대접)이 지연되면 쉽게 좌절하고 공격적으로 반응한다. 그래서 자신의 지위를 확인하고 싶어서 의도적으로 막말을 하고, 교회 직원들을 일반 회사보다도 더 가혹하게 다루며, 건물과 교인 수로 자신의 위상을 확인하려 든다. 사람들이 도박을 하는 건 단지 돈을 벌기 위해서만이 아니라, 그 시간 동안 느껴지는 행복감을 위한 것이라고 한다. 대형교회 목사들은 지금 게임을 하고 있다. 그들의 확대 지향병은 성장 자체에 목표가 있는 것이 아니라, 그들의 투자에 상응하는 성공이라는 보상에서 오는 쾌락감 때문이라는 것 말고는 달리 설명할 방법이 없다.

그들은 스스로 경계성 성격 장애를 앓고 있다고 느끼지 못할 터인데 누가 그들의 병을 치유할까? 그들이 누구의 말도 듣지 않는다는 것이 한국 교회의 비극이고 당사자들의 비극이다.

· 이어령, 『축소 지향의 일본인』(문학사상사, 2003).

그래도 나쁜 목사들은
기죽지 않는다

한국을 방문한 프란치스코 교황은 들어주고 안아주고 눈높이를 맞춰주고 위로했다. 사람들은 이에 감동했고 눈물을 흘렸다. 무엇을 말하는가? 그동안 들어주는 사람도 함께 울어주는 사람도 없었다는 말이다. 물론 세월호 정국에서 많은 이들이 함께 분노하고 울어주었지만 포스트모더니즘 시대라도 권위와 존경의 대상은 필요한 법, 친구와 동료의 눈물보다 아버지의 위로와 어머니의 눈물이 필요한데, 우리 시대는 그런 어른을 잃어버렸다. 어떤 어른들은 가스통을 들고 젊은이들을 위협했고 젊은 시절부터 투쟁의 현장에서 살아온 어른들은 앞뒤 안 가리는 젊은 분노의 기세에 눌려 뒷방지기로 전락해버렸다. 그런 시절을 살다가 교황이 유족들과 환영 인파들에게 다가가 손을 잡아주었을 때, 그들은 흘러내리는 눈물을 멈추지 못했다. 교황은 우리가 내쳐버린 어른의 자애로움을 충분히 보여주었다.

하지만 사람들은 언제 그랬냐는 듯이 일상으로 돌아갈 것이다. 세월호 특별법 제정을 요구하는 단식을 애써 외면할 것이고, 자기 욕망에 조그마한 도움이라도 되는 사람에게 투표할 것이며, 아이들에겐 학원 가라고 다그치고, 혹시라도 우리 아파트 단지에 가난한 사람들이 어떤 특혜라도 얻어 들어와 집값을 낮추어놓지는 않을까 감시할 것이다.

왜 사람들은
'나쁜' 목사에게 끌리는가

교황 방한 중에 개신교 일각에서는 반대 집회를 했다. 적그리스도를 비롯한 온갖 잡설들이 난무했고 반대 집회에는 무려 만여 명이나 모였다고 한다. 그런데 그들을 천박하다고 탓하지만 말고 내면을 잘 들여다볼 필요가 있다. 그들은 자신들의 소리를 내고 싶었던 것이고 목사들은 그것을 들어주었다. 나이는 먹어가고 젊고 똑똑한 세대들이 움직이는 세상에서 소외감을 느낀 그들의 이야기를 들어줄 사람들은 아무도 없었다. 젊은 시절 고생한 경험은 늙어서도 식지 않는 욕망의 자양분이 되는데, 그것 말고는 도피구가 없는 사람들에게 욕망의 사제들은 당신들의 욕망을 하느님이 들어주실 것이라며 화답해준다. 교황이 '이단의 수장'이어서 미워하는 게 아니라 그들이 믿고 가르쳐왔던 욕망의 구조를 부정해서 껄끄러운 것이다.

자신들이 주장해온 욕망의 구조를 강화하기 위해 김홍도 목사는 '십일조 안 하면 암에 걸린다'는 설교를 포기하지 않고, 오정현 목사는 최고의 건물에서 대제사장이 된 양 행세하고, 전병욱 목사는 이미 죄를 용서받았다고 강변하고, 여타의 목사들은 종북팔이 빨갱이 타령을 하며 그들의 성채를 든든히 쌓아갈 것이다. 이들의 공통점 중에 하나는 말끝을 흐리며 반말투로 이야기한다는 것이다. 진정한 권위의 의미를 모르는 그들은 거들먹거리는 말투로 권위를 확보하려 든다.

진 립먼 블루먼Jean Lipman-Blumen이 『부도덕한 카리스마의 매혹(The Allure of Toxic Leaders)』에서 이야기했듯이, 독성 강한 지도자들은 수명이 길다. 그들은 공동체의 욕망을 적절하게 이용한다. 사람들은 강한 공동체의 구성원이 되려는 욕망이 강한데 나쁜 목사들은 그 부분을 놓치지 않는다. 그래서 손인식 목사가 사랑의교회 부흥회에서 비판의 소리에 대해 "까불지 마, 사랑의교회야!"라고 말해도 문제가 되지 않는다.

캘리포니아 버트 카운디 교도소에 수감되어 있던 코발 러셀이라는 92세의 노인은 형기를 다 마치고도 감옥에 머물러 있게 해달라는 청원서를 낸 적이 있다. 그는 자유가 없는 교도소 공동체를 벗어나 살아갈 용기가 없었기에 이런 청원을 했는데, 이러한 전례가 없어 결국 강제 출옥된 그는 자살로 생애를 마감했다. 사람들이 나쁜 목사들에게 끌리는 이유는, 그들의 거짓 권위와 욕망을 인정해주는 태도에도 있지만 자신들이 공동체에서 퇴출될까 하는 마음도 큰 부분을 차지한다. 서로 다른 모순을 스스로 합리화하고 정당화하는 인지 부조화 이론과 자신의 안전을 보장받으려는 안전 욕구가 나쁜 목사들에게 투영되는 것이다.

실제로 대형교회 교인들에게 물어보면, 그들 목사와 교회의 문제점을 정확히 알고 있는 경우가 많다. 그런데도 교회를 떠나지 않는 이유는 거대 공동체로부터의 이탈을 두려워하기 때문이다. 게다가 심하지 않고 적당한 반대 세력(자칭 개혁 세력)으로 부각되면 노련한 목사들은 이런 부분을 슬쩍 인정해주는 시늉을 하기도 한다. 설교를 통해 "아무개 집사님의 그런 노력 때문에 우리 교회가 삽니다" 따위의 설교로 한줌 반대 세력을 통제한다.

"문화가 우리를 위해 설정해놓은 기준에 도달할 수 없을 때에는 그 대안으로 그따위 요구 조건은 부적절하고 가짜이거나 아니면 억압적이라는 점을 분명히 강조하는 리더에게 눈을 돌린다." 교황 방한에 반대의 목소리를 높이던 사람들은 정확하게 이 기준에 맞아떨어진다. 순수한 가치의 문제를 선포했던 교황의 연설은 대형교회에서 선포되는 욕망의 구조를 완전히 뒤엎어놓는 것이기 때문이다.

결국 사람들이 '나쁜' 목사에게 끌리는 이유는 그들이 대중의 욕망을 요리하는 기술을 가졌기 때문이다. 그들은 프란치스코 교황과는 다른 방법으로 들어주며, 기존의 욕망 구조가 유지될 수 있도록 안전을 확보해준다.

그들이 아닌
우리의 자화상

많은 개신교인들이 교황 방한 이후 가톨릭으로 개종할 것이라는 보도들이 있었다. 이렇게 해서라도 개신교가 자성의 기회로 삼고 그동안의 거품을 뺀다면, 가톨릭으로의 이동이 몸에는 좋지만 입에는 쓴 약이 되어 개신교를 치유할 수도 있을 것이다. 그러나 지금까지 한국 교회가 걸어온 모습, 욕망을 잘 이용하는 '나쁜' 목사들의 행태들을 보면, 교인 이동은 섣부른 낙관(?)일 수도 있다. 대형교회 목사들은 오히려 설교를 통해 욕망에의 편승을 더 강조하게 되고, 프란치스코의 강론에 나타난 성서의 가치관을 부담스러워하는 사람들은 결코 개종하지 않고 남아 자신의 욕망을 들어주고 승인해주는 목사와 함께 반가톨릭의 전사가 될 가능성이 높다.

오히려 피해를 보는 쪽은 평소 프란치스코 같은 설교를 해왔던, 그래서 교황 방한에 별 거부감이 없었던 건전한 복음주의나 진보 계열 교회들일 수 있다. 대형교회의 모습 때문에 개신교인이라는 사실이 부끄러웠던 사람들, 작은 교회에서 바른 일을 위해 애쓰던 사람들의 피로감은 가톨릭이라는 거대 조직 속으로 녹아 들어가 개인의 희생 없이 (가톨릭) 교회를 외투 삼아 편하게 자신의 정체성을 드러낼 수 있다. 다니는 것만으로 그의 개혁성이 드러나기 때문이다. 한국의 야권 정치인들 중 중도적인 성향의 사람들이 가톨릭 신자인 것과 같은 이유다.

이렇게 보면 가톨릭으로의 이동은 정말 회심이 필요한 사람들의 이동이 아니라 개신교 입장에서 보면 아까운 사람들의 상실이라는 결과를 가져올 수 있다. 물론 개신교의 손익을 계산해본다는 것이 천박한 일임은 안다. 그러나 백여 시간의 교황 한국 체류 기간 동안 보여주었던 많은 감동들이 결국은 아무런 변화도 이끌어내지 못하고 그나마 몇 되지도 않는 건전한 개신교 그룹의 와해를 가져오는 것 아니냐는 서글픔이 밀려오는 것은 어쩔 수 없다.

· 진 립먼 블루먼, 『부도덕한 카리스마의 매혹』(정명진 옮김, 부글북스, 2005).

교회 건축 잔혹사,
미학도 신학도 없는

한국 교회 최초의 서양식 교회 건물은 1897년 세워진 정동감리교회다. 천주교에서는 1892년 건립된 약현성당이 최초이다. 정동감리교회는 이문세 노래 「광화문 연가」의 가사 "언젠가는 우리 모두 세월을 따라 떠나가지만/언덕 밑 정동 길엔 아직 남아 있어요/눈 덮인 조그만 교회당"의 바로 그 교회다. 당시에는 화려한 서양식 건물이었겠지만 지금은 그리 튀지 않는 그야말로 '조그만 교회당'이다. 그리고 정동교회를 중심으로 성공회대성당, 이화여고 등 아름다운 정동 거리가 형성되었다. 일제하 평양의 산정현교회 건물, 금강산수양관 등도 아름다운 건축물에 속했지만 산정현교회는 미군의 폭격으로 파괴되었다.

해방 이후 교회 건물은 많은 사람들이 이용하는 시설이라는 점에서 다른 건물보다는 눈에 띄는 상징물이었지, 지금처럼 주변과 조화를 이루지 못하는 흉물은 아니었다. 한국에서 교회 건축이 처음으로 세상 사람들의 시선을 끈 것은 여의도 순복음교회였다. 조용기 목사는 1973년 '서대문 성전' 시대를 청산하고 여의도로 이전한다. 백범 김구와 장준하가 해방 직후 중국에서 귀국했다가 미군의 반대로 다시 돌아가야 했던 비행장이 있던 여의도, 장준하에게 열등의식이 있던 박정희가 보란 듯이 고등학생들을 동원해 대규모 군사 훈련을 시키던 '여의도 광장'(그 첫 이름은 '5·16광장'이었다)에 조용기는 승부수를 던졌고 결과적으로는 성공했다. 아파트 단지와 방송사가 자리 잡기 전, 여의도 국회의사당이 완공되기 전 조용기의 승부수는 그의 배포를 보여주는 역사 속 한 장면이다. 워낙 허허벌판이었기에 그의 시도가 돋보였을 뿐 건물 자체로는 세간의 비난을 받지 않았다.

한국 교회 건축사에서 최초로 비난을 받은 것은 강남구 역삼동의 충현교회였다. 충현교회는 1978년 120억의 예산을 들여 교회를 건축하면서 여론의 질타를 받기 시작했는데, 『한국 경제 뉴스』의 분석에 따르면 당시 120억은 현재로 치자면 750억 정도이며, 현재 충현교회의 부동산 시가는 1600억을 상회한다.(참고로 사랑의교회 건축비는 3000억이었다.) 충현교회는 이후 고 김창인 목사의 세습, 그리고 세습받은 아들 김성관 목사와의 갈등으로 건물 못지않은 여론의 질타를 받았다.

특히 충현교회는 2013년 『동아일보』와 건축전문잡지 『SPACE』가 건축가들을 대상으로 실시한, 해방 이후 최악의 건물을 묻는 설문 조사에서 20위에 오르는 '저력'을 발휘했다. 전문가들의 분석에 따르면 짝퉁 고딕 양식으로 개신교의 가톨릭 흉내 내기에 다름 아니라는 것이다.

사랑의교회 새 건물은 한국 교회의 수치가 되어버린 지 오래다. 반면 1981년 완공한 경동교회의 새 건물(김수근·승효상 설계)은 특이하게 본당을 지하 동굴(카타콤)처럼 설계함으로써, 당시 강원용 목사가 사회 참여적인 목사로 알려지기도 했지만 그의 신학적 내면을 추구한 건물이라는 분석이 뒤따르기도 했다.

강남 개발에 따른 강북 교회들의 엑소더스는 교회의 대형화를 가져왔다. 1980년대 경제 호황과 자가용 급증으로 주차장 넓은 교회를 선호하게 되었고 앞다투어 강남으로 이주한 교회들은 비교적 안착했다. 충현교회도 본래는 충무로에 있었다. 반면 강북을 고수한 연동교회, 새문안교회, 경동교회 등은 교세 감소를 거듭하고 있다. 하지만 분당 일산 개발에 따른 교회 이전의 2세대들은 강남 1세대들만큼 재미를 보지 못했다. 특히 분당 쪽은 교통 편의상 강남과 비슷한 성향의 주민들이 많은 터라 지역 교회보다는 강남을 선호했다. 강남과 거리가 먼 일산 지역의 대형교회들의 실패율이 비교적 낮은 것과 비교되는 부분이다.

대형건물 선호는
가톨릭에 대한 열등감 때문 아닌가

바티칸의 성 베드로 성당을 지으면서 건축비가 부족하여 시작한 면죄부 판매는 훗날 종교개혁의 원인이 되었다. 개신교인들에게는 '고마운'(?) 사건일 수 있겠지만 가톨릭에게는 잔혹한 교회 건축 그 자체였다. 지금 교회 건물 자체는 관광지로 유명해졌지만, 구중궁궐 속에서 일어나는 일은 비밀에 부쳐진 채 가톨릭에 대한 여러 가지 음모론의 산실이 되고 있다. 교황 프란치스코가 개혁정책을 펴고 있지만 그도 바티칸의 돈줄까지는 개혁하지 못할 것이라는 게 중론이다.

자연 계시의 비중이 높은 가톨릭 신학에서는 성물이나 건물에 신앙적 의미를 부여한다. 반면 개신교에서 교회 건물은 성전도 아니고 그냥 예배당으로서 건물 자체다. 그러나 목사들은 '성전 건축'이라는 말을 스스럼없이 하며 '하느님이 하셨습니다' 따위의 의미를 부여한다. 이런 행태는 걸핏하면 가톨릭을 이단으로 부르면서도 가톨릭에 대한 열등감에서 헤어 나오지 못하고 있음을 보여주는 반증이다.

어쩌면 가톨릭에 대한 과도한 증오도 이런 열등감을 숨기려는 마음에서 온 건지도 모른다. 아니 백 번 양보해서 경동교회처럼 건물에 신학적으로 의미를 부여해도 좋다. 그것이 안 되면 지역사회와 균형을 이루는 미학적 측면이라도 가지면 좋겠다. 하지만 지금의 교회 건축은 이도저도 아니다. 신학도 없고 미학도 없다. 그냥 '가장 크게', '가장 화려하게'라는 신자유주의의 우상을 맹신하는 건축 주도 세력의 '신앙'을 여실히 보여줄 뿐이다.

가톨릭 영성가인 토머스 머튼Thomas Merton은 『칠층산(The Seven Storey Mountain)』에서 이렇게 말한다.

"내가 누군지 알고 싶으면 내가 어디 살고 어떤 음식을 좋아하고 어떻게 머리를 빗는지 묻지 말라. 다만 내가 구체적으로 무엇을 위해 사는지, 내가 사는 목적에 충실하지 못하도록 막는 것이 뭐라고 생각하는지 물으라. 이 두 대답으로 모든 사람의 됨됨이를 알 수 있다. 더 나은 대답을 갖고 있는 사람이 더 나은 사람이다."

대형교회 건축에 매달리는 그들은 어떤 사람들인가? 어디 살고, 어떤 음식을 먹고, 구체적으로 어떤 목적을 위해 사는지가 그대로 드러나는, 자본의 신을 섬기는 사람들이다. 그런데 자본의 신이라도 제대로 섬기면 될 터인데 자본주의의 미래에 대한 예측도 잘 못하는 사람들이다.

건물에 의존하는 종교사업은 기울어져가는 사양산업이다. 이문세는 '언젠가는 우리 모두 세월을 따라 떠나가지만 교회당은 남아 있다'고 노래하지만, 우리가 이 세상을 떠나가기 전에 교회당이 먼저 사라질지도 모른다. 그럼에도 자본의 신을 섬기는 사람들은 예측에 실패하고 지금도 열심히 건물을 지어대고 있다. 이 건물들은 머지않은 세월에 흉물로 전락할 것이다. 그렇다면 자본의 신을 섬기는 신도로서 그들이 '자본주의 교리 공부'에 충실하지 못한 것인가? 아니면 그 종교도 '오직 믿음으로'의 종교인가?

· 에르빈 파노프스키, 『고딕건축과 스콜라 철학』(김율 옮김, 한길사, 2016).
· 머튼, 『칠층산』(정진석 옮김, 성바오로 출판사, 1976).

교회는 언제쯤 너그러워질까
—신해철을 보내며

　　가톨릭 가정에서 자란 소년은 막연히 신부가 되고 싶었다. 그래서 고등학교 때 선택과목으로 독일어를 택했고, 대학은 철학과로 진학했다. A. J. 크로닌의 『천국의 열쇠』와 『성채』, 버트런드 러셀의 『나는 왜 기독교인이 아닌가』를 읽으면서 성장한 소년은 스물한 살 때인 1988년 MBC 대학가요제에서 대상을 받으면서 연예인이 된다. 가수 생활을 하면서도 신부 서원으로 인한 결벽증 때문에 괴로워했다고 한다. "또래의 친구들에 비해 첫 성경험이 늦은 것"도 그 때문이었다. 교회(성당)의 경직된 분위기가 싫어 가톨릭을 떠났지만 교적은 버리지 않았다. "그렇게까지 해서 어머니의 마음을 후벼파고 싶지는 않았다." 이렇게 심성이 곱던 그가 어머니에게 참척慘慽의 슬픔을 남기고 먼저 갔다.

가수 신해철이 46세 젊은 나이에 이 세상과 이별했다. 위키백과는 신해철을 '가수 및 음악 프로듀서, 사회운동가'라고 소개한다.

나는 그의 노래에 대해서 잘 모른다. 몽환적인 분위기의 〈재즈 카페〉는 들어보았는데 그것도 〈나는 가수다〉 프로그램에서 자우림 밴드의 김윤아를 통해서였다. 말하자면 나에게, 그는 가수라기보다는 용감한 투사였다. 자기가 옳다고 생각하는 사안에 대해 거침없이 내뱉는 그의 언사를 일부에서는 '독설'이라고 했고 팬들 사이에서는 '마왕'으로 불렸다. 정치인들과 교수들이 토론 프로그램에 나와서 적당히 몸을 사리다 들어가는 것을 못 참겠다는 듯이 그는 한쪽 진영에 서서 자기의 입장을 확실히 했다. 점잖은 체하는 분위기를 못 견뎌 하던 '정상인'이었다.

신해철은 음반 말고 책도 남겼다. 전문 인터뷰어인 지승호는 『신해철의 쾌변독설』이란 인터뷰집에서 신해철의 모든 것을 담았다. 이 인터뷰에서 신해철은 확실한 자기 세계관을 보여주면서 종교, 사회, 문화 등에 대한 자신의 생각을 특유의 독설로 풀어낸다. "오죽하면 개독교라고 욕을 먹겠는가"라며 "헌법대로라면 기독교도 모조리 감방에 보내야 한다. 협박공갈죄로"라고 기독교를 폄훼한다.

이어서 그는 이명박 전 대통령의 서울시장 재직 시절 '서울시 봉헌 발언'이나 2007년 조승희의 버지니아 총기 난사 사건 이후 당시 주미대사인 이태식이 제안한 '금식기도'를 강하게 비판한다. 굶으려면 혼자 굶으라는 이야기다. 실제로 조승희에게 한국인의 뿌리가 있으니 한국 동포들이 금식기도를 함으로써 미국 사회에 사과하자는 이태식 대사의 굴욕적인 발언은 일부 언론에서 크게 비판받기도 했다.

신해철은 기독교가 자기 생활을 침해할 수 있기에 방어 차원에서 기독교를 싫어한다고 거침없이 말한다. 일부 내용을 잠깐 소개하자면 이렇다.

"기독교에 대해서도 심각하게 경계하는 게, 자기들끼리만 모여서 믿으면 상관이 없는데 저 사람들이 내 생활 안으로 파고들어오지 않습니까? 그래서 내 생활을 침략하고 공격해 들어오니까 방어를 해야 되는 거죠. […] 제가 중학교 2학년 때 학교를 마치고 집으로 돌아가면서 손에 맥콜 음료수를 들고 있었어요. 그게 '일화'라는 회사에서 나오는 거 아닙니까? 통일교 기업이고요. 지나가던 한 여자가, 제가 보기에는 뭔가 광기가 들린 듯한 특유의 번쩍거리는 눈동자로 저를 보는데, 정말 무서웠는데요. 제 손에서 음료수를 빼앗아가지고 땅바닥에 패대기를 치면서 이게 어디서 나온 건지 알고 먹느냐는 겁니다. 그게 제 사유재산 아닙니까? 제 사유재산을 약탈당했잖아요."

예수 일병
구하기

이런 경험들이 기독교에 대한 그의 인식에 나쁜 영향을 미쳤던 것 같다. 그는 2004년 낸 5집 음반에 수록된 〈예수 일병 구하기〉라는 노래에서 다음과 같이 외친다.

주 예수를 팔아 십자가에 매달아 삐까번쩍 예술적 건물을 올릴 적, 주 예수를 팔아 그를 두 번 매달아 사세확장 번창 아주 난장이 한창, 미움을 파는 게 사랑보다 쉬우니 나랑은 협박 때리고 너랑은 윽박지른다.
이놈은 이단이요(아멘!) 저놈은 배반이요(아멘!) 딴 놈은 개판이요(아멘!) 그래 이 몸이 사탄이요, 활활 타올라라. 불지옥의 이미지 살살 구슬려라. 너무 겁먹어도 데미지, 이루어지리라(남편 승진) 이루어지리라(자녀 합격) 원수를 보는 눈앞에 여보란듯 살게 되리라. 활활 타올라라, 불지옥의 이미지. 살살 구슬려라, 너무 겁먹어도 데미지. 지옥 가리라(현금 부족) 지옥 가리라(교칙 위반) 영원한 어둠 속에서 헤매이게 되리라고 말씀하셨습니다.

그 누가 구원을 그리 확신하며 또 그리 자신하는가.

이 세상의 끝, 최후의 심판의 그날이 오기 전에 그 누가 구원을 그리 확신하며 함부로 약속하는가.

그가 하라 한 건 단 하나 오직 하나

All We Need is Love… All We Need is Love…

주 예수를 팔아 십자가에 매달아 천국행 직행표 공동구매 대행, 주 예수를 팔아 그를 두 번 매달아 자 영생을 팔아 한평생은 모자라. 주 예수는 눈이 어두우시네, 온 동네 꼭대기에 십자가를 올려다보시네. 주 예수는 무지 까다로우시네, 소원은 꼭 기도원에서 해야 들어주시네. 주 예수는 귀가 어두우시네, 소리 질러야 들으시네, 지랄발광해야 보시네.(할렐루야 할렐루야 렐루랴 렐루야)

눈물이 콧물이 또 봇물처럼 터지네, 무당 푸닥거리 한 따까리 애들은 저리 가라. 자학의 카타르시스 집단적 매드네스madness. 너네가 크리스찬이면 내가 건스 앤드 로지스guns and roses. 자백의 핫 비즈니스hot business. 이제 그만 됐스 너네가 종교라면 내가 진짜 비틀스.

All We Need is Love… All We Need is Love…

하늘을 향해 높이 솟은 번쩍이는 저 바벨의 탑이여, 대량으로 생산되는 개나 소나 아무나 목자여, 황금의 소를 따라가는 눈먼 양이여.

하늘의 옥좌를 버리고 인간이 된 프라이빗 지저스private Jesus, 그가 바란 건 성전도 황금도 율법도 아니라네. All We Need is Love… All We Need is Love…

분명 그는 마왕 소리를 들을 만한 반기독교 전사였다. 그런데 10년이 지난 오늘의 교회를 향해 한 말처럼 가사가 한국 교회의 문제를 잘 집어낸다. 그의 노래는 사랑을 잃어가는 교회를 향한 질타였다. 외형만으로 승부하려는 교회로부터 예수를 구해내려는 마음이 노래에 담겨 있다.

기독교에 비판적이었지만 사귀던 여인이 암에 걸린 것을 알고도 청혼해서 화제가 될 정도로 사랑의 의미를 제대로 아는 신해철이었다. 신앙 좋은 배우자를 찾는 척하면서 실제로는 화려한 조건을 먼저 보는 교회 내 짝짓기 풍토에 비한다면 그는 전사가 아니라 천사였다.

왜 교회 안에서는 신해철 같은 사람을 찾기 힘들까? 교회 젊은이들의 이미지는 늘 한결같다. 술 담배를 하지 않고, 혼전 순결을 지키며(실제로 그런지는 모르겠지만), 정치적으로는 보수적이고, 동성애 같은 민감한 이슈에 대해서는 증오를 동반한다. 링컨이 친구를 정의하기를, '나와 동일한 적을 가진 사람(those who have the same enemy)'이라고 했다던가? 화나게 만드는 사회적 이슈에 대해서는 분노를 함께 표현하는 동지가 되어야 하는데 '기독 청년'들은 중립지대에서 비판 의식 없이 웃음 띤 얼굴의 형제님, 자매님으로만 남고 싶어 한다. 이런 분위기에서 조금만 일탈하면 청년들을 향해 따가운 눈총과 잔소리가 쏟아지고 그들은 결국 교회를 떠난다. 교회 밖에서 이들은 기독교가 젊은(어린) 시절 자신들의 가치관을 왜곡시켰다고 생각하고 반기독교 전사 대열에 합류한다.

삐딱함을
허락하지 않는 교회

언제쯤 교회는 너그러워질 수 있을까? 신해철 같은 사람도 마음 껏 노래하고, 나와 다른 소수자들과도 교제하고, 이웃의 분노에 공감하 는 교회는 언제쯤 가능할까?

교회마다 청년층이 이탈한다고 난리다. 온갖 묘책을 담은 세미나들 을 열곤 하지만 내가 보기에 그런 행사들은 이탈을 부추기는 내용들로 가득 차 있다. 청년들에게 신앙의 본질을 가르쳐야 한다고? 자신들도 그리 못 사는 주제에 누가 누구를 가르치는가?

제발 '우리 젊었을 때는' 하면서 훈계하려 하지 마라. 그냥 하고 싶은 대로 놓아두라. 빨갱이 소리 들을까 두려워하지 말고 자신의 의견을 마 음껏 표출하게 두라. 시키는 대로 잘하는 기성세대가 오히려 쉽게 적응 할 수 있는 사회다. 지금 젊은 세대는 이런 곳에서 숨 막혀 못 산다. 가 끔 젊은이들이 예의가 없거나 옷차림이 맘에 안 들어도 못 본 척하라. 교회 밖보다 교회 안에서 무한한 자유를 누린다면, 그러다가 어느 날 그 위에 책임과 사랑을 얹게 될 것이다.

· 신해철·지승호, 『신해철의 쾌변독설』(부엔리브로, 2008).

이근안은 과연 한국 교회의 공적일까
— 반공보다 성공에 집착하는 '84년 이후' 교회를
주목하라

　　김근태 의원이 세상을 떠나자 그를 고문했던 이근안이 다시 주목
을 받았었다. 그런데 하필 그는 목사가 되어 있었다. 목사 이근안에 대
한 비난은 한국 교회에 대한 비난으로 이어졌다. 김근태가 이근안과 함
께 거론되는 것이 격이 안 맞는다는 것을 아는 사람들은 이근안 뒤에
놓인 한국 교회라는 거대한 기득권 세력에 주목하고 싶어 한다.

　한국 사회 민주화의 과정에서 기독교의 역할은 지대했다. 김근태의
부인 인재근을 비롯해서 한명숙, 이태영, 박영숙, 박순경 등이 기독교
여성운동을 이끌었다면, 지면이 모자랄 정도의 기독교인들이 민주주의
를 위해 그들의 삶을 바쳤다. 문익환, 문동환, 김재준, 장준하, 함석헌,
박성준 등등, 그 수는 헤아릴 수 없지만 오늘 한국 교회는 '이근안'이라

는 이름 하나에 휘청거린다. 그리고 이른바 진보적 기독교인들은 기독교를 지키기보다는 '나는 이근안류와 다르다'는 것을 증명하기 위해 비난하는 데만 동참한다.

그런데 정말, 이근안만이 한국 기독교의 공적일까? 어떤 보수 언론에서는 이근안이 단칸방에 살 정도로 말년에 고생한다며 그 역시 피해자라고 보도했단다. 김근태의 별세에서 이근안의 이름이 함께 거론되는 멍석은 진보 언론도 깔아주었으니 그들의 논조를 탓할 일은 아니다. 보수 언론은 오히려 그가 자신의 행동을 정당화하고 보수 체제 전도사가 되어 부흥회를 하고 다닌들 수입이 별로 없다는 것을 보여주었을 뿐이다. 그의 논조(혹은 보수 언론의 논조)가 먹히지 않는 시대라는 것을 인정했다는 점에서, 보수 언론은 큰 실수를 했다. 이 지점에서 진보적 기독교인들의 반성이 요구된다. 한국 교회는 반공 수구보다 더 큰 병에 들어 있는 것을 못 보고 있기 때문이다.

사회과학계에 '87년 이후 체제'라는 용어가 있다면, 한국 교회를 제대로 이해하기 위해서는 '1984년 이후 체제'를 면밀히 들여다봐야 한다. 1974년, 여의도에서는 '엑스플로Explo '74대회'라는 큰 전도행사가 열렸다. 당시까지 한국기독교교회협의회(NCCK)를 중심으로 권력과 어느 정도 긴장 관계를 유지하던 주류 교단들은 이 행사에 큰 위기감을 느낀다. 비주류 교단에 의해 주도된 교회 연합 행사에서 주류 교단이 그동안 해내지 못했던 거대한 에너지를 발견했기 때문이다.

10년이 지난 뒤 한국 교회는 1984년 '한국 기독교 100주년 대회'를 열면서 또 한 번 세를 과시한다. 74년 대회와의 차이는, 주류 교단이 참여하면서 비주류 교단의 조용기 등을 인정해주었다는 점이다. 74년 대회에서 위기감을 경험한 주류 교단은 이 대회에 보다 적극적으로 참여하면서 한경직·강신명·강원용 등이 주제 강사로 나섰고 빌리 그레이엄Billy Graham이 주 강사로 다시 초대되었다. 민족통일과 평화, 교회 개혁 등 사회적 이슈도 주제로 채택되었다.

1974년 이후 새로운 교회 문화 앞에서 머뭇하던 기존의 대형교회들도 이 대회 이후 경쟁 시장에 뛰어든다. 민족통일, 평화, 교회개혁, 얼마나 멋진 주제들인가? 대형 경쟁에 뛰어든 교회에게 면죄부를 주기에 말이다. 동네 구멍가게를 다 망하게 해놓고 이웃돕기 특별 이벤트를 벌이는 대형마켓이 겹쳐지지 않는가? 당시 가장 시급한 주제는 독재 타도였지만 이 대회에서 누구도 (강원용조차도) 그것을 주제로 삼지는 않았다. 대형화를 향한 무한 경쟁이 몇몇 윤리적인 이슈들로 희석되면서 교회는 윤리와 성장이라는 두 날개 위에 비상하게 된다.

지금 한국 교회가 정상이라고 분석하는 사람은 아무도 없다. 이른바 진보적인 신학계에서 이루어지는 분석은 더욱 그렇다. 그런데 이들의 분석 프레임은 대부분 84년 이전에 매여 있다. '진보/보수'의 프레임이나 반공주의, 서구신학의 영향을 받은 연구실 내 수준을 벗어나지 못한다. 대부분의 분석가들은 교회 안에 머물지 않아 살아 있는 현장의 소리를 잘 듣지 못한다. 교회를 사회문제와 연결시켜 분석하는 뛰어난 학자는 한신대의 강인철이다. 그는 한국 교회와 반공의 관계를 풍부한 데이터를 가지고 정확히 분석해내었다. 그러나 반공이 오늘 한국 교회의 가장 큰 문제인지는 다시 생각해보아야 한다. 적어도 현대 한국 기독교의 문제에 대한 분석은 1984년 이후 체제를 모르고는 설명될 수 없다.

한국 교회는 반공의 첨병,
맞다, 그러나…

신사참배에 대한 근본주의자들의 죄책감이 반공을 불렀다는 김진호(제3세계 그리스도 연구소장)의 주장은 신선하다. 그렇지만 친일파들이 고스란히 반공 주도 세력이 된 해방 후 정치 환경에서 보면, 그 시기를 살던 대부분의 사람이 그랬지 교회만 그랬던 것은 아니다. 반공의 첨병이 된 한국 교회는 21세기에도 젊은이들에게 빼앗긴 시청 앞 광장을 탈환이라도 하듯이 때가 되면 친미 반공 집회를 갖는다.

부끄러운 일이다. 하지만 김대중·노무현 정부의 평화 기조 덕에 젊은이들은 반공에 매력을 느끼지 않는다는 것은 지난 몇 번의 선거에서 확인되었다. 한국 교회를 비판하는 사람들은 반공 집회에 그렇게 예민할 필요가 없다. 누가 보아도 그러한 행사들은 한국 교회의 교인 수를 줄이는 행사이기 때문이다.

게다가 84년 이후 체제에서 성장한 교회들은 이러한 행사를 외면하거나 적극 참여하지 않는다. 김동호·하용조·이재철·옥한흠 목사 등은 요즘 하는 말로 이들과 '콘셉트'가 다르다. 김동호는 아들에게 교회를 세습한 김홍도를 향해 그렇게 김일성을 욕하면서 당신도 똑같지 않느냐며 대놓고 묻는다. 이처럼 84년 이후에 성장한 고학력자들이 많이 모이는 교회는 반공이 주제가 아니다. 이것을 모르고 한국 교회의 문제점을 반공으로 묶으려는 분석은 틀린 말은 아니지만 맞는 말도 아니다. 교회 돌아가는 상황을 모르는 뜬금없는 말일 뿐이다.

84년 이후 교회들은 반공보다는 성공이라는 보다 세련된 주제에 집중한다. 어느 화려한 극장 못지않은 교회 시설에 익숙해져 있는 교인들을 시청 앞 차가운 아스팔트로 내몰지 않는다. 그 교회 교인들은 선교, 봉사, 나눔 등에서도 모범을 보인다. 그들은 숨겨진 욕망을 감추려는 듯 기도에 열심이다. 70~80년대 독재와 민주화 운동의 치열한 대립 상황에서 대학을 다닌 세대들 중 대부분은 졸업 후 현장에 투신하지 못하고 순탄하게 취업과 기득권의 길을 걸어온 것에 대해 죄책감이 있다. 그 죄책감은 사회 정의와 개인의 성찰을 위해 필요한 죄책감이다.

그런데 84년 이후 성장한 교회들은 이런 죄책감을 '영적' 죄책감으로 대체시킨 후에 그것을 그리스도의 이름으로 용서해주면서 허전한 빈자리를 선교나 봉사 같은 것들로 채워준다. 그 프레임 속에서 죄책감으로부터 해방된 사람들은 삶의 현장에서 별 고민 없이 무한 경쟁에 뛰어든다. 그리고 자신들이 고학력으로 누렸던 그 성과물들을 자녀들에게 세습시키기 위해 사교육 시장의 든든한 후원자가 되며 교회는 이들의 고득점을 위해 입시 기도회를 여는 악순환이 계속된다. 일부 '건강한 교회'는 절차적 민주주의가 신의 또 다른 이름인 양 그것에 집착한 교회 개혁운동으로 자기 위안을 삼는다.

84년 이후 체제에 대한 고민이 없으면, 이처럼 좋은 교회와 나쁜 교회가 확연히 구분된다. 반공의 첨병인 교회들은 나쁜 교회이며 세련으로 무장된 교회들은 좋은 교회가 된다. 그런데 과연 남북분단 이후 월남자들이 주축이 된 반공적인 영락교회가 자본주의로 무장된 84년 이후 교회들보다 더 나쁘다고 할 수 있는가? 목회자들이 즐겨 쓰는 예화에는, 개구리를 뜨거운 물에 담그면 금방 튀어나오지만 천천히 데우면 거기서 익어 죽는다는 이야기가 있다. 중산층 이상의 세련된 기독교인

들은 시청 앞에서 보수 기독교인들이 치르는 그 촌스러운 행사를 보고
는 '이게 아닌데' 하면서 뜨거운 물에서 튀어나온다. 그러나 자본주의의
첨병이면서 적당한 선행을 하는 교회 구조 속에서 천천히 익어가는 자
신을 모르고 있는 경우가 많다. 적어도 84년 이후에 대한 고민이 없으
면 우리는 '좋은 교회' 안에서 천천히 익어가게 된다.

'조영남', '윤형주'라는
키워드

1970년대 이전까지 대중문화에 종사하는 사람들은 '딴따라'라는
이름으로 무시당했었다. 그러나 조영남의 출현은 딴따라에 대한 대중
의 인식을 바꾸어놓았다. 지금도 TV프로에 나와서 자신이 서울대 음대
출신(실제로는 중퇴)이라는 것을 자랑하는 그에게서 알 수 있듯, 한국 사
회의 학벌주의는 남다르다. 윤형주는 평준화 이전 최고의 명문고였던
경기고 출신에 연세대 의대 재학 중인 가수였다. 게다가 윤형주의 부친
은 저명한 영문학자였으며, 윤형주는 일제하 저항시인 윤동주와 육촌
간인 이른바 명문가 자제였다. 물론 그 이전에도 명문대 출신의 연예인
이 없었던 것은 아니다. 최희준이라는 서울대 법대 출신의 가수가 있었
지만 그의 음악세계나 무대 의상은 당대 저학력 가수들의 그것들과 크
게 다를 바가 없었다.

반면 조영남, 윤형주, 양희은(경기여고-서강대), 김민기(경기고-서울대)
의 음악세계와 일상복이나 다름없는 무대 의상은 다른 가수들과 달랐
고, 대중예술계에 대한 일반의 인식을 바꾸어놓기에 충분했다. 마침 경

제성장과 함께 문화에 대한 관심이 넓어지던 한국 사회에서 처음으로 대중음악이 지성인들의 문화가 될 수 있음을 보여주었던 이들이 바로 고학력 가수들이었다.

그중 조영남과 윤형주는 동신교회 학생부 성가대 출신으로 자신이 기독교인임을 공공연하게 이야기하고 다녔다. 그 덕분에 교회에서도 조금씩 복음성가나 기타 연주가 시도되었다. 당시 젊은이들이 많이 모이는 교회로 유명하던 새문안교회에는 '쌍투스'라는 노래 동아리도 생겨났고, 이들은 1978년 대학가요제에도 출전한다. 교회 내 음악 동아리가 교회 합창제가 아니라 대학가요제에 나간 것이, 나는 한국 교회사에서 중요한 사건이라고 생각한다. 1974년, 조영남이 인기 절정의 시기에 신학 공부를 위해 미국 유학을 떠나면서, 유교적 엄격주의가 지배하던 한국 교회 예배 의식에 대한 대중들의 생각도 바뀌게 된다. 지성인도 연예인이 될 수 있음을 보여준 그는 쇼와 예배가 한 사람 안에서 가능할 수 있다는 것을 인식시켜준 첫 인물이었다. 그의 학벌은 이러한 교회 문화가 나쁘지 않은 것임을 뒷받침해주었다.

이러한 현상 때문에 84년 이후 성장한 교회들은 대중문화적 요소들을 과감하게 예배에 도입하고 성공을 거둔다. 전통적인 예배 의례의 퇴조가 전 세계적인 현상이기는 했지만 조영남은 한국 교회에서 이런 것을 앞당기는 데 큰 기여를 했다. 만약 엑스플로 '74대회에서 조영남이 아니라 당대 최고의 가수였던 남진이나 나훈아의 회심이 있었다면, 84년 이후 성장한 교회에서 대중문화는 그렇게 빠른 속도로 정착하지 못했고, 교회 구성원들은 70년대 순복음과 비슷한 구성원들로 채워졌을 것이다.

같은 것을 즐기고 욕망하면서
다르다고 믿는 사람들

이 분위기 속에서 중산층 기독교인들은 교회 내 대중문화를 즐기면서 그것이 일반 대중문화와는 다른 것이라고 믿는다. 마찬가지로 세상의 비기독교인들과 똑같은 욕망을 가지면서 그것은 다른 것이라고 믿는다. 84년 이후 교회들은 이런 점을 신도들에게 각인시키는 데 성공했다. 이처럼 연예 시장의 확대와 고학력자들의 연예계 진출은 84년 이후 새로운 교회 문화의 정착과 무관하지 않다. 오늘날 많은 시상식장에서 대중연예인들이 "하느님께 감사한다"고 수상소감을 하는 것이 그 연장선상에 있다. 고학력자들의 문화적 향유와 욕망은 개인의 적선 윤리로 덮이며 그 화려한 무대에 속한 이들은 욕망을 그대로 표출하는 84년 이전 체제를 유지하는 교회들과 차별화된다.

한국 교회의
진짜 위기

한국 교회의 진짜 위기는 반공주의도 아니고 이근안 따위도 아니다. 금란교회의 김홍도가 거액을 들여 『조선일보』에 광고를 해도 영향을 받는 사람들은 별로 많지 않다. 그런데 왜 기독교가 이 모양이냐고? 고학력 중산층 기독교인들이 성공주의와 편의주의로부터 빠져나오지 못하는 것이 가장 근본적인 이유다. 적당한 선행에 성공을 향한 그들의 욕망은 감추어진다. 자녀들에게 자신의 기득권을 계승하고 싶어 하는 이들은 신앙 교육 환경도 최상의 조건으로 만들어주려고 한다. 그리고 이런 신심이 초월적 영성인 것처럼 착각한다. 이들이야말로 나라가 좌파천국이 될까 걱정하는 반공주의 기독교인들보다도 공동체에 대한 희생이 없는 이기적인 사람들이라는 것을, 진보적 기독교 논객들은 간과하고 있다.

· 강인철, 『한국의 개신교와 반공주의』(중심, 2007).

도시 지향하면서
공존 못하는 이민 교회

　　한인 이민자들은 도시형 삶을 지향해서 이민의 길을 떠났다. 처음부터 근대화의 상징인 북미를 택했던 이민자들과 달리 계약상 농업 이민으로 시작한 남미 이민자들이지만, 그들 역시 계약 기간이 끝난 후 대부분 도시로 나왔다는 사실은 우리가 근대적 도시를 동경했다는 것을 보여준다. 최근 이민 사유로 가장 많이 언급되는 자녀 교육문제를 보아도 농촌에서 서울로 유학을 보냈던 것의 변용에 다름 아니다.

　　하지만 성서에서 도시는 부정적인 이미지를 가지고 있다. 도시가 최초로 언급된 것은 「창세기」 4장 17절에서이다. 카인의 아들 에녹은 처음으로 그의 이름을 따라 도시(iyr)를 만들었다. 카인은 세상을 떠돌아다녀야 하는 징벌을 하느님께 받았지만 그의 아들은 유랑을 그만두고 정착을 시작한다. 그러나 도시는 유랑이라는 징벌을 극복하지 못하고 또 다른 유랑이 시작하는 지점이 된다. 대표적인 것이 「창세기」 바벨탑 사건이다. 여기서 도시는 정착을 위해 모였던 이들이 다시 떠나게 되는 유랑의 시발점이다. 도시의 부정적 이미지는 자신들이 떠돌이이면서도 그곳을 찾아온 낯선 이들을 폭력하는 소돔과 고모라 사건에서 극대화된다.

신약에 와서도 도시의 이미지는 바뀌지 않는다. 「야고보서」에서 도시는 돈을 벌기 위하여 떠도는 이들이 모이는 곳이다. 성서에서 도시가 부정적으로 그려지는 데는 다양성도 한몫을 한다. 구약의 세계관에서 보면 도시는 통일성보다는 다양성이 강조된다는 점에서 비신앙적으로 보였을 것이다. 특히 바벨론 포로기에 도시의 거대함과 편리함을 경험한 유대인들의 동요를 막기 위해서라도 율법의 편집자들은 도시의 부정적인 면을 강조해야만 했다. 신약의 도시관도 마찬가지다. 사도 바울이 선교 여행을 다녔던 도시들의 모순은 구약의 도시관과 중첩되어 「요한 계시록」의 부정적 도시관으로 나타났다.

유랑자인지 모르는
유랑자 한인 교회

굳이 성서의 세계관이 아니어도 오늘날 도시는 문제다. 온갖 계몽과 첨단, 다양성이 혼재하는 곳이 도시지만 이 다양성은 갈등의 근원이 된다. 게다가 미국이라는 다문화의 공간에서 도시는 인종의 혼재라는 또 하나의 특징을 가지고 있다. 그것 때문에 온갖 부조리와 범죄가 발생한다.

성서적 세계관에 기초했을 때, 우리는 이 도시 저 도시를 떠돌아다니는 떠돌이 유랑자들이다. 그러나 버림받은 유랑자가 아니라 새로운 약속의 순례자가 되기 위해 다양성의 공간인 도시에서 공동체를 찾아야 하는 것이 한인 이민 교회의 과제라고 보고 싶다. 낯선 공간에 와서 얻은 안정을 잃기 싫어 또 다른 낯섦을 배격하는 문화가 있는 한, 한인 기독교인은 순례자가 아니라 '벌받은 자'로서의 떠돌이 신세를 면치 못할 것이다.

그렇지만 한인 교회는 도시의 부정적인 면을 극복하는 형태로의 정착이 아니라 전혀 어울리지 않는 것으로 정착을 시도해왔다. 한인들의 회귀 지향성은 건전한 정착을 가로막는다. 사탕 수수밭 노동자들인 초기 이민자들에게 미국은 영원히 살 수 있는 곳이 아니었다. 고국으로 돌아가야만 했던 그들은 독립자금 모금과 같은 행동으로 회귀 욕망을 위무했다. 그러나 해방은 너무 늦게 찾아왔고, 대부분은 이 땅에 정착해야만 했다.

안타깝게도 1960년대 초반부터 다시 시작한 한인 이민자와 초기 한인 이민자는 섞이지 못했다. 60년대 이후 이민자들은 노동자 신분이 아니라 서양 교육의 혜택을 받은 1세대들이었기에 미국 문화에 대한 동경이 심했다. 그런데 이들도 초기 이민자들이 가진 회귀욕망과는 내용만 다를 뿐, 고국을 그리워했다.

이들의 회귀 욕망은 한인 교회의 증가를 가져왔다. 이들은 교회를 중심으로 또 하나의 한국을 만들어내었다. 결국 한인 교회는 미국도 한국도 아닌 형태로 자리 잡아갔다. 또한 이들은 고학력자답게 동문회들을 중심으로 70년대 이후 미주 한인 문화를 선도해나갔다. 그러나 평준화

세대가 중년에 접어들면서, 즉 동문의식이 약화되면서 이민 사회 각종 동문회의 참여 숫자가 급격히 감소한다. 바로 이때부터 미주 이민 교회에서도 초대형교회들이 등장한다.

이처럼 회귀성과 동질성은 건전한 이민 문화의 정착을 가로막는다. 도시를 지향해서 왔으면서 도시성과는 공존하지 못하는 그 모순이 이민 교회의 가장 큰 문제점이다. 이러한 현상들을 분석하기 위해 이민신학이라는 이름의 접근들이 있었으나 대부분 교회들이 선언적 고민에 그칠 뿐 깊은 성찰은 하지 못했다. 이제 한인 이민 교회는 문화에 대한 고민과 도시에서 참여에 대한 고민을 함께해야 한다. 여기서 주체의식도 생겨나고 건강한 한인 교회의 문화도 형성된다.

비주류들이 모여
새로운 흐름을 만들어내는 치마타

발터 벤야민은 19세기 세계의 중심도시였던 파리를 산책하면서 파리의 수많은 다문화들(multi-culture), 즉 패션, 박람회, 카탈로그, 매춘, 도박 등을 통해 파리를 분석했다.

이 프로젝트를 통해 그는 전통적인 진보/보수의 역사관과 경제적 결정론으로 모든 것을 분석하려는 관점을 극복하려고 애쓴다. 그는 오히려 역사로부터 배제되고 폐기 처분된 또 다른 아랫것들인 '쓰레기'들을 통해 자본주의의 특징이 드러난다는 입장을 취한다.

19세기 세계의 중심이 파리였다면 20세기 자본주의의 중심은 뉴욕이다. 일본 작가 이와사부로 코소(高祖岩三郎)는 『뉴욕열전』에서 '치마타'라는 일본식 거리의 개념을 통해 뉴욕을 바라본다. 치마타는 행정적으로 구획된 어떤 공간이 아니라 그냥 모이는 공간이다. 어떤 치마타에는 동성애자들이, 어떤 치마타에는 저항음악을 하는 이들이, 어떤 치마타에는 일감을 찾는 일용직 근로자들이 모여든다. 그들의 영토는 없지만 자기들만의 치마타에 모여 거대한 흐름을 엮어낸다. 9·11사태 이후 급격히 보수화되고 있는 현실에서 치마타를 중심으로 활동하는 미자립적 흐름, 소규모 흐름이 개발의 논리를 극복하고 뉴욕을 지탱하는 힘이라는 것이다.

한인 교회는 화려한 로스앤젤레스 다운타운을 우울한 시선이 아니라 동경적 시선으로 바라보는 사람들이 모인 공간이다. 주류의 눈에는 한낱 잔여물로 보일 한인들은 끊임없이 주류에 편입하기 위하여 추파를 보낸다. 백인 중심의 주거 지역으로 끊임없이 들어가려고 하는 그들의 노력은, 서글프다.

그러는 순간 계급의 구조에서 아래에 속한 자신들의 위상을 망각하게 되고, 그것이 가져다줄 동력 또한 상실하면서 영원히 바라만 보다가 끝나버린다. 또한 한인들은 주거지나 그들의 사랑방 구실을 하는 교회에서는 다문화에 속하기를 두려워한다. 단순히 언어의 문제 때문만이 아니라 문화의 핵심을 공유하는 데 아직 낯설기 때문이다.

결국 그들은 19세기~20세기 초엽의 파리의 역할을 대신하는 뉴욕 또는 LA에서 자본주의의 겉모습만 바라보고 그 문제점과 극복에 대해서는 외면한다. 결국 비주류(젊은이, 진보적 정치관, 비주류 특정 지역, 가난한 이들, 저소득층에 집중되어 있는 특정 인종 이민자들, 성적 소수자)에 대해 가혹한 비판을 가한다.

교회 공간을 떠나는 순간 그들은 다시 추레한 잔여물이 되지만 적어도 교회 공간에서 경험한 주류의 짜릿함을 잊지 못한다. 풍요의 공간에서 살아가고 있을 뿐, 그 풍요의 열매는 여전히 먼 데 있는 이민자들이지만 실제로 그 풍요가 자기에게도 곧 다가올 것이라는 헛된 꿈을 가지고 살아가는 이들을 상대해야 하는 것이 이민 목회이다. 바로 이것이 다문화 목회가 어려운 이유이다. 벤야민은 자본주의가 재구성될 것이라는 꿈을 꾸었지만 오늘 기독교인들은 자본주의의 모순 속에 더 들어가려는 꿈을 꾼다.

주류 편입 포기하고
문화적 공동체를 형성하라

한인 교회는 도시에 정착하면서 자신들의 영토를 확보하기에 바빴다. 땅을 사고 교회를 건축하는 것은 개신교가 주류인 나라에서 안정성을 확보하기 위한 최소한의 장치였다. 이민자들은 확보된 공간 안에서 더 이상 떠돌이가 되고 싶지 않았다. 문화적 떠돌이인 것을 미처 알아차리지 못했던 것이다. 욕망의 떠돌이가 아니라 순례형 떠돌이가 되어야 함에도 그들은 떠돌이 신분을 빨리 벗어나고만 싶었다. 이제 한인 교회는 이러한 영토 개념에서 벗어나, 다시 말해 유형의 공간적 안정성에서 벗어나 마치 치마타처럼 문화적 공동체를 형성하는 데 더 많은 노력을 기울여야 한다.

그러기 위해서는 비주류로 살아남는 것을 두려워해서는 안 된다. 단언하건대 이 땅에서 우리는 결코 주류가 될 수 없다. 그럴 바에야 비주류의 특성으로 살아남는 방법을 모색해야 한다. 교회와 교회 지도자들은 주류 편입이 가능하지 않다는 것을 빨리 선포해야 한다.

안토니오 네그리Antonio Negri가『제국』에서 말한 다중多衆(the multitude)은 다문화 목회에 필요한 키워드다. 현대 교인들에게 다중을 인식시켜주는 것이 교회 지도자들의 몫이다. 다중이란, 각자 정체성을 가지며 개별적으로 행동하되, 특정한 사안에 동의할 때 개별성을 유지하면서 공동으로 활동하는 21세기 계급이다.

물질적 계급에 따른 분류인 민중 개념과도 구분되며 뭉뚱그려 지칭하는 대중과도 구별된다. 하느님 나라는 다중의 나라이다. 이것은 스스로가 비주류임을 각성하되 결코 그것으로 주눅 들지 않는 데서부터 시작한다. 여기서 새로운 공동체가 시작된다.

약한 이들과 연대하고
낯선 이들을 환대하라

이 새로운 공동체가 추구할 목표는 낯선 이들에 대한 환대이다. 어느새 주류가 주는 편안함이 자기 옷처럼 편안해진 한인 이민 교회는 낯선 것들을 배격한다. 끊임없는 주류로의 편입 욕구를 성서적으로 중지시키고 다중이라는 계급적 자각을 인식시킬 필요가 있다.

다문화 목회와 다인종 목회를 동의어로 보는 것도 극복해야 할 과제 중 하나이다. 다문화 목회의 현장에 서 있는 우리는 다중이 함께할 수 있는 더 거대한 담론을 찾는 데 실패하고 인종적 만남에 초점을 두었던 실패의 경험들을 가지고 있다. 그 내부의 문화적 차이 때문에 실패는 예견되어 있던 것이었다.

이제 각종 낯선 것들에 대한 열림이 없으면 이민 교회의 미래는 우울하다. 낯선 이들을 신학적으로 어떻게 정의할 것인가는 차후의 문제다. 낯선 것에 대한 환대가 이루어지지 않을 때, 도시는 다시 유랑의 징벌로 기억될 것이다. 도시를 더 이상 벌받은 자들의 유랑의 공간이 아니라 끊임없이 낯선 것들을 받아들이는 재영토의 공간으로 삼아야 할 것이다.

우리는 결코 주류가 될 수 없다. 하지만 그 약함은 그리스도 안에서 강한 것이 된다. 오늘날 비주류들에게 던져진 신학적 과제는 결코 쉽지 않다. 우리는 주류를 껴안고 가야 하는 사명 속에 던져져 있다. 약한 자들과 연대를 가르치고, 낯선 것들에 대한 환대를 가르치는 교회가 되어야 한다. 다문화 목회의 성공 여부는 이에 달려 있다. 이민 교회는 바로 그것을 지향해야 한다.

· 이와사부로 코소, 『뉴욕열전―저항의 도시공간 뉴욕 이야기』(김향수 옮김, 갈무리, 2010).

문제는 교리가 아니라 시장이다

―땅밟기의 원조는?

1974년 8월, 한국 교회에 기념비적인 행사가 여의도에서 열렸다. 이름하여 '엑스플로 '74대회'이다. 세계적인 부흥사 빌리 그레이엄을 강사로 하여 열린 이 행사는 주최 측 추산 350만 명이 모인 대행사였다. 물론 교인들의 열정도 있었지만 그동안 군사 비행장으로만 알려져 있던 여의도의 거대한 광장이 시민에게 개방된 것을 구경하려고 온 탓도 있었다. 당시 여의도 광장은 대형 천막들로 가득 찼고 전국 각 교회에서 모인 교인들은 아침부터 밤까지 계속되는 행사에 많은 '은혜'를 받았다.

이 대회를 계기로 한국 교회에는 몇 가지 큰 변화가 일어난다. 먼저 조용기 목사의 부각이다. 여의도에서 열린 행사로 순복음교회가 부각

된 것이다. 1973년 서대문에서 여의도로 이전한 순복음교회는 이 행사 때문에 기독교계 주류에 한 걸음 더 다가설 수 있었다. 또한 주 강사 빌리 그레이엄보다 더 은혜로운 통역 설교로 김장환 목사가 뉴스의 중심으로 떠올랐다. 그동안 변방에 있던 조용기와 김장환은 한국 교회 지도자로 늘 거론되던 한경직(영락교회), 강신명(새문안교회), 강원용(경동교회), 조향록(초동교회) 등과 이름을 나란히 할 수 있는 거물로 부상했다.

6·25전쟁을 거치면서 한국 교회가 어느 정도 자리 잡게 되자, 선교사들은 고아원 같은 사회사업 분야로 눈을 돌렸다. 그리고 70년대 이후 산업화가 급속도로 진행되면서 조지 오글George E. Ogle(오명걸) 목사가 주축이 된 도시산업선교회 등에서의 선교사들 역할이 두드러졌다. 어쨌든 한국 교회에 대한 주류 선교사들의 영향이 줄어들던 차에 화려한 연설의 빌리 그레이엄은 그동안 한국말을 더듬거리며 복음을 전하던 볼품없는 선교사들에 비하면 새로운 슈퍼스타의 등장이라고 표현할 수밖에 없는 변화였다.

복음까지도
미제가 최고

한국 교인들은 "끊임없는 북괴의 남침 위협" 앞에서 "노동자들이나 선동"하는 조지 오글과 같은 목사에 비하면 빌리 그레이엄의 명쾌한 단문형의 설교 앞에서 복음까지도 미제가 최고라는 생각을 갖게 된다. 이 모든 변화를 한마디로 요약하자면 한국 교회가 보수화되고 시장화되었다는 것이다. 한국 교회는 거대한 마케팅 이벤트를 통해야만 살아남을 수 있다는 생각이 교회 문화를 지배했다. 그런 점에서 한국 교회를 보수 일변도라고 부르는 것은 지극히 단선적인 접근이다. 적어도 이 대회 이전에는 보수가 주류였을지언정 일변도는 아니었다. 한기총이 없던 시절 교회협의회(NCC)의 조절 능력이 있을 때였으며 함석헌, 김재준, 장준하, 계훈제, 인명진, 안병무 등 민주화운동에 있어서 기독교계 인사들의 활동도 두드러질 때였다.

그러나 엑스플로 '74는 한국 교회의 시장화를 가져왔고 기성 교회들은 시장의 법칙에 적응하지 못하며 축소되게 된다. 엑스플로 '74 다음 해인 1975년 인민혁명당 조작 사건으로 여덟 명이 대법원에서 사형 확정 판결을 받은 뒤 바로 그다음 날 사형 집행이 되어버리는, 한국 사법 사상 가장 수치스러운 사건이 발생한다.

조지 오글 목사를 비롯해 이 사건에 항의한 선교사들이 추방당했다. 그나마 세계 교회와 창구 역할을 하던 이들의 추방으로 한국 교회는 빌리 그레이엄 스타일의 성취주의가 주류를 이루게 된다. 재주는 곰이 넘고 돈은 사람이 번다고 했던가? 엑스플로 '74를 성공시킨 주축이 한국 내 주류 교단이 아닌 관계로 이들이 목회하는 교회는 성장했을지 몰라도 한국 교회 전체를 바꾸기에는 아직 역부족이었다.

바로 이러한 틈새를 공략해 온누리교회와 사랑의교회가 성장한다. 엑스플로 '74를 통해 교회의 시장화가 주류가 된 그 현장에 주류 교단인 장로교 간판을 단 온누리와 사랑의교회, 감리교 간판을 단 금란교회 등이 시장화와 교단의 배경이라는 두 마리 토끼를 다 잡으며 성장을 지속한다.

1980년대 호황을 거치고 사회주의가 몰락하면서 자본주의의 우월성이 잠시 빛을 보던 시절, 이들 후발 주자들은 중원의 패권을 꿈꾸며 경쟁 시장에 뛰어든다.

땅밟기, 자본주의와
시장 논리의 부산물일 뿐

대단히 미안한 이야기지만 그리고 땅밟기라는 천박한 행사로 한국 교회 얼굴에 먹칠을 한 이들을 꾸짖으려는 의도를 모르는 바 아니지만, 한국 교회의 배경을 무시한 땅밟기 비판은 다 부질없는 짓이다. 비판하는 이들도 땅밟기라는 것이 20여 년 전부터 생겼다고 말하지 않는가? 거기에는 자본주의와 시장의 논리가 있고 그 배후에는 이 논리로 성장한 대형교회들이 있다. 어떤 이는 "유일신 사상에 기초한 기독교의 배타주의"가 이런 난센스를 불렀다고 주장한다. 미안하다. 틀렸다. 초대 교회는 "교회 밖에 구원 없다"는 말로 그냥 비기독교 세력을 무시했을 뿐이다. 임박한 종말론을 완전히 버리지 못한 초대 교회는 기독교 공동체 내에 많은 사람들이 몰려들어와 구원을 받을까 오히려 걱정이었다.

배타주의와 제국주의는 기독교만의 현상이 아니고 종교에 상관없이 인간이 가진 공통적 본성일 뿐이다. 땅밟기 사건의 호들갑스런 보도의 가장 큰 수혜자는 누구인가? 바로 그들이다. 짐작하건대 그들은 언론의 비난 속에 지금 순교자적 착각으로 상당히 들떠 있을 것이다. 예전에 밤에 몰래 단군상의 목을 베던 이들은 시장의 법칙을 모르는 차라리 '순진한' 이들이다. 땅 밟은 이들은 노이즈 마케팅의 법칙에 충실한 교활한 자들이다. 아마도 그 단체를 향한 교회들의 지원도 음으로 양으로 더 늘어날 것이다.

낡은 LP판 튀듯이 이런 일이 일어날 때마다 거론되는 관용구들은 이제 그만 쓰자. 교활한 자들은 노이즈 마케팅에 충실한 매체에 고마워하고 있다. 문제는 시장이다. 여전히 대형교회들의 성장 방법을 벤치마킹하는 이들이 있는 한, 땅밟기는 사라지지 않는다. 대형교회에서 품을 파는 것을 영광으로 아는 이들이 있는 한 먹칠은 계속된다. 그러므로 이번 사건의 배후에는 배타적 기독교가 있는 것이 아니라 자본주의가 버티고 있음을 알아야 한다.

시장의 논리에 의해
좌우되는 교회

대형교회의 성장 배후에는 미국제 복음주의와 박정희와 전두환의 성장주의가 자리 잡고 있다. 그 성장주의 속에서 어린 여공들이 각혈을 하며 죽어갔고 21세기에도 반도체 공장에서 백혈병 환자가 생겨난다. 이 연결고리를 모르면서 교회의 대형화를 꿈꾸는 목회자들이 있는 한, 자녀 교육과 세련된 시스템을 핑계로 대형교회에 소속되기를 원하는 신흥 인텔리들이 늘어나는 한, 땅밟기는 사라지지 않는다. 어차피 수평 이동 때문에 성장한 대형교회들이 땅밟기의 원조가 아니던가?

· 마이클 호튼, 『미국제 복음주의를 경계하라』(김재영 옮김, 나침반, 2001).

제사가 바로잡아야 할 것은
—우상숭배라며 정죄할까, 진보의 이름으로 찬성할까

명절이 되면 차례를 지내는 기독교인 가정들은 잠시 갈등에 빠진다. 나처럼 친가, 외가, 처가 할 것 없이 백 년 이상의 기독교 전통을 가진 집안에서는 제사라는 것을 실제로 구경조차 해본 일이 없으니 이 문제를 놓고 고민하는 사람들의 괴로움을 잘 모른다. 다만 아무런 갈등 없이 제사를 드리는 사람, 신앙에 입문하면서 가족과의 단절에도 불구하고 과감하게 끊은 사람 등 다양한 교인들과 접하면서 이 부분에 가이드라인은 있어야 한다는 생각이다.

사실 개신교에는 제사로 인한 순교의 역사가 없다. 개신교가 전파될 때는 이미 성리학의 기세가 꺾인 뒤였기 때문에 천주교 초기 전래 과정에서 겪었던, 제사로 인한 피해는 거의 없었다. 다만 오늘날 천주교는 제사 문제에 관대한 반면 개신교는 엄격하게 금하기 때문에 개신교가 전통문화에 대해 배타적인 종교로 인식되고 있다.

하지만 천주교의 경우 제사에서 '신주(지방)'를 사용하지 못하게 권고한다. 조상 제례가 우상숭배냐 아니냐를 결정하는 핵심 사항이 신주인데, 그것 없는 조상 제례를 전통적인 제사라고 부를 수 있는지는 따져봐야 한다. 다시 말해 천주교가 제사를 인정한다는 사실은 쉽게 수긍할 수 없다는 뜻이다.

오늘날 이른바 진보적인 기독교인들 중에서 제사 문제에 대해 전향적인 태도를 취하자는 의견들이 많다. 반면 보수적인 기독교 내에서 제사는 우상숭배와 같이 취급된다. 하지만 이 두 주장에는 모두 모순이 있다. 보수주의자들은 우상숭배의 이름으로 정죄하지만 바로 그들은 자본이나 권력과 같은 진정한 우상에 대해서는 침묵을 넘어 옹호한다. 그리고 나서는 제일 '만만한 우상'인 조상신에 대해서만 혹독하게 대하니, 그들의 주장이 현대 기독교인들에게 받아들여지기 어렵다.

단적으로 말하면 제사는 전통사회의 '법'이다. 단순히 조상 공경이 아니라 그 안에는 성리학의 엄격한 남성 중심의 위계질서가 담겨 있다. 그 법에 따라 한 여인이 한 남자에 일평생 죽도록 충성하고 나서 열녀 소리를 듣는 것으로 만족해야 했고, 자기의 인생을 희생해서라도 시부모를 섬긴 사람에게는 효부라는, 상처뿐인 영광을 안겨주었다.

희생이 더 컸던 효부의 전설이 효자보다도 마을마다 더 많은 것은 여성에게만 희생을 강요하였던 제사라는 법이 주는 마약 때문이었다. 현대에는 가사 분담에서 많이 나아지기는 했지만 여전히 제사 준비에는 여성의 희생이 강조된다. 이처럼 법이란 한 개인 또는 사회가 행동의 근거로 삼는 가치 체계다.

구약이 십계명을 중심으로 하는 법의 사회였다면 예수는 그것을 사랑으로 넘고자 했다. 사도 바울은 오히려 모든 전통과의 단절을 넘어서 버렸다. 알랭 바디우와 같은 철학자들이 사도 바울에 심취한 것도 바로 전통과의 단절 때문이다. 즉, 기성 가치를 받쳐주는 법과의 단절 없이 새로운 사회는 오지 않는다는 말이다.

그러므로 성리학의 배경 없이 드리는 제사는 팥 없는 찐빵처럼 제사가 아니다. 오늘 기독교와 제사의 공존 가능성을 주장하는 것은 자유다. 그러나 그것이 과연 성리학을 넘을 수 있을까에 대해 먼저 물어야 한다. 그리고 넘을 수 있다고 자신할 수 있다면, 역설적이게도 제사라는 용어를 사용하지 말아야 한다. 그것은 제사가 아니기 때문이다.

제사를 말하면서 전통문화와의 화해를 주장하는 의견도 모순이기는 마찬가지다. 지금 드리고 있는 제사는 성리학이 지배 이념이 된 이후에 생긴 제도다. 조선조 이전에는 지금과 같은 제사가 없었다. 조상 숭배의식은 있었지만 제사처럼 엄격한 절차가 있는 게 아니라 기암괴석 앞에서 또는 밝은 달 아래서 일반적인 조상신에게 비는 정도였다.

그러나 조선조 이후 성씨 문화가 본격화되고 매장 풍습이 유행하면서 양반가에서 제사가 자리 잡기 시작했다. 반만년 역사 중에 겨우 5백 년 정도의 역사를 가진 것을 우리의 전통이라고 말할 수 있는가? 그렇다면 천주교를 포함해 벌써 2백 년이 넘은, 제사 안 지내는 기독교의 전통에 대해서는 왜 그리 너그럽지 못한가? 게다가 지금의 제사상 차리기는 일제시대부터 시작된 인습이다.

또 다른 문제를 보자. 제사는 성씨 문화 이후 생긴 제도, 즉 양반가의 제도였다. 물론 조선 후기 신분제가 부패하면서 양반의 숫자가 늘어나기는 했지만 신분제가 완전히 철폐되기 전까지 성이 없는 돌쇠와 마당쇠의 집안에는 제사가 없었다. 그런데 지금 제사를 지내는 사람 중에 자기 조상이 마당쇠였다고 말하는 사람은 아무도 없다. 모두들 조상이 조선조에는 양반이었음을 자랑하듯이 제사를 지낸다.

이 거짓과 신분 상승의 욕망을 교회가 바로잡아주어야지, 진보의 이름으로 그것을 인정하며 열린 기독교인임을 자랑하는 이들에게는 조소밖에 던져줄 것이 없다. 예수는 하느님 나라를 위하여 어머니를 지적에 두고 누가 내 어머니냐고 묻기까지 했다. 사도 바울은 한걸음 더 나가서 벤야민 가문이라는 '족보'와의 단절을 시도한다.

조르조 아감벤Giorgio Agamben은 『남겨진 시간(The Time That Remains)』에서 사울에서 바울이 된 것은 히브리 문화권에서 헬라 문화권으로의 전환이 아니라 성씨 문화에서 마당쇠가 된 것 같은 신분 문화의 전환이라고 설명한다. '바울'이란 이름은 당시 언어권에서 이름으로 쓰던 단어가 아니라 '막둥이'와 같은 천박한 별명이었다. 명문가 바울이 스스로를 '근본도 없는' 존재로 격하시킨 것이다. 그런 점에서 예수를 다윗 가문의 적자로 추켜세웠던 복음서 기자들보다 바울은 계급성에 충실했다. 반면 제사 제도에는 신분의 사슬에서 상위를 차지하려는 무의식이 숨어 있다.

이것을 깨주는 것이 교회의 역할이다. 제사에 관용하는 기독교인들은 정말 우리 전통에 대해 자부심이 강할까. 그렇지 않다. 제사 제도가 부정된 것은 선교사들이 잘못 가르쳐서 그렇다고 그들은 주장한다. 그런데 천주교에서 처음 제사를 부정한 사람들은 남인계의 실학자들이었다.

조선 말 남인들이 처음 천주교를 접했을 때 선교사가 한마디 했다고 신주를 불사르고 제사를 거부했을까? 그것은 남인 세력, 즉 조선 후기 개혁 세력을 폄하하는 발언이다. 그들은 성리학의 세계관으로는 조선의 개혁이 어렵다고 보았고, 그 상징인 제사 제도를 과감하게 거부했던 것이다. 그러므로 1790년 북경의 구베아 주교의 편지 하나로 제사를 금지하고 목숨을 던질 정도로 우리 선조들은 절개가 없지 않았다. 오히려 그것은 처절한 개혁의 몸짓이었다.

그렇다면 정답은 무엇인가? 기독교 공동체에 입문했으면 제사와 단절해야 한다. 그러나 나는 그것을 공론화할 자신은 없다. 제사는 우상숭배의 죄악이라고 함부로 퍼붓는 근본주의자들과 동급으로 취급받는 것이 싫기도 하고 무엇보다도 아직도 제사 문제 때문에 고통받고 있는 많은 기독교인들의 아픔을 덧나게 하고 싶지 않다.

다만 이 한마디만은 해주고 싶다. "묻지 말고 먹으라."(「고린도 전서」 10:25-27) 제사를 드리는 것이 진보도 아닐뿐더러 곳곳에 넘쳐나는 우상숭배의 현실 속에서 유독 조상 제사에만 엄격하기도 쉽지 않다. 드리든 말든 그냥 조용히 하라.

· 조르조 아감벤, 『남겨진 시간』(강승훈 옮김, 코나투스, 2008).

십자가가 우상이면
목사와 강대상은…

　　예장 합동 교단은 2015년 개최된 100회 총회에서 교회 강단에 십자가 부착을 금지한 1957년 42회 총회 결의를 재확인했다. 1957년 은 합동과 통합이 분립되기 전이기 때문에, 이 결의는 통합 측에도 유 효하지만 합동 측에서만 이번 총회에서 재확인했다. 십자가를 우상화 하지 않으려는 취지인데, 그에 대한 찬반이 대립하고 있다.

　　십자가는 기독교의 상징이지만 로마 가톨릭이나 그리스 정교회에서 성상을 강조하는 것과 달리 종교 개혁 이후 개신교에서는 일체의 성상 을 인정하지 않아왔다. 따라서 십자가를 성상으로 볼 것인가 상징으로 볼 것인가가 논의의 중심인데, 김길성 전 총신대 교수(조직신학)는 "개 신교 전반이 구교, 즉 로마 가톨릭이 갖고 있는 것들에 반대하는 경향이 있다"면서도 "십자가는 기독교만의 상징이고, 따라서 교회 첨탑 등에 십자가를 단 것은 교회 밖 사람들에게 기독교를 알린다는 점에서 문제가 될 것이 없다"고 주장했다. 반면 이승구 교수는 개혁 교회들이 로마 가톨릭의 가시적 상징들을 모두 없앤 것을 생각하면 이번 결정은 종교개혁 정신에 맞다고 밝혔다.

하지만 유럽의 개신교 중에서 루터교나 성공회의 경우 교회 인테리어가 가톨릭과 흡사한 부분이 많아 사전 지식 없이 교회를 방문했다가 성당인지 교회인지 헷갈리는 경우도 종종 있다. 이들 교회에서는 성화는 물론 예수 제자상도 심심찮게 발견된다.

십자가가 초대 교회 때부터 있었던 것은 아니다. 3세기까지도 교회는 예수 그리스도를 조형적으로 표현하는 것을 우상숭배로 간주해왔다. 하지만 4세기 기독교가 공인된 후 5세기경부터 십자가 형상이 교회 내부에 도입되었고 6세기 후반부터 교회 첨탑에도 십자가가 자리 잡기 시작했다.

십자가상이 들어올 무렵 마리아상도 교회 내에 들어온 것으로 보인다. 이때부터 이교도 전도를 위한 성(인)상들이 교회에 허락되기 시작했고, 이런 성상 논쟁은 1054년 정교회와 가톨릭 분열의 원인이 되었다.

이런 역사를 감안하면 십자가상이 기독교의 고유 전통이 아닌 것만은 확실하다. 그런 점에서 합동 측이 이런 결의를 할 수 밖에 없는 고충도 충분히 이해된다. 하지만 이것을 성상숭배로 볼 것이냐의 문제는 더 깊은 논의가 필요한 부분이다. 일부 개신교에서 가톨릭을 성상숭배 혹은 성인숭배의 종교로 폄훼하지만 가톨릭의 입장은 다르다. 그것은 숭배가 아니라 신앙심을 위한 수단이라는 것이 가톨릭의 공식 입장이다.

피터 브라운Peter Brown도 『성인숭배(The Cult of the Saints: Its Rise and Function in Latin Christianity)』에서 비슷한 취지의 말을 한다. 피터 브라운은 다신교를 숭배하던 대중들이 기독교권으로 들어오면서 성인숭배나 성상숭배가 시작되었다는 기존의 학설을 반박하고 '사적인 것과 공적인 것 사이의 긴장'이나 '부유한 신흥 엘리트들과 주교 들 사이의 긴장' 때문에 생겨났다고 주장한다. 즉, 성상 도입기의 그리스도 교인들은 일종의 보호자와 친교하기를 원했다는 것이다. 피터 브라운의 논리에 따르면, 당시 교인들은 교권 질서 속에서 '권력자'의 위치에 있는 주교보다는 성상에서 친밀감을 더 느꼈다는 것이다.

개신교에서 십자가 논쟁도 이런 맥락으로 접근해볼 수 있다. 십자가는 숭배 대상으로서의 성상도 아니고 신비한 효험을 가진 성물도 아니다. 다만 가톨릭 못지않게 교권화된 개신교 지배 구조 안에서 십자가는 마지막 남은 순박함과 친밀함의 보루가 아닐까?

제네바에 있는 칼뱅 기념교회의 강대상은 시골학교 교탁만큼이나 소박하다. 반면 오늘 교회들의 강대상은 너무 화려해서 교인들에게 위압감을 주기에 충분하다. 일체의 성상을 반대한 개혁교회지만 또한 제네바에는 종교 개혁자들의 커다란 부조상이 있다. 교회는 종교개혁의 정신을 그대로 반영하고 도시의 조각상은 제네바의 문화유산이다.

반면 오늘의 한국 교회는 어떤가? 목사의 권위와 강대상에서 개혁의 정신을 찾아보기 힘들고 교회 밖에서 기독교 문화라는 것은 천박한 형태로만 나타나고 있다. 이런 상황 속에서 십자가만 없앤다고 개혁교회의 본질이 회복될까? 앞서도 말했듯이 '십자가' 제거 여부는 신학적으로 충분히 논쟁할 만한 영역이다. 하지만 교회 계급 구조에서 최상위를 차지하는 목사와 그의 위상을 '빛내주는' 강대상은 그대로 두고 십자가만 성상 논쟁 속으로 가져오는 것은 너무 앞뒤가 맞지 않는다.

· 인천가톨릭대학교 종교미술학부 엮음, 『시와 십자가』(Art & Caritas, 2005).
· 피터 브라운, 『성인숭배』(정기문 옮김, 새물결, 2002).

장기 두던
꼭두각시는
어디로 가고

"바야흐로 발터 벤야민의 역사철학 테제 1번을 뒤집을 때가 왔다. 신학이라는 꼭두각시는 언제나 승리한다. 신학이 역사적 유물론을 자기편으로 끌어들인다면 누구와 싸워도 그 게임은 승산이 있다. 오늘날 역사적 유물론은 알다시피 보기 흉할 정도로 삐쩍 마른 터라, 사람들의 눈에 띄지 않게 해야 한다."

슬라보예 지젝, 『죽은 신을 위하여』 중에서

유럽의 장터에서 상인들의 주머니를 털던 장기 두는 꼭두각시의 탁자 밑에는 고도로 훈련된 난쟁이가 숨어 있어 상대방을 제압한다는 유명한 비유는, 발터 벤야민의 것이었다. 벤야민은 이 비유에서 꼭두각시는 역사적 유물론이고 보기 흉할 정도로 삐쩍 마른 난쟁이는 신학이라고 설명했다. 지젝은 이 비유를 뒤집는다. 벤야민의 시대와 달리 역사적 유물론은 보잘것없어졌고 신학은 늘 승리한다는 이유에서였다. 지금의 신학은 난쟁이도 꼭두각시도 아닌 것이 되어버렸다. 교회는 신학을 잃은 지 오래되었고 그 빈자리에 철학자들이 손을 내미는데 교회는 외면하고 있다.

왜 유다가 아니고 빌라도인가

「사도신경」의 '본디오 빌라도에게 고난을 받으사'라는 대목은, 325년 니케아 공의회에서 「사도신경」이 처음 작성될 때는 없었다. 이후 381년 콘스탄티노플 공의회에서 본디오 빌라도는 '공공의 적'으로 「사도신경」에 추가되었다.

4세기 이후 기독교인들이라면 반드시 외워야 할 「사도신경」이 예수를 죽음에 이르게 한 '원흉'을 유다로 하지 않고 왜 빌라도로 했을까? 확인되지 않은 수많은 전승에 따르면 빌라도는 우유부단하고, 예수를 살려줄 마음도 있었고, 성명 미상의 그의 아내는 기독교인이었다고 전해짐에도 불구하고 말이다.

반면 유다는 예수를 판 배신자이고 직접적으로 죽음에 이르게 한 일차적 책임자이다. 그런데 「사도신경」은 '유다의 배신으로 죽음에 이르사'라고 하지 않고 '본디오 빌라도에게 고난을 받으사'라고 하고 있다.

로마서 1장 1절만을 가지고 『남겨진 시간』이라는 걸출한 책을 썼던 이탈리아 철학자 조르조 아감벤은 『빌라도와 예수—죽인 자와 죽임을 당한 자(Pilato e Gesu)』를 통해 빌라도의 역할에 주목한다.

아감벤은 예수의 재판 장소가 무려 일곱 번이나 바뀌었던 사실을 언급하면서 그날 밤의 일을 연극적 서사로 설명한다. 다섯 시간 동안 진행된 이 재판에서 빌라도는 '진리'와 '왕국(하느님 나라)'에 대해 궁금해한다. 여기서 재판석은 베마bema인데, 이 베마에서 "인간적인 것과 신적인 것, 시간적인 것과 영원한 것이 대립"하고 있다. 이 재판 이후 세속과 하늘, 판결과 구원은 철저하게 분리된다. 「고린도 후서」 5장 10절에 따르면 베마는 최후의 심판이 일어나는 곳이기도 하다. "우리는 모두 그리스도의 심판대(베마) 앞에 나서야 합니다." 이처럼 베마는 성서에서 모든 것이 결정되는 곳이다.

세속과 하늘, 판결과 구원이 분리되면서 위기(크리시스) 상황이 발생한다. 이는 감히 사실이 진실을 판결하고 지상의 왕국이 영원의 왕국을 판결하려 함으로써 초래된 위기 상황이다. 아감벤이 기독교인은 아니지만 굳이 신학적으로 해석하자면 현대 문명의 위기는 '영원'과 세속이 분리되면서 생겨난 위기다.

빌라도
재판의 의미

예수의 재판은 판결문조차 없던, 재판 같지 않은 재판이었다. 우유부단한 빌라도는 예수를 대중에게 '넘겨줌'으로써 판결 없는 사형 집행을 묵인한다. 이런 판결 없는 재판은 무엇을 의미하는가? 서구 사회를 지탱해온 법적 질서가 이미 예수시대부터 효력을 발휘하지 못했다는 것이 아감벤의 설명이다. "믿지 않는 자들은 이미 판결받은 것이다. […] 이것이 판결이다. 빛이 세상에 왔지만 사람들은 빛보다 어둠을 더 사랑하였다"(「요한복음」 3:18~19)는 예수의 말에서 알 수 있듯이, 예수는 세상에서 말하는 법적 판단의 기준을 파기해버린다.

영리한 빌라도는 직접 예수를 심판하지 않고 대중에게 넘겨줌으로써 최종 판단을 유보한다. 그는 이미 진리를 '법'으로 판단할 수 없다는 점을 인식하고 있었다. 빌라도의 이런 선택이 도리어 예수를 진리로 인정하는 결과를 낳았다는 게 아감벤의 주장이다.

"유대민족의 원로회의가 아닌 로마 제국의 대표가 예수를 심문한 것은 구원사적인 의미에서 필연적인 일이었다. 예수는 진리, 즉 자기 자신을 증언하기 위해 이 세상에 왔다. 십자가를 통해 제 살과 피를 넘겨줌으로써 예수는 스스로를 증명했다. 완전한 진리가 된 것이다. 바로 이 일을 위해서 그는 온 세상을 다스리는 로마 제국의 공적인 시스템을 필요로 했던 것이다."

빌라도가 예수에게 던진 질문, "진리가 무엇인가"는 세속 법정의 판단으로는 파악할 수 없는 고민의 흔적이다. 콘스탄티노플 공의회에서

「사도신경」을 최종적으로 승인한 교부들이 유다보다 빌라도를 집어넣었던 것도 바로 이 때문이다. 유다와 빌라도 모두 예수에게 고난을 가한 인물이 맞기는 하지만, 그중 빌라도는 역설적이게도 예수를 인정하고야 말았다.

한기총과 한교연 소속 목사들에게 이 책을 권하고 싶지만

2015년 11월 14일 서울 광화문에서는 민중총궐기 대회가 열렸다. 정부 측은 법적 조항을 들이대며 이날의 시위가 불법 시위였음을 강조한다. 반면 시민들은 정부가 평화시위를 불법적으로 진압했다고 주장한다. 이 과정에서 백남기 농민이 물대포를 맞아 뇌사 상태에 빠졌다. 개인에게 퍼부어진 살기 어린 물대포가 설사 적법한 행위였다 할지라도 그때 말하는 '적법'이 과연 누구를 위한 것인지를 물어야 한다. 시위대건 정부건 '법의 테두리' 안에서만 논쟁을 하는 것은 부질없는 짓이다.

아감벤의 『빌라도와 예수』를 읽은 뒤 물어야 할 질문은 이런 것이다.

세속 법의 집행자들이 과연 진리를 재판할 수 있는가? 역사는 왜곡되어서는 안 되고 민중의 삶은 개선되어야 하고 표현의 자유는 보장되어야 한다는 '이런 종류의 진리' 말이다.

국정교과서 찬성이 악이고 반대는 선이라고 쉽게 단정 지을 수는 없다. 그런데 감히 진리의 영역을 판결하려는 정부 측의 손을 들어주는 한기총과 한교연(한국교회연합)은 빌라도의 재판에 담긴 의미를 알기는 하는가? 그들은 입으로는 영원한 하느님 나라를 이야기하면서 항상 세속적인 정부의 입장을 대변하는 집단이다. 세속의 법이라는 것이 빌라도가 앉아 있던 베마에서 이미 효력을 상실했는데 이들은 여전히 세속으로 영원을, 사실로 진실을 판단하는 데 앞장서고 있다. 자신의 신념을 권력에 예속시키는 이들에게 『빌라도와 예수』를 읽어보라고 권하고 싶지만 책이 많이 어려운 게 흠이다.

책의 내용을 기독교적으로 요약하면 이러하다.

빌라도는 제아무리 당시 세계의 보편적 질서의 토대인 로마 제국을 위해 일하는 총독이라 할지라도 영원한 진리인 예수를 재판할 수 없다는 것을 알았다. 비겁하게도 예수를 끝까지 보호하지는 못했지만 영원한 진리가 드러나는 시기를 종말까지 유보시키는 데 기여했다. 그러므로 진리에 의한 심판(베마)은 종말의 순간에 일어난다. 그들이 그렇게 편들고 싶어 하는 세속의 가치와 권력과 법은 그때 진리로 인정받지 못했다.

· 조르조 아감벤, 『빌라도와 예수—죽인 자와 죽임을 당한 자』(조효원 옮김, 꾸리에, 2015).

네그리가 「욥기」를 읽다니
―낡은 척도를 부수고 새로운 세상을 만나는 욥

「욥기」만큼 다양하게 읽히는 책이 있을까? 「욥기」를 주 텍스트로 하는 신정론은 기독교의 주요 교리이지만 죄와 악, 무의 문제가 신정론과 엮이기 시작하면 논쟁이 깊어진다. 게다가 '하느님이 하는 일은 항상 옳다'는 명제는 인간의 실존에 대한 무책임한 말 같아 교회 밖에서 공격받기 십상이다. 반대로 보수적인 교회 지도자들에게 「욥기」는 교인들을 겁박하는 전가의 보도처럼 사용되기도 한다. 기독교인 비즈니스 개업 현판으로는 최고의 덕담인 '시작은 미약하였지만 끝은 창대하리라'(실제로 이 덕담은 이후 하느님으로부터 징계받은 욥의 친구가 한 충고에 포함된 내용인데 목사들조차도 이를 설교 본문을 삼는다)로 「욥기」는 유명하다. 이렇게 욥은 고통을 이겨내고 성공한 사람의 모형이 된다.

정신분석학자 융Carl G. Jung도 「욥기」를 읽고 "Answer to Job"이라는 책을 남겼다. 융에 따르면, 사람들이 자신 외부에서 스스로를 관찰할 수 있는 정신적 상태가 존재하지 않기 때문에 무의식과 같은 원형과 의식의 상호작용을 통해 원형이 규명될 수밖에 없다. 융이 파악하기에 욥은 자신의 내면세계를 가장 잘 관조한 사람이다.

페루의 해방신학자 구스타보 구티에레스Gustavo Gutiérrez도 「욥기」를 읽었다. 『욥에 관하여: 하느님 이야기와 무죄한 이들의 고통』. 그는 이 책에서 라틴의 민중들이 당하는 고통을 욥이 당하는 고통과 동일시하면서 민중은 하느님의 의도를 파악해야 하는데 욥이 그 도움을 주고 있다고 주장한다.

> 「욥기」는 고통에 대한 합리적인 설명 또는 결정적인 설명을 찾아냈노라고 주장하지 않는다. 시인은 그 주제가 복잡한 것임을 익히 알고 있다. 한편으로 그의 신앙은 그로 하여금 하느님에 관한 적합한 언어를 발견하여 고통의 상황을 올바로 평가할 수 있는 가능성을 찾도록 촉구한다. 그런 노력을 하지 않을 경우 무기력한 체념과 자기 이익을 계산하는 종교 및 타인들의 고통을 외면하는 냉소적인 견해에 굴복하는 것은 물론 절망에 빠질 위험마저 생긴다.

네그리는 『제국(Empire)』에서 1992년 있었던 로스앤젤레스 흑인 소요를 멕시코 농민전쟁과 같은 저항운동으로 파악했던 사람이다. 한인들이 들으면 통탄할 이야기지만 마르크스주의의 복원을 위해 생을 바친 그에게 흑인 소요는 민중의 저항으로 보였던 것 같다.

『욥의 노동(Il lavoro di Giobbe)』은 네그리가 1982년 수감 당시 쓴 책이다. 철저한 좌파 사상가도, 흔히 감옥에서 그렇게들 하는 것처럼 성경을 꺼내 읽었을 것이다. 그리고 욥에게 '꽂혀' 책을 써나간다. 고달픈 노동의 현장에서 억울함은 모두에게 일어난다. 이때 모두가 욥이 되어 그 현실과 싸워 이겨야 한다.

특히 네그리에게 욥이 매력적이었던 것은, 그가 기존의 척도와 싸워 이긴 사람이었기 때문이다. 욥에게 도움이 되지 않는 상담을 해주었던 세 친구는 기존의 척도로 욥을 위로하려고 했다. '처음에는 미약하지만 나중은 창대하리라'는 식의 성공한 자들의 척도에, 욥은 저항했던 것이다.

"욥은 하느님이 만든 세계를 규제하는 모든 척도들에 충실한 자였으며, 노동자들은 자본에 의해 지배되는 세계의 모든 척도들에 충실한 자였다. 그렇지만 이제 척도는 폭파되었다. 욥은 척도에 저항했고 삶의 통약 불가능성이라는 고통에 괴로워했다."

네그리에 따르면, 고통의 통약 불가능성과 척도의 종말을 발견한 사람이야말로 창조의 열정으로 모순에 대응할 수 있다. 낡은 척도들이 붕괴된 곳에서부터 새로운 것들을 창조되어야 하며 그때 즐거움도 동반되는 것이다.

욥은 하느님과의 관계에서 진리와 주체를 발견한 사람이다. 전통적 척도인 하느님의 가시적인 축복이 모두 소멸되는 순간 '진짜' 하느님을 만나게 된다.

"욥은 그가 하느님을 보았기 때문에 다시금 하느님을 인정한다. 우리도 역시 생존하는 모든 것을 압도적으로 지배하는 권력과 자본을 넘어서 다시 자유로운 인간에 대한 생각이 필요하다. 진리는 운명이 힘(po-tenza)에 의해 종속되는 새로운 집합적 전망 속에서만 구성할 수 있다."

여기서 힘이란 능력이고 잠재력이다. 모든 것을 갖추고 있던 욥은 외부 물질이나 가족 관계에 의해 규정되던 인물이었다. 그러나 벌거벗은, 즉 아무것도 가지지 않은 상태가 되었을 때 빌닷·소발·엘리바스, 세 신학자 친구들과 맞서 싸워 이기는 능력을 발견한다. 그리고 모든 것을 잃어버림에서 욥은 진리를 발견한다. 그의 'potenza'는 물질과 다복한 가정에서 온 것이 아니라 그 스스로에 잠재되어 있던 힘이었다.

마르크스주의자인 안토니오 네그리에게 욥은 새로운 사상을 구성하는 기초가 되었다. 이는 진보적인 신학자들에게 시사하는 바가 크다. 사회적 참여를 통해 기독교를 파시스트의 손에서 건져내려고 노력하는 크리스 헤지스Chris Hedges, 영국의 마르크스주의자 테리 이글턴Terry Eagleton과 달리, 한국의 진보 신학계는 탈성서적 세계관을 유행처럼 사용한다. 기독교인이기는커녕 '테러리스트의 수괴' 같은 네그리도 성서를 통해 새 힘을 얻고 새 논리를 얻었다. 근본주의자들의 성서 오독을 비판해야 할 진보적 기독교인들이 그들의 오독에 편승해서 성서의 세계관을 격하하는 일은 우습다.

네그리는 우리에게 「욥기」가 이렇게 읽힐 수도 있다고 안내한다. 누구에게는 너무 어려운 책이고, 누구에게는 너무 신비한 책이고, 욥에게는 자기 내면을 발견하도록 돕는 책이며, 구티에레스에게는 라틴 민중에게 위로를 주는 책이며, 네그리에게는 노동자들이 진리 주체가 되도록 돕는 책이 「욥기」다.

분명한 것은, 「욥기」의 내용이 신장 개업 현판에나 쓰일 성질은 아

니며, 무엇보다도 '고생 끝에 낙이 온다'는 속담 수준의 책은 아니라는
점이다.

· 안토니오 네그리, 『욥의 노동』(박영기 옮김, 논밭출판사, 2011).
· 안토니오 네그리·마이클 하트, 『제국』(윤수종 옮김, 이학사, 2002).
· 구스타보 구티에레스, 『욥에 관하여—하느님 이야기와 무죄한 이들의 고통』(김수복·성
  찬성 옮김, 분도출판사, 1996).

반대가 너희를
자유케 하리라

「누가복음」 12장 53절의 "아버지가 아들을 반대하고 아들이 아버지를 반대할 것이며 어머니가 딸을 반대하고 딸이 어머니를 반대할 것이며 시어머니가 며느리를 반대하고 며느리가 시어머니를 반대하여 갈라질 것이다"(공동번역)에 나오는 '반대'는, 개역에서는 '분쟁'으로, 새 번역에서는 '맞서는'으로 번역되어 있다. 순종을 미덕으로 삼아야 할 신앙인들에게 반대는 불경스러운 죄이다. 신앙과 상관없이 나이가 어린 사람들, 지위가 낮은 사람들에게도 반대는 불리한 덕목이다. 아이들은 어른의 말을 들어야 하고, 직장 내 을은 갑인 직장 상사에게 어떤 문제도 제기할 수 없는 독한 사회가 오늘의 현실이다. "가만있으라!"는 말에 반대를 하지 못했던 아이들은 돌아올 수 없는 멀고 슬픈 길을 떠났다.

그런데 예수께서는 마지막 날의 모습을 맞서는 것으로, 반대하는 것으로 묘사한다. 반대는 순종의 반의어인데 마지막 그날에 불행하게도 사람들은 의견이 달라 갈라선다. 부모간에도 모녀간에도 고부간에도 의견의 일치를 보지 못한다. 가족은 동의가 가장 손쉽게 일어나는 기초 공동체인데 마지막 날에 여기서부터 파열음이 생긴다면 그날은 도대체 어떤 날일까? 어쩌면 분쟁과 반대는 역사가 끝날 때까지 인간들이 안고 살아가야 할 숙명 같은 것인지도 모르겠다.

예수는 항상
순종했을까?

성서는 순종을 강조하지만 예수라고 항상 순종만 했을까? 그는 바리새파에 반대했고, 성전 장사치들에게 분노했고, 더러는 제자들과도 대척점에 서기도 했다. 종교개혁자 루터도 반대자였고, 노론에 맞서던 실학자들도 반대자였다. 역사 자체가 반대자들에 의해 이끌려왔다고 말해도 무리는 아니다.

역사 속에서 수많은 반대자들이 부당한 힘에 맞섰다. 반대는 항상 힘든 것이지만 상대방이 나쁘다고 모두가 동의하는 상황에서 반대는 좀 쉬운 편이다. 반면 모두가 옳다고 느끼는 경우에 반대할 때는 위험성이 뒤따른다. 황우석 박사의 줄기세포 실험에 의혹을 제기하던 MBC 〈PD수첩〉 팀이 곤욕을 치렀고, 축구 해설위원으로 주가를 올리던 신문선은 2006년 월드컵 한국-스위스 전 중계 시 우리 측에 불리한, 심판의 오프사이드 판정이 옳았다며 대중의 염원과는 반대되는 해설을 함으로써 더는 중계 해설에서 모습을 볼 수 없었다. 반대자는 '삐딱이'로 취급받는 외로운 길을 걸어야 한다.

사회든지 교회든지 순종으로만 이루어진다고 해서 좋은 공동체라고 할 수는 없다. 순종이라는 그럴듯한 포장 뒤에서 온갖 강요와 희생이 당연한 것으로 받아들여지는 공동체는 건강하지 않다.

마르크스주의자이면서 가톨릭 신자임을 공공연히 밝히는, '나는 반대한다, 고로 존재한다'라는 영국의 학자 테리 이글턴은 『신을 옹호하다(Reason, Faith, and Revolution: Reflections on the God Debate)』에서 포스트모던 시대에 하느님의 의미를 진지하게 성찰했다. 뛰어난 생물학자라는 사실이 성에 안 차는지 기독교를 몰아치는 데 필요 이상의 에너지를 소진하는 리처드 도킨스Richard Dawkins도 테리 이글턴의 글 앞에서는 작아진다. '지젝부터 베컴까지 삐딱하게 읽는 서구 지성사'라는 부제가 붙은 『반대자의 초상(Figures of Dissent)』은 도킨스가 서평 전문지인 『런던 리뷰 오브 북스』에 기고한 41편의 글을 모은 평론집이다.

여기서 '반대자'는 주류이면서 비주류의 시각을 가진 사람이거나, 남들이 옳다고 혹은 좋다고 여기는 글들을 한번 뒤집어 읽는 사람들일 게다. 몇몇을 제외하고는 대부분이 낯선 사상가들을 분석하는 그의 식견은 탁월하다. 우스갯소리처럼 쓰지만 내용에 담긴 그의 지적 함량은 독자들을 유쾌하게 짓누른다. 분야도 다양해서 철학과 문학뿐 아니라 축구 선수 베컴David Beckham의 저작도 테리 이글턴의 삐딱한 눈에 걸려든다.

축구 선수 베컴의 이야기를 보자. 그는 『나의 축구, 나의 인생(Beck-

ham My World)』이란 책을 썼다. 인터넷 서점을 검색해보니 우리말로
도 번역되어 있다. 테리 이글턴은 이 책을 평하면서 '그 매끄러운, 포스
트 모던한 육체'라는 제목 아래 다음과 같이 쓴다.

> 데이비드 베컴이 과연 이 책을 직접 썼을지 궁금하다고? 차라리 파라오
> 가 피라미드를 직접 지었을지를 궁금해하시라. '내가 몇 년 전에 입고 다
> 닌 옷들은 좀 끔찍했는데, 이제 와서 말이지만, 그때는 도대체 무슨 생각
> 을 하고 있었담?' 같은 문장들은 […] 당구대 건너편에 앉은 대필 작가에
> 게 늘어놓는 넋두리에 더 가깝게 들린다. […] 문장력이 없다 못해 독자
> 를 공격하는 것 같은 이 책을 읽어나가노라면 마치 모슬린(편직물)을 한
> 야드씩 억지로 씹어 먹는 기분이 든다.

이렇게만 평한다면 이글턴이 아니다. 머리로 사는 지식인이 몸으로
사는 축구선수를 깔보는 것밖에 되지 않는다. 테리 이글턴은 이렇게도
평한다.

> 이 책의 텍스트와 이미지 사이의 분절은 데이비드 베컴이라는 인물 자체
> 가 가진 분절을 드러낸다. 앞부분에서는 엄마를 사랑하고 연예계의 파티
> 보다 혼자 이불을 뒤집어쓰고 포장 음식을 먹는 것을 좋아하는 수줍은
> 사내아이, 뒷부분에서는 타인의 감탄 어린 시선을 갈망하며 관능적으로
> 자신을 과시하는 나르시스트, 이 책의 정신은 너그럽게 그 모든 것을 포
> 용한다.

비아냥 같기도 하지만 예외 없이 다중인격을 갖고 살아가는 현대인들이 그냥 스쳐갈 수 없는 대목이다.

조너선 돌리모어Jonathan Dollimore의 『서구 문화의 죽음과 욕망의 상실』(우리말로 번역되어 있지 않다)을 '제대로 살아야 제대로 죽을 수 있다'라고 평하면서 다음과 같이 쓴다.

> 성 바오로가 우리는 매 순간 죽는다고 말할 때, 그 뜻은 삶이 곧 죽음이라는 순교자의 의미였다. 삶에서 자아를 없앤다는 것은 자아가 해체된 상태로 존재하는 게 아니라 어떤 특정한 양식으로 행동하는 것이다. 그것은 기지를 잃지 않고 자아를 적절히 쾌활한 상태로 유지할 것을 요구한다. 진정한 자기 포기는 정치적 순종이나 격렬한 성적 쾌락 같은 것이 아니라 남을 위한 삶을 살면서 죽음을 기다리는 것이다. […] 돌리모어는 현명하게 한마디한다. '어떻게 살아야 할지 알려면 우선 어떻게 죽을지 알아야 한다.' 우리 대다수에게 일어나는 가장 극적인 사건인 죽음은, 견뎌내야 하는 사건이 아니라 공연해야 하는 사건이다.

테리 이글턴의 반대에는 따뜻한 공감도 있고, 비평 대상이 된 책이 보여주지 못했던 혜안도 있다. 이게 바로 그의 반대가 가진 긍정의 면이다.

순종의 삶, 긍정의 힘, 모두 좋다. 그러나 반대의 묘미를 알아야 순종을 알 수 있다. 오랫동안 강요된 순종에 길들여진 기독교인들은 우리를 자유케 하는 반대의 묘미에 빠져들면 헤어 나오지 못할 수도 있다. 다만 순종과 반대 다음에 변증법적으로 오는 따뜻한 공감, 새로운 시각을 얻는 일은 포기하지 말아야 한다. 세상과 나 자신을 위해 반대해야 할 일들이 수두룩한데, 이웃 종교의 공간에 가서 말도 안 되는 반대를 일삼는 사람들은 이 글을 읽고도 이해를 못할 터이니 그것도 문제다.

반대가 너희를 자유케 하리라.

· 테리 이글턴, 『반대자의 초상』(김지선 옮김, 이매진, 2010).
· 테리 이글턴, 『신을 옹호하다』(강주헌 옮김, 모멘토, 2010).

잘라라,
기도하는 그 손을

계몽주의 시대의 종교학은 '고등종교' '원시종교'라는 식으로 종교의 등급을 나누었다. 아무리 이성이 지배하는 시대가 되었어도 기독교 세계관에 익숙한 이들에게 기독교는 고등종교였고, 그 밖에 고등종교라고 불리는 것들은 대부분 제도적으로나 교리적으로나 정비가 잘 된 종교들이었다. 그러나 지금 종교학에서는 이러한 구분을 사용하지 않는다. 교리적으로 정비가 되어 있지 않아도 어떤 이들의 믿음에 대하여 함부로 '원시적'이라고 부를 수 없는 까닭이다. 객관적 상식에 비추어 보아도 원시적이고 저급해 보이는 것들이 기독교 내에 넘쳐나는데도 이런 용어를 계몽주의 시대의 산물이니 자제하기에는 답답할지나 비평과 학문에도 시대성이 있는 법, 꾹꾹 눌러 참는 수밖에 없다.

진짜로 성서에
그렇게 쓰여 있는 줄 아는 사람들

그렇다면 이런 비평은 어떤가? 저급하고 천박하지만 대놓고 그렇게 부를 수 없는 기독교 내 근본주의자들은 처음부터 성서를 읽지 않은 사람들이라고. 그들에게 구약의 이야기는 승전가에 지나지 않고 바울의 이야기는 죄를 무조건 용서하는 싸구려 은총인 것을 보면 성서를 제대로 읽지 않은 것은 틀림없다. 이런 것들을 강조하고 싶다면 왜 굳이 성서를 읽는가? 삼국지를 읽어도 하늘이 도운 승전의 '기쁜 소식'은 손에 땀을 쥐게 하고 막장 드라마를 봐도 용서와 화해의 메시지가 코끝을 자극하는데 말이다.

이른바 진보적 기독교인이라는 사람들도 이런 비판으로부터 자유로울 수 없다. '성서를 읽지 않은' 근본주의자들이 성서를 왜곡해서 함부로 이야기하면 그들의 무지를 탓해야 하는데 진짜로 성경에 그렇게 쓰여 있는 줄 알고 진보의 이름으로 히브리인의 배타성, 폭력성 운운하거나 바울이 진짜 무조건적 용서를 이야기한 줄 알고 바울에 흠집을 내고 성서를 난도질한다. 나는 이러한 사람들이 왜 아직도 신학자 행세를 하고 있는지 잘 모르겠다. 근본주의자들의 성서 해석에 정당성을 부여해 준 게 진보 신학계라는 역설은 그들도 성서를 제대로 읽지 않았다는 것을 증명한다.

기도와
시련으로서의 독서

일본의 젊은 인문학자 사사키 아타루(佐-木中)의 『잘라라, 기도하는 그 손을― 책과 혁명에 관한 닷새 밤의 기록』은 책 읽는 것이 곧 혁명이라고 이야기한다. 그것도 한 번 읽어서는 부족하고 수없이 다시 읽기를 반복하다 보면 텍스트에서 혁명이 나온다는 것이다. 백 번 읽으면 뜻이 저절로 드러난다는 독서백편 의자현讀書百遍 意自見이 아니라 백 번 읽으면 혁명이 일어난다는 독서백편 기혁명讀書百遍 起革命이라고나 할까?

다시 읽기는 처음 읽었을 때 잊어버린 것을 다시 생각나게 한다. 이렇게 함으로써 독자들은 책이 가진 다이너마이트와 같은 폭발성에 두려움 없이 자신을 맡길 수 있게 된다. 그 순간 인생이 바뀌는 체험을 한다는 것이다.

파울 첼란Paul Celan의 시구에서 제목을 가져온 『잘라라, 기도하는 그 손을』은 부제도 '책과 혁명에 관한 닷새 밤의 기록'일 정도로 저자는 책 읽기가 세상을 바꾼다고 말한다. 사사키 아타루는 그가 대혁명(개혁이 아닌)이라고 부르는 루터의 종교개혁, 무함마드의 혁명, 그리고 12세기 해석자 혁명을 소개하는데, 루터에 대한 그의 분석에 자연스럽게 눈이 간다. 그가 말하는 혁명의 본질은 폭력이 아니라 텍스트를 다시 쓰는 것이다. 루터는 성서를 모국어로 다시 쓰면서(번역하면서) 지금껏 성서를 제대로 모르고 있었다는 것을 발견한다. 수도원 시절부터 쉬지 않고 읽어온 성서를 통해 마침내 당시 기독교 세계의 질서가 성서에 근거하고 있지 않다는 결론에 도달한 것이다.

그렇게 성서를 읽은 루터의 저작은 127권에나 달한다고 한다. 루터는 읽고 또 읽고 다시 쓰는 사람이었다. 1517년 루터는 교회의 면죄부 판매를 비판하는 95개 조의 반박서를 발표한다. 당시 독일의 문맹률은 무려 95퍼센트에 달했다. 즉, 누구도 반박서가 뭔지도 몰랐을 것 같지만 그것은 혁명이 되어 들불처럼 퍼져나갔다. 반박문 발표 겨우 2년 뒤인 1519년 루터 책의 출판 부수가 독일 전체 출판물의 3분의 1, 1523년에는 5분의 2에 달할 정도로 루터의 읽기와 쓰기는 혁명이 되었다. 루터 스스로도 말했듯이 인쇄술은 하느님이 내려주신 최대의 은총이었다.

루터와
토마스 뮌처

루터의 흠은 농민전쟁에 대한 배신이었다. 루터는 농민의 저항운동을 부추기는 말을 많이 했지만 혁명이 일어나자 그의 든든한 후원자들이었던 영주들의 편을 들며 농민전쟁을 탄압하는 쪽으로 방향을 바꾼다. 비난받을 만한 대목이지만 사사키 아타루는 농민전쟁조차 종교개혁의 일환이라고 루터 편을 들어준다.

그 이유는 농민전쟁을 일으킨 쪽에서 요구한 농노제 폐지, 교회 이자 수입 금지 같은 12조 항을 95개 조의 연장선상에서 보아야 하기 때문이라는 것이다. 농민전쟁을 일으킨 이들에게도 혁명의 본체는 텍스트였다. 농민전쟁이 진압된 1년 뒤인 1526년 슈바이엘에서 열린 제국회의에서 농민의 요구가 대부분 수용되었으므로 10만여 명의 희생에도 불구하고 결코 실패한 혁명이 아니었고 기본적으로는 루터가 뿌린 씨의 결과라고 분석한다.

우리 역사에도 텍스트에 기초한 동학혁명이 있었다. 이 혁명은 농민전쟁만큼이나 무참히 진압되었다. 농민전쟁과 동학혁명 각각에서 텍스트가 어떤 기능을 했는지 연구해보는 것도 재미있을 것 같다.

특정 주제에 대해 똑같은 성서를 읽고도 의견은 다양성을 넘어 적대적으로까지 발전한다. '하느님의 뜻'이 그렇고, '용서와 칭의'가 그렇고, '동성애'가 그렇다. 과연 누구의 해석이 옳을까? 답은 간단하다. 처음부터 텍스트 앞에서 겸손하고 바르게 그리고 계속해서 다시 읽는 사람의 해석이 옳다. 나아가서 성서를 다시 쓰듯이 시대를 치열하게 고민하면서 읽는 사람의 해석이 옳다. 더 쉽게 말해 누군가의 성서 읽기가 혁명이 불가능해진 시대에 혁명과 같은 결과를 가져올 수 있다면, 그 사람의 읽기가 옳다.

・사사키 아타루, 『잘라라, 기도하는 그 손을』(송태욱 옮김, 자음과모음, 2012).

그 하느님이
이 하느님이 아닌가벼

미국 사회에서 하느님(God)은 우리가 믿는 하느님과 그 의미가 많이 다르다. 교회 안에서 성서를 통해 만나는 하느님이 보통의 미국인들이 생각하는 하느님과는 다르다는 뜻이다. 한국에서 기독교인들은 '하느님'이라고 부르지만 어떤 익명의 초월적 존재를 말할 때는 '신'이라고 표현한다. 하느님은 신이지만 익명의 신 모두를 하느님이라고 하는 것은 아니다. 보수적인 기독교인들이 미국을 기독교적 가치가 잘 실현되고 있는 나라인 것처럼 착각하면서 공공장소에서 부르는 하느님(God Bless America)과 달러화의 하느님(In God We Trust)은 기독교의 하느님이 아니라 미국 시민종교에서 말하는 하느님, 즉 한국에서 말하는 신이다.

공공기관에서의 기도가 헌법 정신에 위배되지 않는다는 미국 연방 대법원의 판결, '하느님 앞에서'라는 문구가 들어 있는 국기에 대한 맹세가 헌법에 위반되지 않는다는 매사추세츠 대법원의 판결은 얼핏 보면 환영할 만한 일인 것 같지만, 결코 기독교인들에게 고무적이지만은 않다는 사실에 주목해야 한다. 그 바탕에는 미국의 시민종교가 깔려 있다.

미국 시민종교의
역사

'시민종교(Civil Religion)'라는 말은 종교사회학자 로버트 벨라 Robert Bella가 1960년대 후반 사용하면서 알려진 학술용어이지만 거슬러 올라가면 미국의 독립 당시부터 시민종교가 시작되었다. 미국의 건국 시조들은 유일신 전통을 가진 공적 종교와 종교를 개인의 양심의 문제로 축소시키는 모순된 생각으로 종교문제에 접근했다. 특정 종교를 지칭하지는 않았지만 기독교 전통을 유지함으로써 새롭게 시작한 국가의 구심점을 삼으려 하면서도, 영국에서 당했던 종교 핍박으로부터 자유롭고 싶었던 것이다. 특히 미국 독립전쟁 초기에 협력 관계에 있었던 프랑스로부터 들려오는 프랑스대혁명의 소문은 미국의 초기 정치인들을 불안하게 만들었다. 프랑스혁명에서처럼 교회가 시민들에게 철저하게 외면받는 상황을 미국 땅에서는 보고 싶지 않았고, 그렇다고 시민의식을 무시하고 싶지도 않았다. 이런 상황 속에서 시민종교는 미국인들의 마음속에 새로운 종교 형태로 자리 잡게 된다.

예를 들어 초대 대통령 조지 워싱턴은 성서의 모세처럼 미국을 영국

의 압제에서 해방시켰으며 여호수아처럼 신대륙이라는 약속의 땅으로
인도한 사람이다. 따라서 독립전쟁은 자연스럽게 거룩한 전쟁의 반열
에 오른다.

시민종교는 미국이 인류 역사 속에서 특별한 사명을 행하기 위해 선
택된 나라라는 믿음 위에 서 있다. 그 사명을 준 존재는 신일 수도 있고,
이성일 수도 있고, 역사일 수도 있다. 아무튼 미국의 소명을 허락한 존
재는 우리가 믿는 하느님일 수 있다는 개연성만 있을 뿐, 하느님이라고
직시하지는 않는 것이 시민종교의 특징이다. 한국의 목회자들이 설교
예화 시간에 자주 사용하는 워싱턴, 링컨, 루스벨트 등은 시민종교의 대
표적 성인으로 그들의 일화를 통해 보여주고자 하는 하느님이 우리의
하느님과 다를 수 있다는 점에서 그들의 성공담을 예화로 사용할 때는
각별한 주의가 요구된다.

시민종교의 성인뿐 아니라 독립선언서, 헌법 등도 성물이 되었으며
초기 정치인들이 만든 미국의 공식 인장Great Seal에는 시민종교의 정신
이 잘 표현되어 있다. 『미국 종교사』에서 류대영은 공식 인장을 다음과
같이 설명한다.

> 인장의 뒷면에는 미완성의 피라미드 위에 광채가 나는 삼각형의 눈 하나
> 가 그려져 있고 그것을 '그(혹은 그것)가 우리의 일을 인정했다(Annuit
> Coeptis)', '시대의 새로운 질서(Nous Ordo Seclorum)'라는 라틴어
> 로 된 두 표어가 둘러싸고 있는 그림이 그려져 있다. […] '그(혹은 그것)
> 가 우리의 일을 인정했다'는 말은 미국이 신(그것을 어떻게 정의하든 간
> 에)에 의해서 선택된 국가이며, 신의 뜻을 행하는 나라라는 의미를 내포

하고 있었다. 또한 '시대의 새로운 질서'라는 말은 선택받은 미국이 세계의 역사를 새롭게 열어놓을 것이라는 믿음을 표현했다. 피라미드는 고대 이집트와 그리스-로마 시대부터 발달되어온 탁월한 문명을 말하는 것이고, 미완성의 피라미드를 광채가 나는 눈이 완성한다는 것은 인류의 역사가 아직 완성시키지 못한 일을 새로운 시대의 질서를 이끌어갈 미국이 완성시킬 것이라는 선언이었다.

헌법에서 인정한 기도 행위는
기독교 의례인가?

기독교인의 입장에서 점점 반기독교적 정서로 흘러가는 미국 사회가 불편할 수 있다. 그러나 공공기관에 성물을 설치하고 십계명 석비를 세우고 하는 일들이 기독교의 부흥을 가져오는 행위인지는 진술하게 생각해봐야 한다. 이미 다종교 사회에 접어선 미국에서 여전히 신(하느님)에 대한 언급이 자연스럽다는 것은 기독교라기보다는 시민종교의 하느님이라는 인식이 더 깊게 각인되어 있기 때문이다. 공공기관에서의 기도 역시 미국의 시민종교적 의례일 수도 있다는 위험성도 간과해서는 안 된다. 오히려 이번 판결은 공공 모임에서 기도하는 것을 관용과 전통의 차원에서 받아들이라는 권고처럼 읽히기도 한다. 기독교인들이 이 판결을 환영하려면 우리 역시 어떤 모임에서 행해지는 다른 종교 의례를 관용의 차원으로 수용해야 한다.

미국의 진보적 기독교인 언론인인 크리스 헤지스는 『지상의 위험한 천국(American Fascists: The Christian Right and the War on America)』에서 오하이오 회복 프로젝트 운동을 이끌고 있는 러셀 존슨Rusell Johnson 목사를 이렇게 묘사한다.

> 연설자들은 또한, 기독교인들은 가정을 보호하고 낙태를 금지하고 학교 기도들을 다시 도입하고 기독교적 오하이오를 창조할 투표자를 등록시켜야 한다는 메시지를 간절히 호소한다. […] 이 새로운 투표자들은 '미국을 위한 빛과 소금'이라고 한다. 그들은 자신들과 나라를 파멸시키려는 세력들을 저지할 것이다. 그들이 미국이 기독교적 길로 되돌아가게 할 것인데, 존슨은 그것이 이 나라 창설자들의 의도이며 목표였다고 주장한다.

크리스 헤지스는, 공화당 주지사 후보를 밀자는 선거운동을 복음이란 이름 뒤에 숨긴 기독교 파시즘의 대표적인 인물이라고 존슨 목사를 소개한다. 그의 주장은 복음적이 아니라 전투적이며, 기독교의 가르침이라기보다는 미국의 가치를 앞에 두는 시민종교의 메시지일 뿐이다. 이처럼 시민종교의 흐름에서 우파는 근본주의 속에 녹아들었고 자유주의 좌파들은 불가지론자가 되어 개인 명상이나 수행을 통해 그들의 종교적 욕구를 충족시키고 있다. 종교다원주의라면 사탄 보듯이 하는 근본주의 기독교가 시민종교라는 타 종교와는 친밀한 관계를 유지하고 있는 셈이다.

존슨 목사의 경우는 시민종교가 기독교 우파를 통해 나타난 극단적 경우일 수도 있다. 그러나 생각 밖으로 복음주의에서도 미국 국가주의는 빈번하게 등장한다. 존 파이퍼John Piper 목사는 2012년 미국 대선에 앞서 빌리 그레이엄 목사와 함께 성서적 가치를 실현할 후보에게 투표하자고 호소하기도 했다. 목사의 입장에서 그런 입장 표명을 하는 것이 탓할 일은 아니지만, 이면에는 모르몬 교인인 롬니를 밀어야 한다는 뜻이 숨어 있었음을 부정할 수 없다.(『크리스천 포스트』인터넷판 2012년 10월 18일 참조) 존 파이퍼는 기독교의 부흥이야말로 미국을 제자리에 돌려놓을 것이라며, 국가주의 기독교에 대한 생각을 노골적으로 드러내기도 했다. 이런 시각은 지난 2008년 "빌어먹을 미국"이라는 말로 유세 중에 있던 오바마 후보를 당혹케 함으로써 그와 형식적으로 결별했던, 오바마의 전 정신적 스승 제레미아 라이트Jeremiah Wright 목사의 시각과는 대척점에 서 있다.

법원의 기도 합헌 결정, 공공장소에서 만나게 되는 기독교 성물이나 의례가 신앙의 표준 또는 미국 복음화를 가늠하는 기준이 될 수는 없다. 그러므로 공공 영역에서 기독교인지 시민종교인지 구분이 모호한 영역이 확대되어가는 것에 승전가를 부를 것이 아니라, 스탠리 하우어워스Stanley Hauerwas의 말처럼 하느님 나라의 식민지에서 고유한 영역을 지키며 신앙인으로 올곧게 살아가는 데 더 많은 시간을 할애해야 할 것이다.

· 크리스 헤지스, 『지상의 위험한 천국』(정연복 옮김, 개마고원, 2012).
· 류대영, 『미국 종교사』(청년사, 2007).

대의 민주주의에
민의民意 없다

"나의 모든 언설은 타인을 비판하기 위한 것이 아니며, 마찬가지로 어떤 기존 질서를 옹호하기 위한 것은 더더욱 아니다. 그것은 다만 나 자신을 반성하여 내면의 암흑에서 벗어나기 위한 것일 뿐이다. 말하자면 일종의 자기 정리, 자기 세척, 자기청산과 자기 경계의 과정이다. 이를 통해 어쩌면 미래의 어느 날 맑고 깨끗하고 편안한 마음으로 '하느님'을 보러 갈 수 있을지도 모르겠다."

첸리췬, 『내 정신의 자서선』 중에서

구속된 두 명의 대통령 시절, 한국 사회는 깊게 병이 들었다. 문재인 정부 들어 곳곳에서 희망이 감지되고 있지만 장애인, 성 소수자, 도시 빈민과의 공존은 여전히 갈 길이 멀어 보인다. 평화의 시대에 안보 이데올로기가 자리를 잃게 되면 이런 소수자들을 향한 비난은 점점 드세어질 것이다. 자신과 역사에 대한 성찰이 없는 사람들은 소수자가 세상의 주류가 될까 두려워하며 이들을 적으로 돌려세운다. 이런 현상에 대한 비판의 목소리가 없는 것은 아니나 그 소리에도 성찰이 없기는 마찬가지다. 내면이 암흑으로 가득 찬 이들을 상대하다가 우리도 너무 어두워졌다. 다시 깊은 성찰의 마음으로 하느님을 보러 가야겠다.

희망이 사라진 시대에
식食을 탐하다

음식을 소재로 한 방송이 넘쳐나고 있다. '먹방(먹는 방송)'이라는 신조어가 생겨났고, '주방장' '요리사'라는 말보다 '셰프'가 더 익숙해졌으며, 유명 셰프의 주방 내 권력은 방송에서 미화된다. 요리가 여성의 전유물로 여겨지던 세태가 변하면서 가정 내 부엌의 남녀평등은 이루어진 듯한데 TV에서는 여성 요리사들을 찾아보기 힘들어졌다. 셰프의 카리스마도 요리 자체만큼이나 요리 방송의 주요한 구성 요소가 되면서 셰프의 가부장적 권력에 빨려든다.

미식가가 아닌 사람들에게 요리사가 보여주는 '기술'은 '먹는 것 가지고 장난치는 것'에 다름 아니다. 음식 방송은 동네 식당보다는 분위기 있는 레스토랑에 가서 먹어야 한다고 시청자들을 세뇌한다. 대기업이

동네 상권을 점령한다고 흥분하는 '진보'들도 동네 허름한 식당은 외면하고 입맛에서는 '상류'가 되고 싶어 한다.

여론에 민감한 방송 제작자들은 고급화된 음식 방송을 조금씩 탈피하고 있기는 하다. 농어촌에서 출연진들이 직접 먹거리를 준비해야 하는 〈삼시 세끼〉, 연예인들의 냉장고에 들어 있는 재료로 요리하는 〈냉장고를 부탁해〉가 시청자들을 불러모으고 전문 요리사 티가 나지 않는 백종원의 인기가 상종가를 치고 있다. 사실 이런 서민형 밥상도 화면 밖에서 돕는 이들의 노력 위에서 이루어지는 것이기 때문에 우리가 일상에서는 따라하기 어려운 신기루이기는 마찬가지다.

음식 방송뿐 아니라 음식에 관한 책도 서점가를 점령하고 있다. 볼만한 책으로는 레이철 로던Rachel Laudan의 『탐식의 시대—요리는 인류의 문명을 어떻게 바꾸었는가(Cuisine And Empire: Cooking In World History)』, 댄 주래프스키Dan Jurafsky의 『음식의 언어—세상에서 가장 맛있는 인문학(The Language of Food: A Linguist Reads the Menu)』, 오카다 데쓰(岡田哲)의 『돈가스의 탄생—튀김옷을 입은 일본 근대사(とかつの誕生: 明治洋食史?め)』, 플로랑 켈리에Florent Quellier의 『제7대 죄악, 탐식—죄의 근원이냐 미식의 문명화냐(Gourmandise: Histoire d'un peche capital)』 등이 있다. 앞의 두 책이 인문학에 가깝다면 『돈가스의 탄생』은 사회과학에 가깝고, 『제7대 죄악, 탐식』은 제목처럼 신학적 색채가 짙다. 『탐식의 시대』는 요리가 제국의 탄생, 권력의 이동, 종교의 확산에 기여했다며 기독교·불교·이슬람의 음식 문화사를 조명한다. 기독교에서도 가톨릭의 음식과 개신교의 음식을 나눈다.

레이철 로던에 따르면, 1880~1914년의 시기가 요리에서 가장 큰 전환점이 되는 시기였다. 이전까지 프랑스 고급요리를 즐기던 부자들과 빈민들의 식탁은 확연히 구별되었지만 이 시기 이후 많이 평준화되었다는 것이다. 햄버거, 프렌치 프라이가 서민의 음식이 된 시점이 그리 오래되지 않았다는 이야기다. 그러기에 저자는 식탁의 평준화를 이루는 데 기여한 가공 식품을 무조건 깎아 내릴 수 없다고 주장한다.

건강을 염려하는 우리네 장바구니를 유기농 제품이 유혹하지만 서민들의 지갑은 쉽게 열리지 않는다. 땅도 하늘도 바다도 오염된 시대에 유기농이란 것이 무슨 의미가 있냐고 묻는다면 생태운동을 하는 사람들에게 뭇매를 맞을지도 모르겠지만, 유기농과 가공식품이 계급을 나누고 있는 것은 틀림없다. 가공식품을 폄하하지 않는 저자의 시각에 동의하면서도 유전자 가공식품의 폐해에 대한 문제의식도 좀 짚어주었으면 하는 아쉬움이 있다.

이전 시대에 비해 밥상은 많이 평준화되었지만 자본가들은 다시 음식에서 계급을 나누고 싶어 한다. 그래서 서민들에게는 배불리 먹었는가가 관심사고, 중산층에게는 맛있게 먹었는가가 중요하다. 부유층에게 음식은 먹는 것이 아니라 계층의 상징이다. 그들은 음식이 보기 좋게 나왔는가에 관심을 둔다.

개신교가
식탁의 평준화에 기여했다

개신교가 현대 서구 요리철학의 기원이 되었다는 저자의 주장은 개신교인의 식탁이 소박해야 할 이유를 설명한다.

개신교 지도자들은 가톨릭 요리 철학 혹은 관행을 거부하였다. 첫째, 그들은 차츰차츰 금식을 일상의 문제에서 경건한 행위로 바꾸어놓았다. 둘째, 일상의 식탁이 사제들이 주관하는 형식적인 미사를 대체하게 되었다. 셋째, 수도원이 와해되자 가난한 사람들에게 베풀던 자선이 사라지고 국가의 책임으로 넘어갔다.

"개신교도로 이루어진 영미인들은 날마다 빵을 먹을 수 있는 데 감사기도를 드렸고, 사회적 구분을 중요시하지 않는 검소한 요리를 선호했다."

다시 화려해지고 계급적이 되어버린 종교개혁의 수혜자들인 우리의 식탁을 돌아보게 만드는 내용이다. 음식은 이처럼 종교와 뗄 수 없지만 그것을 넘어 정치적인 의미를 갖기도 한다. 『돈가스의 탄생』에 따르면, 메이지 유신 이후 허용된 육식에 대한 거부감을 줄이기 위해 고안된 음식이 스키야키, 돈가스다.

이처럼 음식은 정치 문화 종교와 깊은 관련을 맺고 있다. 그렇다면 전성기를 맞고 있는 지금의 먹방은 어떤 정치 종교 문화를 대변하는가?

사람들은 희망을 상실할 때 먹는 것에 집착한다고 한다. 연인에게 차인 실연녀는 폭식을 하고, 실연남은 폭음을 한다.(요즘은 이런 경계가 많이 무너지기는 했다) 삼포세대(연애·결혼·출산 포기)처럼 희망을 잃은 사람들은 먹거리를 통해 '평등 사회'의 한 언저리에 남아 있다고 착각한다. 집도 못 사고 취직도 못하는 이들이 상류층과 서민층의 격차를 그나마 적게 느낄 수 있는 부분이 음식이다. '저들'과 같은 집에 못 살고 '저들'과 같은 차는 못 타도 음식은 어느 정도 '저들'에 근접할 수 있기 때문이다. 그래서 SNS에 음식을 게시하고, 맛집을 소개하면서 자기 위안을 삼는다. 가끔 허름한 맛집을 SNS에 자랑하는 이유는 음식이 맛있어서가 아니라 연예인처럼 유명한 명사가 다녀간 경우이다. 희망이 사라진 시대에, 사람들은 먹는 것을 통해 신분상승을 꿈꾸고 있다.

철학자 강신주는 '냉장고를 부탁'하지 말고 냉장고를 없애라고 조언한다. 인간의 탐욕과 자본주의의 모순이 일차적으로 드러나는 공간이 냉장고라는 것이다. 실제로 우리의 냉장고에 묵은 식재료들이 얼마나 쌓여가고 있는가?

중세교회가 이야기하던 7대 죄악 중 탐식의 죄가 부활하고 있는 느낌이다. 게다가 현대사회에서 탐식은 교묘하게 왜곡된다. 과거에는 비만이 부의 상징이었다면 지금은 가난병이다. 희망을 잃은 계층이 일단 배불리 먹기 때문에 비만이 많아지는 것은 맞는데, 부유층이 자신의 계급을 자랑하며 최고급 레스토랑에서 먹는 적은 양의 비싼 음식을 탐식의 범주에서 제외시켜서는 안 된다. 탐식에는 폭식만 아니라 계급 과시용으로 먹는 행위도 포함시켜야 한다. 살기 위해 먹는, 영양학적 고려는 전혀 하지 못하는 가난한 자들의 탐식만을 죄로 보기에는 뭔가 억울하다.

종교개혁이 밥상을 소박하게 만들고 식탁에서의 감사를 가져왔다는 레이철 로던의 주장을 되새겨야 하는 시대다. 먹방을 끄자!

· 레이철 로던, 『탐식의 시대』(조윤정 옮김, 다른 세상, 2015).

별것 아닌 것 같지만, 도움이 되는

1세대 프랑크프루트 학파 소속 비판이론가인 테오도어 아도르노 Theodor W. Adorno는 "아우슈비츠 이후 서정시를 쓰는 것은 불가능하다"고 말한 적이 있다. 가스실에서 특정 인종이란 이유만으로 수백만이 죽어가는 것을 지켜보던 무력함과 죄책감이 1945년 종전과 함께 끝났다고 말할 수 없다. 가스실의 만행은 인간이 가지고 있던 최소한의 서정성을 앗아갔으므로 사람들에게 더 이상 서정시를 쓸 만한 감성이 남아 있지 않다는 말이다.

한때 닥치는 대로 소설을 읽었다. 언제부턴가 서정시를 쓸 수 없는 시대 상황처럼 소설이 읽히지 않았다. 소설 대신 지젝, 바디우, 아감벤, 벤야민의 책들이 인터넷 서점 장바구니에 차곡차곡 쌓여갔다. 발붙여 살고 있는 땅의 권력자들이 일으키는 전쟁, 인종차별, 소수자에 대한 증오는 형태를 바꿔 작동하고 있다.

세상이 바뀌어서 그런지 소설이 조금씩 읽히기 시작했다. 미국의 소설가 레이먼드 카버Raymond Carver의 단편소설집 『대성당(Cathedral)』에 수록된 12편의 단편 중 하나인 「별것 아닌 것 같지만, 도움이 되는」은 슬픔과 치유에 관한 이야기다.

책의 줄거리는 간단하다.

한 부부가 아이의 생일에 그 아이를 잃었다. 학교 가는 길에 가벼운 교통사고(아이가 스스로 집으로 돌아오고, 운전자는 아이가 다시 일어선 모습을 보고 줄행랑을 쳤으므로)를 당했다. 집에 제 발로 걸어 돌아온 아이는 갑자기 의식 불명 상태에 빠진다. 병원으로 옮겼으나 의사들은 곧 깨어날 거라는 희망을 전하면서도 대책은 못 내어놓고 고개만 갸우뚱거린다. 담당 의료진의 퇴근으로 의료진이 바뀔 때마다 같은 검사, 보호자를 향한 같은 질문이 계속된다. 그들은 알 수 없는 그들만의 언어로 대화를 나누며 부모를 '타자화'한다.

곧 깨어날 것이라는 병원 측의 이야기가 거짓말은 아니었다. 여러 검사를 해봐도 아이의 상태가 혼수상태에 빠질 이유는 없었기 때문이다. 그러나 아이는 결국 죽는다. 병명은 'Hidden Occlusion(보이지 않는 혈관 폐색증)'이었다. 뒤늦게 발견했지만 때는 늦었다. 병명 자체에 'hidden(숨겨진)'이 있는데 쉽게 발견될 수 없었던 것이다. 어쨌든 의료진은 최선을 다하지 않아 '숨겨진' 것을 찾지 못했고 보통의 의식불명 환자의 경우로만 아이를 살피면서 부모와 교감하지 못했고 '기호'만을 교환했다.

의사들의 '기호' 속에 희망이 있다고 믿었던 부모는 눈앞에서 아이를 잃었다. 세월호 유족들이 4년간 지녀온 감정과 흡사하다.

아이(스코티)의 엄마와 아빠가 병원에서 아이 곁에 머물다가 휴식을 위해 잠시 집에 들를 때마다 이상한 전화가 걸려왔다. 부모는 처음에 아이를 치고 도망간 뺑소니 범인인 줄 알았다. 결국 아이가 죽은 뒤 집에 돌아온 날 다시 걸려온 전화에서 엄마는 괴전화의 발신인이 동네 빵집 주인이라는 사실을 알아차린다. 며칠 전 스코티의 생일을 위해 엄마가 케이크를 주문했었는데 교통사고로 모든 계획은 물거품이 되어버렸다. 생일 케이크 만들어서 먹고사는 빵집 주인 입장에서야 주문인의 아이가 죽은 사실을 모르니 손해를 보상받아야 했다. 이 주인 역시 나쁜 사람은 아니다. 케이크를 찾아가지 않아도 금액은 지불해야 한다는 그말을 못해 괴전화처럼 밤낮으로 전화를 해대면서 소심한 복수를 했던 것이다.

화가 난 엄마는 빵집을 찾아가 우리 아이가 죽었다고 항의를 한다. 미안해진 빵집 주인은 엄마를 진정시키고, 이럴 때 먹는 일은 '별것 아닌 것 같지만, 도움이 되는' 일이라며 갓 구운 따뜻한 롤빵을 권한다. 여자는 롤빵을 세 개나 집어 먹고 그 자리에 오래도록 머문다.

> " '아마 제대로 드신 것이 없겠죠.' 빵집 주인이 말했다. '내가 만든 따뜻한 롤빵을 좀 드시지요. 뭘 좀 드시고 기운을 차리는 게 좋겠소. 이럴 때 뭘 좀 먹는 일은 별것 아닌 것 같지만, 도움이 될 거요.' 그가 말했다."

그들은 많은 말을 하지 않았다. 아이를 잃은 엄마도, 골목 상권의 작은 빵집 주인도, 대화보다는 빵 몇 조각으로 경솔함을 뉘우치고 서로 용서하고 위로를 받는다.

『채식주의자』로 맨부커상을 수상한 한강의 장편소설 『희랍어 시간』도 읽었다. 작가의 지명도 때문에 선택한 책이 아니라 순전히 책 제목 때문이었다. 신학을 공부한 사람에게 '희랍어'라는 단어는 얼마나 친숙하면서도 낯선 단어인가? 히브리어나 희랍어 단어가 가진 다의성은 설교를 그럴듯하게 포장하는 데 많은 도움을 준다. 그 언어가 가진 신비성이라기보다는 사회가 미분화되어 있었던 시절의 어휘가 가진 한계였는데 그것이 오늘 설교가들에게는 매우 유익한 자료가 된다.

『희랍어 시간』은 점점 시력이 약화되는 어학원의 희랍어 강사와 말을 잃어버린 여성 수강생 사이의 교감을 다룬 소설이다. 독일 유학생 출신의 강사는 시력을 잃어가고, 여성은 말을 잃어가지만 '희랍어'라는 고어, 다시 말해 필요한 영역의 사람을 제외하고는 아무런 가치가 없는 언어가 매개가 되어 두 사람 사이에서 애틋한 교감이 발생한다.

오늘날 세분화된 사회는 말과 단어의 성찬盛饌의 시대다. 고어들처럼 단어 하나가 포괄적인 의미를 담고 있을 때 사람들은 대화를 하면서 상대방을 더 이해하려고, 즉 어떤 뜻으로 그 단어를 쓴 것인지 이해하려고 노력했다. 지금은 단어 하나가 하나의 의미만을 가진 것처럼 사람들은 한 단어에 웃고 운다. 언어는 교감의 도구가 아니라 하나의 '기호'가 되어버렸다.

두 소설 모두 언어의 '기호성'을 꼬집는다. 의사의 말도 위로가 되지 못했을 때 빵 몇 조각은 스코티 엄마에게 큰 위로가 된다. 아프고 상처

입은 두 사람은 '희랍어' 같은 포괄적 언어조차 쓸모없어진 공간에서 서로의 존재를 확인한다.

소설 「별것 아닌 것 같지만, 도움이 되는」의 빵집 주인처럼 아이를 잃은 부모의 아픔을 모르고(물론 그가 아이의 죽음을 몰랐으므로 당연하지만) 손해 난 것에 화가 치밀어올라 전화했던 일을 빵 몇 개로라도 성의를 다해 뉘우치려고 하는 소박한 마음이 현실에서는 쉽게 발견되지 않는다.

굶고 있는 사람들 앞에 가서 폭식투쟁을 하는 사람들이나, 실제로는 공권력의 과잉 반응으로 일어난 교통 체증을 유가족에 대한 비난의 도구로 삼는 사람들이나, 노란 리본을 달지 않은 이유를 그럴듯한 말로 포장하는 사람들이나 내 눈에는 크게 달라 보이지 않는다.

('별것 아닌 것 같지만, 도움이 되는'의 원제는 'A small, Good thing'이다. 소설가 김연수 씨가 옮겼는데 제목만으로도 원제보다 훨씬 깊은 여운을 남긴다.)

· 레이먼드 카버, 『대성당』(김연수 옮김, 문학동네, 2014).
· 한강, 『희랍어 시간』(문학동네, 2011).

음모론은
믿고 싶지 않지만

세월호는 여전히 풀리지 않는 의혹이다. 정부에서 말하듯이 단순 해양 교통사고라면 원인을 규명하고 합리적인 수준의 보상을 하고 책임자를 처벌하는 선에서 마무리될 터인데, 이게 2년 동안 되지 않았다는 사실이 세월호에 얽힌 음모론을 부채질한다. 무엇을 밝힐 수 없기에 특위 구성에 그토록 갈등이 많았으며 구성된 특위의 활동이 제약을 받는 것인지 많은 사람들은 궁금해한다. 구조 실패의 책임이 있는 정부는 조사의 대상인데 정부 기관이 조사를 좌우할 시행령을 입법하려는 시도에 이르게 되면 궁금증은 더욱 증폭된다.

인터넷 공간에는 수많은 음모들이 떠다닌다. 잠수함 충돌설, 고의 사고설, 세월호가 핵폐기물 처리의 목적을 가지고 있다는 설, 배에서 구조된 선원이 재판정에서는 뒤바뀌었다는 설 등 셀 수 없는 이야기들이 춤을 춘다. 그중에는 그럴듯한 것도 있고 선원 바꿔치기처럼 황당한 이야기들도 있다. 진상이 제대로 규명되어야 이런 음모설들이 사라지겠지만 진상 규명은 요원해 보인다.

이런 과정에서 유가족이 '정치 선동'과 보상금을 더 받으려고 '쇼'를 하고 있고 나머지 자녀들은 대학 특례 입학을 하게 되었다는 낭설들이 남은 가족들을 더욱 압박한다. 졸지에 피해자가 수혜자로 뒤바뀌었고 자식 팔아 돈을 벌려 한다는 막말을 던지는 이도 있다.

사고의 원인에 관계된 음모론보다 유가족을 폄훼하는 음모가 대중 속에 훨씬 깊게 파고든 듯 보인다. 음모론의 전쟁으로만 보자면 피해자와 함께하려는 이들이 믿는 음모론이 진 셈이다. 전상진은 『음모론의 시대』에서 음모론을 통치 음모론과 저항 음모론으로 나눈다.

유가족을 폄훼하거나 진상 규명 요구를 '정치'로 정의하는 것은 통치 음모론의 일종이다. 통치 음모론에 의해 서민들은 같은 처지에 있는 사람들을 적으로 삼고 화살을 겨누고 '정치'와 '순수'를 나누자고 주장한다.

반면 저항 음모론은 고통받는 소수자, 약자들에게 필요한 대항 담론이다. 저항 음모론은 현실을 변화시킬 수 있는 동력을 가지고 있지만 동시에 "이상한 것에 우리를 몰두하게 만듦으로써 진정 필요한 실제적 탐구와 정치적 행동을 방해"한다.

전상진의 말처럼 노련한 통치 음모론에 의해 대중은 분열되고 저항 음모론은 역량을 상실하는 측면이 없는 것은 아니지만 한국 사회의 음모론에는 보다 뿌리 깊은 보혁갈등이 있다. 전쟁을 겪으면서 음모론은 반대 진영을 압박하는 도구가 되었다. 진영논리를 벗어나라는 말은 쉬운 이야기가 아니다. 오히려 자기 진영을 강화하면서 저자의 견해와 달리 음모론은 '실제적 탐구와 정치적 행동'에 영향을 미쳤다. 세월호 사건처럼 진상규명이 더뎌지면 음모론은 정치적 결속의 좋은 도구가 된다.

시민들이 정부와 언론을 절대적으로 불신한다는 점에서 음모론은 분명 건강한 논리는 아니다. 정부와 언론을 믿지 못하는 사람들은 SNS를 통하여 선택적으로 정보를 받아들인다. 게다가 정부의 미온적인 태도를 보면 뭔가 분명히 있다는 의혹이 눈덩이처럼 불어난다. 천안함 사건부터 의혹을 키우는 쪽은 정부다. 전상진의 책은 음모론의 배경이 되는 정치와 언론 환경을 다루지 않아 아쉬움이 남는다.

음모론의
기원

저자는 음모론의 기원을 막스 베버의 이론을 빌려 신정론神正論에서 찾는다. 신정론은 「욥기」의 기본 주제이며 하느님의 정당성에 관한 이론이다. 베버는 20세기 초 독일에서 무신론을 가진 프롤레타리아가 불공정한 현실세계에 대한 답을 신이 아닌 정치 이데올로기에서 찾으면서 세속적 신정론이 생겨났고, 세속적 신정론이 "세상의 온갖 부조리와 고통 이면에 내가 아닌 누군가의 책임이 있다는 명확한 그림(음모론)으로 사람들에게 위안을 주게 되었다"고 주장한다.

전상진은 서민들이 음모론에 빠져들수록 현실을 바꿀 수 없다는 무력감만 더 커진다고 말한다. 대화와 합의가 아니라 상대를 제거해야만 내가 살아남을 수 있다는 '악마적 관점'으로 사회를 인식하게 된다. 그

틈에서 기득권 세력은 책임지지 않는 권력이 되어버린다.

이 책은 세월호 사건 이후에 나왔다. 그럼에도 세월호 사건에 나타난 각종 음모론의 분석을 담아내지 않은 것은 일면 비겁해 보이기도 한다. 한국 사회의 음모론이 가진 동력을 저자가 연구한 서구의 음모론으로 설명할 수 없기 때문이 아닌가라는 생각도 든다. 기독교가 들어오기 전 우리에게는 신정론과 같은 것이 본래 없었기 때문이다.

저자도 책에서 소개하고 있지만, 서구 역사에서의 대표적인 음모론은 그 유명한 『시온 장로들의 프로토콜』을 이용해 유대인을 향한 증오를 키운 것이다. 유대인 장로들이 세계의 모든 사건을 기획하고 있다는 이 거짓 의정서(프로토콜)는 히틀러의 반유대주의의 기원이 되었다. 움베르토 에코는 『프라하의 묘지(Il Cimitero di Praga)』에서 위서의 실체를 밝힌다. 이 거짓 문서에 대해 히틀러가 『나의 투쟁』에서 했다는 말을 에코는 자신의 책에서 소개하고 있다.

> 그 민족의 삶은 끊임없는 거짓에 바탕을 두고 있다는 사실은 저 유명한 『시온 장로들의 프로토콜』에 분명하게 나와 있다. 『프랑크 푸르터 자이퉁』은 매주 징징거리며 주장하기를, 그 문서가 허위 사실에 근거하고 있다고 한다. 이것이야말로 그 문서가 진짜라는 가장 훌륭한 증거이다. […] 그 책이 온 국민의 공동 자산이 될 때에는 유대 민족의 위험이 제거된 것으로 여겨도 되리라.

유대인 장로들의 기획서는 1903년 러시아에서 처음 출판되었다. 프랑스의 모리스 졸리가 쓴 『마키아벨리와 몽테스키외의 지옥에서의 대화』라는 정치적 풍자물에서 힌트를 얻은 위서에 지나지 않는데 그것이 히틀러에게는 진실이 되었고, 히틀러의 유대인 학살을 외면했던 평범한 독일인들도 그렇다고 믿었다. 그런 점에서 통치 음모론과 저항 음모론은 나뉜다기보다는 서로 교묘하게 엮여 있다.

교회는 어떤가? 교회는 통치 음모론을 적절하게 이용하는 집단처럼 보인다. 각종 증오(포비아), 선별복지, 종북몰이에서 교회는 항상 통치 음모론에 가세한다. 그나마 다행이라면 한국 교회가 반유대주의 음모론에는 빠져들지 않는다는 사실이다. 유대인이 노벨상을 많이 타서 그런가? 힘이 세고 돈이 많아서 그런가?

악한 궁리나 하는 자들, 잠자리에 누워서도 음모를 꾸미는 자들은 망한다! 그들은 권력을 쥐었다고 해서, 날이 새자마자 음모대로 해치우고 마는 자들이다.(「미가서」 2:1)

· 전상진, 『음모론의 시대』(문학과지성사, 2014).
· 움베르토 에코, 『프라하의 묘지』(이세욱 옮김, 열린책들, 2010).

'한국 남자'는
어떻게 만들어지는가

한국 사회에서 명절은 가족의 '깨어지기 위한 절대성'(지젝의 책 제목에서 따왔다)을 확인하는 시간이다. 귀향길 차량 정체를 걱정해 시골의 부모가 서울의 자식 집을 찾는다는 언론의 호들갑을 보면, 한국 가족 제도가 물구나무를 선 듯하지만 여전히 한국에서 가족은 힘이 세다. 설날 연휴에 해외여행을 떠나는 가족이 많다고 역시 호들갑을 떨지만 일부의 모습일 뿐 서민들은 가족을 찾아 위로를 받고 사랑을 확인한다.

그러나 명절이 지나면 가족 간의 갈등으로 불상사가 일어나 가족 중 하나가 목숨을 잃었다는 보도를 심심찮게 접한다. 어떤 가족은 아버지의 재산을 놓고, 어떤 가정에서는 고부 관계를 놓고, 때로는 과거에 장남만 공부시켰다는 차별의 기억을 두고 즐거웠던 자리가 한순간 살육의 자리로 변한다. 전통 가옥에서는 부엌이 밖에 있어 흉기를 가지러 가면서 조금이라도 진정의 시간을 가질 수 있지만 현대식 가옥은 거실에서 한 걸음만 옮기면 각종 흉기가 가지런히 놓여 있는 구조다.

언젠가 어머니에게 접근 금지 명령을 내려달라는 아들의 요청을 법원이 받아들였다는 보도를 본 적이 있다. 대학 교수인 아들과 격에 맞지 않는다며 요가 강사 며느리를 반대한 어머니는, 아들이 교수로 있는 대학 앞에서 아들과 며느리를 비난하는 피켓을 들고 일인 시위를 벌였다는 것이다.

한국 가족의 모순 구조 안에는 남자, 특히 아버지가 있다. 가수의 이름과 같은 필자 전인권이 쓴 『남자의 탄생』은 '한 아이의 유년기를 통해 보는 한국 남자의 정체성 형성 과정'이라는 부제에서도 알 수 있듯이 유년의 경험을 통해 한국 남자가 어떻게 만들어지는가를 관찰한다.

유년기의 시시콜콜한 이야기들, 특히 사내아이들의 성장통과 같은 성적인 관심에 대한 이야기들만을 보자면 이 책은 가벼운 책 같지만 상당히 무게 있는 책이다. 저자에 따르면 한국 남자들의 모순은 한국의 가족 구조 안에서 만들어졌다. 사내아이들이 어릴 때 가졌던 성에 대한 잘못된 인식은 매춘을 남성이 거쳐야 할 통과의례처럼 생각하게 만든다.

저자는 한국적 가족 제도는 프로이트의 이론으로만 설명되지 않는다고 주장한다. 프로이트는 오이디푸스 이론을 통해 아버지와 히브리 종교의 기원까지도 설명하려 한다. 더 나아가 예술가들의 천재성도, 정신병도 오이디푸스 이론 하나면 다 설명이 될 만큼 프로이트의 영향력은 컸다. 그리스 신화에 나오는 오이디푸스는 어머니와의 근친상간과 아버지에 대한 살해로 설명되는 인물이다. 사람들, 특히 남성들의 무의식 속에서는 두려운 아버지에 대한 살해 욕구가 있다는 것이다.

정신분석학에서 오이디푸스 이론은 거의 성서와 같은 권위를 가지고 있으며 대부분의 정신과 의사들의 치료가 시작되는 곳이기도 하다.

하지만 전인권은 한국 남자들은 분석하면서 오이디푸스를 넘어선다. 한국 남자들은 남자라는 '신분의 감옥'에 갇혀 아내나 자식들을 살갑게 대하는 것이 부끄러운 일이라고 생각한다. 이는 반드시 아버지의 탓으로만 돌릴 수 없는 문제다. 다른 가족 구성원들도 아버지를 그런 틀에 묶어둠으로써 그를 감옥에 가두어둔다. 그들과 소통하지 못하는 아버지의 권위를 비판하면서 동시에 권위를 인정하는 모순 안에서 아버지는 더 깊은 구렁텅이로 빠져들며 마침내 그 빈자리를 아들이 버젓이 차지한다.

이처럼 권위주의와 자기애의 동굴에 갇힌 한국 남자들은 '동굴 속 황제'라는 인간형을 당연하게 받아들인다. 남성들은 동굴 속 황제로 자라면서 집 밖에서 비굴한 신하가 되기를 주저하지 않는다. "신하가 되어본 자만이 황제가 될 수 있기 때문이다."

'한국 남자들은 다 그래'라는 말이 관용구처럼 쓰이는 현실에서, 정작 그 남자가 어떻게 형성되었는지는 우리 모두 궁금해하지 않았다. 연구실에서는 오이디푸스 콤플렉스를 토론했고, 거리에서 또는 어느 술집에서 만나는 한국 남자들은 '한국 남자다움(?)'을 천박하게 표현한다. 그런 점에서 이 책은 인류학서이면서 정신분석학서이다. 저자는 프로이트를 극복하면서도 '살부殺父'라는 프로이트 용어를 차용해 우리의 가족 제도를 돌아본다.

"한국 사람치고 아버지의 권위주의와 싸워보지 않은 사람이 얼마나 될까? […] 사실 우리의 근현대사는 아버지 살해의 역사였다. 다만 그것을 아버지 살해라고 말하지 않고, '우리는 새로운 세대'라고 말했을 뿐이다. 그런데 권위를 부정하고 아버지를 살해했던 그 사람들도 세월이 지나면 아버지처럼 권위주의의 화신이 되었다. 그들 역시 '동굴 속 황제'였던 것이다."

결국 아버지 세대를 부정하면서 동시에 그의 삶을 뒤따른다. 그렇게 되지 않기 위해서 "자신의 마음에 형성되어 있는 어린 시절의 우상, 아버지를 발견하고 그 아버지를 살해해야 한다."

"'내 안의 아버지를 살해하자'는 것은 당신만이 이 땅의 유일한 상속자인 것처럼 행동하지 말자는 것이다. 우리의 아이들에게도 새로운 벽돌 한 장을 얹어놓을 수 있는 가능성을 열어놓자는 이야기다. 그러자면 실제의 아버지와 내 안의 아버지를 정확하게 이해하고, 먼저 내 안의 아버지를 정확하게 살해해야 한다. 이것이야말로 진정 변화를 열망하는 사람들이 피할 수 없는 자기부정을 통해 자기 긍정의 길을 걷는 방법이 아닌가 한다."

교회에서는 아버지 학교, 부부학교 등의 프로그램을 통해 황제의 동굴에 갇혀 있던 아버지를 구출해내곤 한다. 아버지들이 아내의 발을 씻겨주면서 흘린 눈물과 반성은 아버지들을 어느 정도 구출해내는 데 도움이 될 것이다. 그러나 남자의 눈물을 통해 '한국 남자'가 동굴 속에서 탈출했다고 보는 것은 큰 오산이다. 그들은 울음조차도, 자기가 내가 울어줌으로써 문제가 다 해결되었다고 믿는 여전한 황제이다. 그동안 아내가 남몰래 흘렸을 눈물, 아이들이 느꼈을 소외감을 '남자가 흘리는 단 한 방울의 눈물'로 해결되었다고 보는 것이 얼마나 권위적인가? 그들은 여전히 '남자'이고 싶은 게다.

세상에는 눈물과 기도로도 해결되지 않는 일이 있는 법이다. 한국 남자들이, 아니 한국 기독교인 남자들이 '아버지학교' 이런 것들보다 인문학적 소양을 통해서 감옥에서 벗어날 수 있었으면 좋겠다.

가수 전인권과 이름이 같은 저자 전인권을 검색해보았더니 정치학박사로 몇몇 대학에서 가르쳤고,『동아일보』신춘문예에서 미술평론으로 입상한 독특한 이력의 소유자였다. 그런데 '한국 남자'들을 더 깨우쳐주지 못하고 몇 해 전 50대 초반의 나이에 세상을 떠났다.

· 전인권, 『남자의 탄생』(푸른숲, 2003).

예배 순서 때문에
폭동이 일어났던 이유는

　　장애인 인권을 다루는 인터넷 매체 『비마이너BeMinor』에 올라온 한 기사가 눈을 의심하게 만들었다. 서울 동대문구에 소재한 성일중학교 안에 발달 장애인을 위한 직업교육 센터를 두려는 계획이 지역 주민들의 반발에 부딪혔다는 것이다. 성일중학교 체육관에 모인 장애아 학부모들을 향해 지역 주민들은 '혐오시설'을 우리 동네에 둘 수 없다는 '님비(Not In My Backyard)' 시위를 했다. 이에 장애아를 둔 엄마들은 아무 죄도 없이 체육관 단상에 올라 무릎을 꿇고 장애인 교육 시설을 허락해 달라고 반대 주민들에게 읍소했다. 최근에는 강서구에서도 비슷한 일이 있었다.

　　소위 '선진사회'에서는 볼 수 없는 진풍경이다. 지금은 대학교 4학년인 내 작은아이가 초등학교 3학년쯤이던 시절, 학교에서 돌아와서는 다음 학기부터 쉬는 시간에도 학교 복도에서 놀지 못하게 되었다는 이야기를 했다. 아이의 이야기를 듣고 정리해보니, 아이의 학교가 시각장애인들이 사회에 적응할 수 있도록 시각장애가 없는 아이들과 어울려 교육을 받게 하는 시범학교로 지정되었던 것이다. 그러니 지팡이에 의존해서 걸음을 옮겨야 하는 시각장애아들을 위해, 장애를 가지지 않은 아이들이 복도에서 뛰거나 소란을 피우지 말라는 이야기였다.

자초지종을 모르면 아이에게 큰 실수를 할 뻔했다. 어린 시절 추억 중 '쉬는 시간 복도'라는 공간이 차지하는 비중이 큰데 이 추억의 공간에서 어린아이들이 자제해야 한다는 것에 아빠로서 문제제기를 하려고 했다. 그래도 그건 아니다 싶어 잠시 숨을 고르고 아이의 반응을 살펴봤다. 아이는 새로운 경험을 하게 되어서 들떠 있는 것처럼 보였다. 아이 앞에서 문제제기를 안 한 것이 얼마나 다행이었는지, 아마도 했다면 아이의 기억 속에 아빠는 자기 아들 하나를 위해 시각장애아이들의 새로운 교육 기회를 반대하는 사람으로 두고두고 남았을 것이기 때문이다. 그 학교에서 어떤 학부모도 여기에 이의를 제기하지 않았다. 갑자기 미국이라는 나라가 존경스러워 보였던 기억이 난다.

『비마이너』 보도에 따르면 "주민설명회 시작과 함께 설립 반대 피켓을 든 주민 백여 명이 행사장에 난입해 '결사반대'를 외쳤고, 쏟아지는 장애인 혐오 발언 앞에 발달장애인 부모 30여 명은 무릎을 꿇고 울었다. 이후 발달장애인 자녀를 둔 한 어머니가 쇼크로 119에 후송되기도 했으나 그 와중에도 '결사반대'를 외치는 주민의 목소리는 이어졌다."

무엇이 우리를 이렇게 만들었을까? 반대 측 주민들이 나쁜 사람들은 아닐 것이다. 그들은 거리에서 장애인이 불편해하면 도와줄 수도 있는 품성을 가지고 있을 것이다. 그런데 내 지역에서 '그런' 아이들을 위한 교육 시설을 짓고 함께 모여 교육받는 것은 자신들의 자녀 교육에도 안 좋고 집값도 떨어뜨린다는 마음이 작용했을 것이다.

보도에 따르면 반대 학부모 중 한 명은 이런 말을 했다.

"우리 아이가 접하게 될 두려움과 공포를 어떻게 해결해줄 겁니까? 우리 아이가 이렇게 부모 잘못 만났다고 무시받고… 부모 잘못 만난 죄로 무시당한 죄입니까? […] 이렇게 강행하겠다는 건 주민 의견 완전 무시하고, 너네는 못사는 동네에 사는 거니깐 그냥 당하라는 거 아닙니까?"

이 말에 그들의 속마음이 담겨 있다. 당신(서울시 교육청)들이 강남 부자 동네 같으면 감히 그런 시도를 했겠느냐는 말이다. 가난한 동대문구에 사는 우리를 만만하게 본 모양인데 우리 아이들에게 부끄러운 부모가 되지 않기 위해 '결사반대'한다는 취지다.

정상아를 장애아들과 함께 같은 학교에 다니게 방치한 부모는 자녀들에게 제대로 된 환경을 주지 못한 부끄러운 부모라는 인식이 깔려 있다. 장애아들을 배려하는 마음을 자녀들에게 심어주는 착한 부모라는 생각은 애초부터 비집고 들어갈 곳이 없어 보인다. 오히려 금수저를 물고 태어나지 못한 자녀들을 적어도 장애아들과 붙여놓는 차별로부터는 지켜야 되겠다는 결기가 보인다. '정상'이 '비정상'과 함께 있으면 비정상이 된다는 논리는 한국 사회에서만 나타나는 현상일 듯하다.

이분들의 마음을 헤아리지 못하는 것은 아니다. 한국 사회의 양극화와 부의 세습 문제에서 소외된 이들이 마지막 기댈 곳은 자녀들이기에 아이들을 보호하고 싶은 마음이 드러난 것뿐이다.

하지만 분노의 대상은 분명 잘못되었다. 정말 분노해야 할 대상은 경제적 불평등과 사회적 불균형을 조장하고, 서민을 위한다면서 실제로는 친재벌 정책을 펴는 정치인들인데, 그들을 향해서는 한마디도 하지 못하고 '죄 없는 죄인'인 장애아 부모들에게 화를 쏟아놓다니. 어찌 보면 그들 또한 금전 만능의 세상에서 '가난'이라는 장애를 가진 사람으로 취급받는 세상을 살아가면서 말이다. 원인을 따지는 것이 아니라 현상을 따지는 일이야말로 본질을 호도하는 일이다.

스튜어트 월튼Steuart Walton은 『인간다움의 조건—인간을 인간이게 만드는 10가지 감정 이야기(Humanity)』에서 인간이 가진 열 가지 감정의 기원과 변천을 다룬다. 인간을 인간답게 만드는 열 가지 감정이란, 행복, 슬픔, 분노, 혐오, 놀람, 질투, 수치, 당황, 경멸, 공포를 말한다. 이런 감정이 어떻게 시작했는지 거슬러 올라가 기원에서부터 국가나 언론이 이들 감정을 조작하는 현대 상황까지 다루고 있다.

예를 들어 18세기 이후 서양에서 시작된 참정권 투쟁은 권력에 대한 두려움을 넘어선 분노 표출의 결과였다. 민주주의라는 것도 알고 보면 분노의 결과인 셈이다. 현대 사회는 분노를 억누르지 말고 공개적으로 표출하는 것이 건강에 좋다면서도 집단적으로 나타나는 분노에 대해서는 사회의 결속력을 붕괴시키는 행위라며 억제시킨다. 이렇게 사회적 분노가 통제될 때 사람들은 이상한 방향으로 분노를 표출한다.

1840년 영국의 맨체스터는 여러 가지 빈곤 상황에도 불구하고 기득권의 훼손 없이 평안한 상태를 유지하고 있었다. 이런 상황에서 시민의 분노는 뜻밖의 모습으로 나타났다. 성공회에서 전례 변화를 시도했는데 강론을 영성체와 중보기도보다 앞으로 뺀 것이 화근이었다. 강론은 신부가 평신도의 자격으로 하는 것이고 빵과 포도주를 나누고 기도를 하는 동안은 하느님의 대리인으로 행동한다. 그래서 신부가 미사 시작할 때는 흰옷을 입고 들어갔다가 강론 때는 검은 옷을 입고, 영성체를 할 때는 다시 흰옷을 입어야 하는, 즉 미사 중에 옷을 두 번이나 갈아입어야 하는 방향으로 전례가 개혁되자 신도들은 다시 가톨릭으로 돌아가는 것이 아니냐는 의심을 갖게 되었고 이것은 결국 시민 소요로까지 발전했다.

> 신부가 새 복장 규범을 받아들이기로 한 교회 밖에서 벌어진 시위는 거칠어졌다. 첼시와 세인트 바너버스 교회에서는 시위 군중이 행길을 막을 정도로 불어났다. 고함이 난무하는 가운데 말들은 고개를 빳빳이 치켜들고 히힝거리면서 군중을 밀어붙였고 아무도 귀담아듣지 않는 판사의 해산령이 떨어지고 그 뒤로는 곤봉 세례가 이어졌다.

경제는 엉망인데 교회 전례로 시민들은 흥분했고, 사회는 양극화로 치닫고 있는데 성일중학교 학부모들은 장애 부모들에게 분노를 쏟아냈다.

마오쩌둥이 문화혁명 당시 평등의 차원에서 모든 호칭을 없애라고 지시했지만 마오쩌둥 자신은 꼭 한 사람에게만 '선생'의 호칭을 사용했다. 그가 바로 루쉰이다. 팡시앙뚱의 『루쉰, 욕을 하다』는 루쉰이 당대의 다양한 분야의 실력자들에게 거침없이 날린 '욕'과 '비판'을 정리한 책이다. 그는 약자보다는 강자들(거기에는 점잖은 체하는, 비교적 존경을 받고 있는 사람들도 포함되었다)의 위선을 파고들었다. 그가 싸움닭처럼 그렇게 한 것은 다음과 같은 생각 때문이었다.

중국을 구하려면 다른 것은 일체 필요가 없다. 다만 청년들이 이 두 가지
성격의 고전적 사례를 역으로 이용하면 될 것이다. 즉, 상대가 맹수처럼
흉악할 때는 나도 맹수처럼 변하고, 상대가 양처럼 온순하면 나도 양처
럼 변하면 된다. 그러면 어떤 마귀라도 별수 없이 저들의 지옥으로 돌아
갈 것이다.

스튜어트 월튼의 말처럼 분노는 인간을 인간답게 만드는 감정의 하
나이므로 굳이 부정할 필요가 없다. 하지만 권력에 의해 분노가 조종되
어서도 안 되고 분노 대상을 잘못 짚어도 안 된다. 분노의 요인을 만드
는 구조를 직시하고 시민을 분열시키는 구조를 만들어내는 이들에게
분노를 쏟아내야 한다.

· 스튜어트 월턴, 『인간다움의 조건』(이희재 옮김, 사이언스 북스, 2012).
· 팡시앙둥, 『루쉰, 욕을 하다』(장성철 옮김, 청계, 2004).

헬조선,
교회는 책임 없나

    아시아 태평양 지역의 외교 전문지인 『디플로마트The Diplomat』는 어느 기사에서 '헬조선은 젊은이들의 꿈이 박살난 19세기 봉건 왕조 같은 의미'라고 설명했다. 네티즌들의 속어에서 출발한 '헬조선'이 이제는 유력 언론에서 보아도 낯설지 않은 용어가 되었다.

    『디플로마트』도 지적했듯이, 대한민국이 아니라 '조선'이라는 말을 사용하는 것에 이미 헬조선의 의미가 담겨 있다. 21세기 대한민국이지만 조선시대와 다름없는 신분 장벽, 기회 균등 박탈 등의 뉘앙스가 '조선'에 담겨 있다. 청년실업, 노동시장 유연화의 탈을 쓴 쉬운 해고, 기업 보유금을 800조 원이나 가진 대기업은 놓아둔 채 덜 가진 자의 것을 빼앗아 못 가진 자에게 나누어주려고 하는 임금 피크 정책 등이 한국 사회의 우울한 단면을 보여주고 있다. 마침내 견디다 못한 젊은이들은 '지옥 같은' 한국을 떠나려고 한다.

OECD 발표에 따르면, 한국은 삶의 만족도에서 32개 국가 중 29위며, 지난 6월 갤럽 조사에 따르면 삶의 질 만족도에 있어서 전년 75위에서 117위(조사대상국 145개 나라)로 떨어졌다. 9월 5일 대학생 8백 명을 대상으로 한 『경향신문』 조사에 따르면, 한국의 매력 순위는 41.8위로 나타났고, 70.4퍼센트가 이민을 생각하고 있다고 했다. 그 이유로는 여유가 없고 경쟁적인 삶이 60.4퍼센트, 취업난이 15.7퍼센트, 신분상승 어려움 7.9퍼센트, 기회의 불평등 차별 7.7퍼센트 등을 차지하고 있다.

도대체 어디서부터
잘못되었을까?

시민이 귀족을 심판한 뒤 그들이 주도하는 변혁을 이룬 프랑스혁명과 달리, 한국은 일본의 강압에 의해 신분해방을 이루면서 모두 양반이 되려고 했다. 그 여파로 생겨난 신분상승 지향적인 의식이 '조선 백성'들에게는 심심찮게 발견된다. 일부이기는 하지만 명품백 문화에서 나타나듯이 서구에서 일반 시민들이라면 꿈도 못 꿀 제품들을 한국 사회는 빚을 내서라도 들고 다니는 경우가 많다. 어느 정도 선의 명품 백이 '평등하게'(?) 많은 이들의 팔을 장식할 때 상류층들은 '배제의 원리'를 작동시켜 그들만의 리그로 피신해간다. 결국 그저 그런 명품 백을 가진 사람들은 만족감을 상실하게 된다.

하지만 이런 일부의 현상으로만 헬조선 현상을 분석하기에는 부족하다. 한국 사회가 지난 10년 동안 언론자유, 정책 투명성, 남북 관계, 재벌 정책 등 모든 분야에서 퇴보하면서 청년들에게는 더 이상 매력적인 나라로 인식되지 않은 탓이 더 크다.

"헬조선과 지옥의 다른 점은? 지옥은 나쁜 사람들이 가는 곳이지만 헬조선은 착한 사람이 고통받는 곳이다." 어느 네티즌의 자조다.

헬조선의 중심지는 모든 경쟁과 차별이 살아 있는 서울이다. 류동민의 『서울은 어떻게 작동하는가』는 "서울에 관한 책이지만 서울에 관한 책만은 아니다." 서울은 대한민국이라는 공간이 안고 있는 모순의 대명사일 뿐이다.

> '공산주의의 이념'이라는 놀라운 제목의 컨퍼런스에 참가하러 온 철학자 슬라보예 지젝은 호텔에 여장을 풀자마자 코엑스몰이 어느 쪽인지부터 물었다고 한다. […] 이렇듯 무시무시한 제목의 컨퍼런스를 버젓이 서울의 강남 한복판에서 열어도 아무런 문제가 되지 않는 한편에는 소득 분배만 얘기해도 '좌파'로 내몰리는 현실이 공존한다. 이것도 비동시성의 동시성일까.

서울은 자본주의의 압축적인 모순이 드러나는 곳으로, 그곳에는 근대와 중세, 포스트모더니즘이 공존하기에 비동시성의 동시성을 특징으로 하는 공간이다. 진짜 '공산주의'의 토론이 허용되지만 분배를 이야기하면 '빨갱이'가 되는 세상이다. 계몽주의 이전과 이후가 이처럼 막 섞여 있다. "내가 가난한 사람들에게 먹을 것을 줄 때는 나를 성자라고 불렀다. 그런데 왜 가난하냐고 물었더니 나를 공산주의자라고 불렀다"는 브라질 카마라 대주교의 말과 달리 한국 사회는 가난한 사람에게 먹을 것을 주자고 해도 좌파로 몰리는 형국이다.

저자가 지적한 서울의 작동원리 중 또 다른 것으로는 추격(모방)과 배제가 있다.

"상대적으로 서민들이 사는 동네의 연립주택일수록 언덕을 의미하는 하이츠나 힐이 많이 붙는다. 부유층을 추격하는 심리인데, 이럴수록 부유층은 서민들을 배제해나간다."

스타벅스가 소비하는 인간의 전형을 보여주었다면, 이런 일반화가 싫은 사람들은 '스타벅스 리저브'라는 고급 브랜드를 이용한다. TV쇼에서조차 연예인들은 강남은 세련, 강북은 촌스러움이라는 배제의 원리를 스스럼없이 이야기한다. 이처럼 자본가 '귀족'들은 '평민'들의 추격을 불허한다.

모든 것이 돈으로 환산되어버리는 이 엄혹한 현실은 아주 극소수를 제외하고는 모두에게 지옥 같을 수밖에 없다. 현실을 이렇게 만들어놓고 젊은이들에게 열정이 부족하다고 비판하는 일은 배제시키는 자들의 논리일 뿐이다.

그렇다면 지옥 같은 현실을 물리적으로는 바꾸지 못할지라도 정신적으로라도 바꾸어야 할 교회는 무슨 짓을 하고 있는가? 저자 류동민은 서울의 작동 원리와 잘 맞아떨어지는 곳으로 '사랑의교회'를 든다.

좁은 공간에 점점 더 많은 신도를 수용해야 '비즈니스'로서 생존이 가능한 교회는 고층에 지하예배당까지 갖춘 대형건물이 될 수밖에 없다. 서울의 밤하늘에 빽빽하게 들어찬 붉은빛 십자가가 수많은 교회들을 독점적 경쟁 상황을 나타내주는 상징이라면, 점점 더 위압적인 숭고미를 갖춘 화려한 외관의 대형교회는 그 경쟁에서 스스로를 차별화하는 요소인 동시에 경쟁을 이겨냈음을 자축하는 상징이기도 하다.

저자가 드는 서울의 특징, 비동시성의 동시성, 추격과 배제가 잘 드러나는 곳이 사랑의교회가 아닐까? 건물은 초현대적이지만 그 안에서 일어나는 일은 시대를 관통한다. 막강한 '사제'의 권리가 중세적이라면, 고대 사회의 사제 숭배 같은 현상들도 일어난다. 동시에 그들은 다른 '조무래기' 교회들의 추격을 피해가며, 십일조 법제화(무산되기는 했지만) 등으로 사람들을 배제해나간다.

이윤추구와 세속적 성공을 위한 고투의 장소에서 지내다가 일주일에 한 번 화려한 성장盛裝을 하고 교통 정체를 유발하는 에너지 소비적 방식으로 성스러운 곳에 가서는 죄사함, 정확하게는 죄사함의 느낌, 그 물신을 소비하는 것이다. [⋯] 위안의 장소는 현대적 시설을 갖춘 쾌적하고도 화려한 곳이어야 한다. 그 옛날 만국 박람회가 근대의 생산력을 과시하는 물신의 장소였듯이 대형교회가 하드웨어를 중시하게 되는 것도 이러한 맥락에서 이해할 수 있을 것이다. 서울에서 누구나 인정하는 권력의 장소인 법원, 검찰청 앞에 압도적인 외형과 대등한 스카이라인으로 맞서게 된 서초동 사랑의교회는 그 상징적 존재라고 할 수 있다. 도로의 통행을 장기간 막으면서 지하의 공유공간까지 점유하는 것은 군사정권 시절 국가권력만이 할 수 있었던 일이다. 이제 그것을 교회가 할 수 있게 된 것이다.

경제학자인 저자의 눈에 비친 교회는 영혼이 정화되고 구원을 약속받는 곳이 아니라 '물신'을 섬기는 공간이다. 물신의 '축복'을 받지 못한 '루저'들은 지옥 같은 조선에서 탈출하고 싶어 한다.

20세기 교회가 '하면 된다'의 긍정의 신앙으로 한몫 챙겼다면, 21세기 서울의 대형교회는 값싼 희망이나 위로조차 주지 않는, 오직 물신숭배에 성공한 자들을 위한 '도피성'이 되고, 도피성에 편입하지 못한 이들은 조르조 아감벤의 개념인 '호모 사케르'가 되어 시민으로서 최소한의 권리인 복지로부터 소외되고, 최저임금의 사각지대로 밀려난다. "추격자가 스스로 그 가능성 없음에 절망하여 추격을 포기"하는 사회야말로 지옥에 다름없다. "추격의 과정이 민주적인 방식으로 공공성을 강화"하면 된다지만 저자 스스로도 이 일이 가능해 보이지 않는다고 결론짓는다.

제 나라를 지옥같이 여기는 이들에게 교회가 해줄 일은 전혀 없을까? 모순적인 자본주의 구조를 대체할 새로운 상상력을 제시하는 것이 교회가 품어야 할 최소한의 사명일 것이다. 하지만 "함부로 들어갈 수 없는 공간, '관계자 외 출입금지'라는 원칙"이 작동하는 교회에 더 이상 기대할 것은 없어 보인다. 그래서 "디즈니랜드에는 미국이 없고, 코엑스몰에는 서울이 없듯이 교회에는 기독교가 없"다는 저자의 말이 틀리지 않은 현실이 서글프다.

• 류동민, 『서울은 어떻게 작동하는가』(코난북스, 2014).

그들이 고국에
돌아오지 못한 이유

　　MBC의 인기 예능 프로 〈무한도전〉에서 유재석이 일본의 우토로 마을을 방문했다. 방송에서 "너무 늦게 와서 죄송합니다"라고 울먹였던 유재석이 실제로는 10여 년 전부터 거액을 희사하면서 우토로 마을을 돕고 있었다는 미담에서부터 광복 70년에도 불구하고 아직 청산되지 않은 친일문제를 에둘러 비판하는 글들까지, 〈무한도전〉의 여파가 이어지고 있다.

　　우토로 마을은 1941년 교토 군 비행장 건설을 목적으로 일제에 의해 강제 징용된 조선인들의 마을이다. 하지만 1945년 8월 일본의 패망으로 비행장 건설이 중단, 조선인 노동자들은 오갈 곳이 없어졌다. 우토로 마을 거주자들은 일본 측으로부터 보상도 받지 못하고 조국에도 돌아가지 못한 채 마을에 눌러앉게 된다. 일본 패전 후 교토부 소유였던 우토로 땅이 닛산차체에 넘어가고 1987년 부동산 회사가 이 지역을 사들이면서 주민들은 내쫓길 위기에 처했었다. 이 소식이 전해지자 2005년부터 우토로 국제문제대책회의와 아름다운재단이 함께 모금을 진행해 2011년 2월 한국 정부는 우토로 지역의 토지 일부를 매입 완료했다.

하지만 일본 중앙정부와 지방자치단체가 이 지역을 재개발해 공영 주택을 짓겠다는 계획을 밝힘으로써 우토로 마을은 곧 사라지게 될 전망이다. 우토로 마을을 돕는 활동가들은 기념관이라도 남겨두기 위해 노력하고 있고 유재석의 방문은 다시금 여론을 환기시키는 데 큰 역할을 했다.

여론을 환기시킨 〈무한도전〉과 유재석이 고맙기는 하지만, 우토로 마을을 포함한 재일조선인에 대한 관심은 일회성 감동으로 그칠 일이 아니라 한일의 왜곡된 역사, 분단의 아픔이라는 차원에서 접근해야 한다.

재일 동포 학자 서경식의 『역사의 증인, 재일조선인』은 재일조선인이 어떤 존재인지를 자세히 밝혀준다. 서경식만큼 재일조선인의 아픈 역사를 한몸에 간직한 인물이 있을까? 그의 형 서승과 서준식은 재일동포 간첩단 사건에 연루되어 모진 고초를 겪은 인물이다. 서승은 고문에 못 이겨 취조실의 난로로 뛰어들어 자살을 시도하다가 온몸에 무서운 화상을 입었다. 서준식은 오랜 기간 수형생활을 하다 출옥했고 형제의 옥바라지를 하던 노부모는 모두 세상을 떴다.

일제 치하 일본에서 살던 조선인들은 민족적으로는 조선인이었고 국적은 일본이었다. 조선이 이미 일본에 병합된 뒤였기 때문에 새로운 국적을 취득한 것이 아니라 그들의 의지에 관계없이 국적이 바뀌어버린 것이다. 서승과 서준식의 북한 방문이 그래도 원칙적으로는 잘못된 것이 아니냐는 질문의 답이 여기에 있다. 재일조선인들에게 조국은 하나였다. 분단이 되기 전의 나라가 조국인 것이지 그들에게 남과 북 중 어느 곳이 당신의 조국이냐고 강요할 수 없었던 것이다.

"해방 후에도 일본에 남은 60만 조선인에게는 '국적'이 없었습니다. 식민지 시절에 강제된 '일본 국적'은 1952년에 일방적으로 박탈당했는데, 당시 조국은 분단되었을 뿐 아니라, 남북 모두 일본과 국교가 없었습니다. 그 때문에 재일조선인은 처참한 무권리 상태에 빠졌습니다. 그러나 다른 시각에서 보면, 1945년부터 1948년에 걸쳐 조국의 사람들을 분단시킨 정치 폭력이, 당시는 아직 재일조선인에게까지 미치지 않았다고 할 수 있습니다. 조국이 '둘'로 분단된 후에도 재일조선인은 '하나'였습니다."

그들에게는 돌아갈 조국이 없었던 것이다. 게다가 1965년 한국 정부와 국교가 정상화되기까지 (북한과는 아직도 국교 미수교 상태) 한일은 서로에게 나라가 아니었다. 따라서 일본 내 재일조선인들은 한국(또는 북조선)이라는 국적을 가진 채 일본에 거주하는 외국인이 아니라 그냥 나라 없이 사는 '난민'에 다름없었다.

북한은 1959년부터 1980년까지 북송사업을 진행하는데, 이때 많은 재일조선인들이 북송선을 탔다. 이들 중에는 남쪽 사람들이 대다수였다. 일제하에서 북쪽 지역에 살던 사람들에게는 만주 쪽으로 이주가 쉬웠고 남쪽 지역 사람들에게는 일본으로의 이주가 쉬웠다는 아주 단순한 이유다. 한국 정부는 재일조선인을 북한에 넘긴다고 일본 정부를 비판했지만 일본에서 난민과 다름없는 삶을 살아가던 사람들을 받아들이겠다는데 마다할 사람은 많지 않았을 것이다. 서경식에 따르면 북송선을 탄 사람 중에 사회주의를 동경한 사람들도 물론 있었지만 대다수는 일본에서의 삶이 어려웠던 사람들이다.

한국 정부가 재일조선인들을 색안경을 끼고 보는 이유가 여기에 있다. 그들이 북조선을 선호해서 '조선' 명칭을 사용하는 것도 아니고 그냥 출신이 조선인이기 때문에 조선이란 말이 편한 것인데 남로당(남조선노동당)에서 활동한 경력이 있던 박정희에게는 '조선'이라는 용어 자체가 불편한 '뜨거운 감자'였을 것이다.

1965년 한일 국교가 정상화되면서 "한국 정부는 한국 국적을 취득하게 하여 한국 국민으로 만들기 위해 다양한 압력을 가했"다. 일본 정부도 한국 정부에 협력해서 같은 재일조선인이라도 한국 국적을 취득한 사람에 한해 비교적 안정된 거주권(협정 영주권)을 주게 된다. 이때 한국 국적을 취득하지 않은 사람들은 조선 국적을 그대로 유지한다. 일본 정부는 재일조선인을 한국 국적과 조선 국적으로 나누어 또 다른 차별을 가했다. 여기서 조선 국적은 북한 국적을 의미하는 것이 아니라 1945년 이전의 조선 국적자를 의미한다.

이처럼 재일조선인들은 한국 국적, 북한 국적, 조선 국적, 일본 국적(귀화)으로 나뉜다. 북한은 북송선으로 그들을 유혹했고, 1970년대 이후 경제력에서 북한에 앞선 한국 정부는 고국 방문과 같은 프로그램으로 한국 국적의 취득을 유도했다. 남북한 모두 다 재일조선인의 아픈 역사를 공감했다기보다는 자기편 만들기에 급급했고 무슨 이유에서인지 아직도 해방 이전의 조선 국적을 유지하는 사람들도 남아 있다.

비록 자이니치('在日'의 일본 발음, '자이니치' 뒤에 재일중국인 재일미국인 등도 사용할 수 있지만 '자이니치'는 그냥 재일조선인을 비하하는 줄임말로 쓰인다) 또는 초센(조선)이 일본 사회에서 조선인을 차별할 때 쓰이고 있지만 저자 서경식은 재일조선인을 동정하거나 불쌍하게 보지 말아달라고 당부한다. 오히려 재일조선인의 독특한 역사를 통해 분단을 비롯한 한국사의 비극을 살펴보아야 한다는 것이다.

> 재일조선인을 차별받는 가여운 타자로 규정짓거나 일본인이라는 악을 만드는 것으로 자신을 정당화하지 말고 오히려 재일조선인 속에서 혹은 재일조선인을 차별하는 일본인 속에서 여러분 자신의 모습을 발견하기 바랍니다. 이는 계속되는 식민지주의와 분단체제를 극복하고 미래를 향해 함께 나아가기 위해 반드시 필요한 일입니다. [⋯] 타자에 대한 상상력이 없어지는 것은 자기 자신에 대한 상상력도 없어지는 것이라는 사실입니다.

이처럼 서경식은 재일조선인은 비록 차별받은 존재였지만 그들을 동정의 눈으로만 보지 말고 그들에 대한 상상력을 키우라고 권고한다. 이것은 또 다른 타자와 약자에 대한 상상력을 키우는 일이기 때문이다.

따라서 서경식에게 재일조선인이란 "국가나 머조리티의 횡포에 복종하지 않는 인간"을 가리킨다.

영화 〈암살〉(최동훈 감독, 2015)의 선풍에서 보듯이 광복 70주년은 친일의 문제를 다시 돌아보는 계기가 되었다. 때마침 롯데 그룹의 경영권 승계를 둘러싸고 일어난 '형제의 난'은 이 그룹이 일본 국적을 취득한 재일조선인의 친일 기업임을 부각시켰다. 이런 환경에서 제작된 〈무한

도전〉의 우토로 마을 방문과 유재석이 보여준 감동적인 장면은 롯데 같은 '성공한' 이들이 아닌 대다수 재일조선인의 아픔을 생생히 전달해주었다. 하지만 분단과 일본의 전후 보상에 대한 인식 없이 그들을 애처로운 눈빛으로만 바라보면 문제의 본질을 흐리게 된다. 오히려 그들의 삶을 통해 미래를 향한 상상력을 확장시켜야 한다는 것이 서경식의 주장이다.

· 서경식, 『역사의 증인, 재일조선인』(형진의 옮김, 반비, 2014).

예수가 효자라고
우기는 사람들

40여 년 동안 봉제공장에서 '시다'로 산 어머니가 있었다. '시다'란 '아래 하(下)'의 일본어로 기술자의 보조 역할을 일컫는 속어다. 영화 〈친구〉(곽경택 감독, 2013)의 "내가 니 시다바리가?" 하는 대사 때문에 우리에게는 친숙한 말이다.(본래 '시다바리'는 '문이나 벽 등에 종이를 바르기 전에 애벌로 바르는 종이 또는 그런 일'이다.) 봉제공장 '시다'라면 재봉틀에 앉지도 못하고, 옷감을 디자인 따라 자르는 '패턴' 일도 하지 못하고 봉제공장 먼지 속에서 허드렛일만 해왔을 것이다. 시다 어머니는 아들이 미술대학에 진학한다고 했을 때 어떤 마음이었을까? 밥벌이 되는 전공을 택해서 자신을 봉양하기를 바라는 마음이 왜 없었을까? 그러나 어머니는 "인생이란 제가 하고 싶은 일을 하는 것"이라며 아들의 선택을 믿어준다.

학연 심하기로 유명한 한국 미술계에서 명함 내밀기 어려운 미대를 나온 임흥순은 최고 권위의 국제 미술제인 베네치아 비엔날레 본전시에 아시아 여성 노동자들의 삶 이야기를 담은 장편 다큐 〈위로공단〉으로 국내 작가로는 처음 은사자상을 받았다. 임 작가는 "내 영화는 40년 동안 시다로 일해온 어머니와 백화점·의류 매장에서 40살까지 일하며 뒷바라지해준 여동생의 삶에서 전적으로 영감을 받은 것"이라는 수상 소감을 전했다.

먼지 나는 공장에 어머니를 남겨두고 자기 하고 싶은 것을 했던 임 작가는 마침내 어머니에게 가장 큰 선물을 한 셈이다.

많은 목사들의 설교에서 예수는 효자로 칭송된다. 그런데 예수가 과연 효자였을까? 예수는 자기의 공적 사역을 위해 전통적인 가족 구조를 애써 외면하려 했다.

야고보와 요한은 아버지를 버려두고 예수를 따랐으며(「마태복음」 4:18~22), 죽은 사람의 장례는 죽은 사람에게 치르게 두라(「마태복음」 8:22)고도 했다. 어머니를 향해 '여자여'라는 호격呼格을 사용했다. 설교자들은 이 본문들이 결코 가족의 의미를 축소하는 것이 아니라고 둘러대지만 예수의 공적 사역에서 가족은 일차적 관심의 대상이 아니었다. 어머니 마리아는 그 모습을 참아내야만 했다. 내 아버지의 뜻대로 하는 자라야 내 어머니(「마태복음」 12:50)라는 수모를 겪었던 마리아가 공생애 이후 예수에게 처음으로 어머니 소리를 들은 것은 십자가 위에서였다. 이처럼 효심의 근거를 성서에서 찾기 어려움에도 불구하고 개신교에서 마리아의 희생보다 예수의 효심이 강조되는 것은 가톨릭에서 마리아의 위상 때문인지도 모르겠다.

러시아 작가 막심 고리키의 이름 '고리키'는 '고통받는 자'라는 뜻이라고 한다. 19세기 말에서 20세기 초 러시아 혁명기에 작가 생활을 하면서 레닌과도 교유했던 고리키는 1907년 사회주의 리얼리즘의 모델이라 불리는 『어머니』를 발표했다. 책이 발간된 1907년은 니콜라이 2세의 개혁 정책에도 불구하고 이곳저곳에서 봉기가 일어났던 1905년의 경험이 생생히 살아 있던 해였다. 1905년 혁명이라 불리던 봉기들이 실패한 것은 1906년 5월 민선의회인 두마Duma가 구성되었기 때문이다. 유럽 기준으로 보자면 일종의 부르주아 개혁이 민중의 혁명 기회를 막아버린 셈이다. 『어머니』는 이러한 현실에서 나온 책이다.

주인공 파벨은 성실한 공장 노동자다. 그가 어느 날부터 독서에 열중하며 노동자의 현실에 눈을 떠간다. 술에 취한 남편에게 맞고 살 정도로 약한 사람이었던 어머니 닐로브나는 처음에는 아들을 의심을 하지만 점차 아들이 하는 일을 자랑스러워한다. 파벨은 러시아 사회민주 노동당에 가입해서 노동절에 파업을 주도하다 투옥돼 시베리아 유형을 선고받는다. 재판 도중 그는 감동적인 연설을 한다. 그 연설의 내용을 적은 전단을 가지고 역에 있던 어머니는 경찰한테 들키자 전단을 뿌리면서 힘있게 진실을 외친다.

> 어머니는 "애야, 정말, 파벨, 매정하기도 하지! 하다못해 언제 날 위로라도 해주면 좋겠건만! 그런데도 내가 무섭다고 말하면 넌 더 무서워질 것이라고 하니."
> "사람들은 저를 믿지 못하고 제 진실을 지지하지 않아요. 정말 어떻게 밀

고 나가야 할지 모르겠어요. 제 자신에게 실망했어요." 어머니는 그의 얼굴을 우울한 심정으로 쳐다보았다. 어떻게든 위로를 해주고 싶어 차분한 목소리로 말했다. "애야, 너무 서두르지 마라! 사람들이 오늘 비록 너를 이해하지 못했다 하더라도 내일은 이해하게 될 게다."

가톨릭은 마리아의 아픈 마음을 이해하는 대신 그녀를 거의 신적인 위치에 올려놓음으로써 이상한 방식으로 보상한다. 자식 잃은 엄마의 쓰라림에 공감하기보다는 그녀를 종교적 숭배의 대상으로 만들어버림으로써 예수의 공적 사역에 들인 엄마의 인내를 축소시켜버린 것이다. 그리고 개신교권에서는 엄마의 인내보다 근거가 불투명한 아들의 효심을 강조한다.

임흥순 작가 어머니의 희생은, 자신과 같은 여성 노동자들의 애환을 담은 다큐멘터리라는 열매의 씨앗이 되었다.

파벨의 어머니는 아들을 지켜보다가 질곡의 삶을 이겨내고 사회적 삶을 살기 시작했다. 세월호 엄마들은 아름다웠던 추억을 잠시 유보한 채 진실을 위해 또 한 번의 아픔을 감수하고 있다.

조금씩 다르지만 고통을 딛고 선 어머니들의 희생이 사회를 변화시켜왔다. 자식을 사회의 안전망 속에 편입시키기 위해 고생한 어머니보다 안전망을 벗어난 자녀들을 참아낸 어머니의 희생이 더 존경받아야 한다. 또한 가족주의에 바탕한 효심이 아니라 더 가치 있는 일을 위해 삶을 던진 '불효자'들을 공감하는 삶이 필요한 시대다.

· 막심 고리키, 『어머니』(최윤락 옮김, 열린책들, 2009).

다시는 어리석게
울지 말자

몇 해 전, 수십 명의 젊은 군인들이 석연찮은 '적의 공격'으로 죽었다. "어떻게 이런 일이 일어났는가?"라고 묻는 사람들을 빨갱이로 몰면서 우리 이웃의 동생과 아들 같은 젊은이들의 죽음을 슬퍼할 기회조차 주지 않았다. 슬퍼할 기회도 안 주고 나서는 누가 이 짓을 했는지 모르냐고 윽박지르던 정부였다. 그 당시 어리둥절한 슬픔 속에서 목 놓아 울지 못했던 국민들은 세월호 침몰을 보면서 목 놓아 울었다. 다시는 어리둥절한 슬픔은 겪지 않겠다고 다짐하면서 진상을 물었더니 이번에는 그만 울란다. 나라를 지키다가 죽은 것도 아닌데 뭐 그리 오래 우난다.

유대계 이탈리아 작가인 프리모 레비Primo Levi는 아우슈비츠 수용소에서 생환한 후 수용소의 기억을 남기기 위해 작가가 된다. 이탈리아에서는 유명한 작가지만 우리나라에서 프리모 레비가 유명해진 것은 순전히 서경식 교수(일본 도쿄 경제대학)의 덕이다. 서경식은 그의 두 형(서준식, 서승)이 군사독재 시절 재일교포 간첩단 사건에 얽혀 모진 고문 끝에 무기징역형을 살면서 인간 이성에 대한 깊은 회의를 가졌다. 그러다가 아우슈비츠의 모진 세월도 견뎌낸 프리모 레비가 자살했다는 소식을 듣고 이탈리아로 날아가 그의 삶을 추적한 뒤『프리모 레비를 찾아서』란 책을 펴냈고, 이를 통해서 프리모 레비라는 낯선 이 이름이 대중에게 알려지기 시작했다.

프리모 레비는 이 기억을 반드시 남겨서 다시는 야만의 세월이 없도록 해야겠다는 마음에 살아남아야 할 이유를 찾았다. 그러나 생각과 달리 바깥세상은 이성에 의해 움직여지지 않는, 형태만 다를 뿐 야만이 지속되고 있었다. 서경식은 기억을 남기려 했던 프리모 레비가 결국은 그치지 않는 야만의 시대를 못 이겨 자살했다고 본다.

『가라앉은 자와 구조된 자(Sommersi e i Salvati)』는 소설이 아니라 아우슈비츠 생활에 대한 그의 회고록이다.

> "라거(강제 수용소)의 구조된 자들은 최고의 사람들, 선한 운명을 타고난 사람들, 메시지의 전달자들이 아니었다. 내가 본 것은 그와는 정반대임을 증명해주었다. 오히려 최악의 사람들, 이기주의자들, 폭력자들, 무감각한 자들, 회색 지대의 협력자들이 살아남았다. 나는 내가 무죄라고 생각하고 있었지만, 구조된 사람들 무리에 어쩌다 섞여들어간 것처럼 느꼈다. 적자들은 생존했다. 최고의 사람들은 모두 죽었다.
> 반복하지만 진짜 증인들은 우리 생존자가 아니다. 우리는 권력 남용이나

수완이나 행운 덕분에 바닥을 치지 않은 사람들이다. 바닥을 친 사람들, 고르곤(그리스 신화에 등장하는 끔찍한 모습의 세 자매 괴물, 스텐노, 에우리알레, 메두사. 그중 메두사는 고르곤을 대표하는 존재로 인식되었는데 그 얼굴을 본 사람은 돌이 되었다고 한다)을 본 사람들은 증언하러 돌아오지 못했고, 아니면 벙어리로 돌아왔다. 그들이 바로 '가라앉은 자들', 완전한 증인들이다. 그들이 원칙이고 우리는 예외이다."(필자가 편집하여 발췌함)

세월호가 단순 선박사고가 아닌 것은, 아직도 규명되지 않은 침몰의 원인 때문만이 아니다. 거기에는 시대의 증인이 된 가라앉은 자들의 모든 증언이 담겨 있다. 꽃다운 아이들의 죽음 속에 우리 사회가 의지해 왔던 허상들이 모두 담겨져 있다. 시대가 바뀌었는데 아직도 '보고'라는 권위주의 시대의 산물이 구조에 선행했다. 신자유주의의 모순도, 남북 이념 갈등의 모순도 담고 있다. 이 모든 기억을 희생자들이 먼 훗날, 아니 머지않은 날에 고스란히 증언할 것이다. 미안하다. 아직도 꿈꾸어야 할 미래가 많이 남은 너희들에게 무거운 짐을 지우고 가라앉게 해서.

아우슈비츠 전 프리모 레비는 얼굴에 주근깨가 많은 것 말고는 자신이 이탈리아 사람들과 다른 것을 느끼지 못했던 그냥 이탈리아 사람이었다. 그는 유대교 신자도 아니었다. 왜 그곳에 끌려갔는지 아무리 생각해도 해답을 못 찾던 그는 대학 시절 화학을 전공한 덕분에 아우슈비츠 실험실에서 일을 한다.

어느 날 공습경보가 울리자 실험실 책임자가 실험실에 있던 유대인들에게도 함께 도피할 것을 권했다. 레비는 그를 쫓아 방공호로 뛰어갔다. 그러나 벙커 입구에서 나치 보초병 하나가 그들을 막아 섰다. 그때 연구실 책임자였던 독일인이 "나와 같이 온 사람들이다. 그러니 다 들어가든지, 아니면 아무도 안 들어가"라고 말하면서 억지로 밀고 들어가려고 했다. 레비는 "소박한 용기를 낼 수 있는 독일인들이 더 많았더라면 당시의 역사와 오늘날의 지형은 달라졌을 것"이라고 말한다.

속여도 백성들은 그냥 속아 넘어갈 것이라고 믿는 권력자의 백성으로 살아가는 일은 너무 창피하다. 이 창피함을 극복하기 위해 소박한 용기라도 내야 한다. 함께 시위는 못할지라도 특별법 서명지에라도 서명해야 가라앉은 자들이 언젠가는 우리를 위해 증언해줄 것이다.

· 프리모 레비, 『가라앉은 자와 구조된 자』(이소영 옮김, 돌베개, 2014).
· 서경식, 『시대의 증언자 쁘리모 레비를 찾아서』(박광현 옮김, 창비, 2006).

너무나
궁금한 것들

"What's The Matter With Kansas?(캔자스에서는 도대체 무슨 일이 있었나?)"는 지금 이야기하려는 책의 원어 제목이다. 『왜 가난한 사람들은 부자를 위해 투표하는가』는 1990년대 이전까지는 민주당의 텃밭이었던 미국 중부의 캔자스 주—농업이 주산업이고 대체적으로 소득이 떨어지는—가 지금은 어떻게 공화당의 텃밭이 되었는지를, 저널리스트인 토머스 프랭크Thomas Frank가 예리하게 분석한 저서이다.

미국이나, 미국식 정치 제도의 충직한 견습생인 한국은 보수 진보의 양당 제도를 기초로 하고 있다. 물론 한국에서는 진보를 대표하는 야당(이름은 여러 차례 바뀌었지만 미국의 민주당 역할을 하는 당)이 자기 정체성을 찾지 못한 까닭에 여러 진보 정당이 명멸을 거듭해왔지만, 기본적으로는 양당 제도의 틀 안에 있다. 보수당인 공화당(자유한국당)은 공화주의의 시발이 그랬듯이 공동체의 이익을 우선으로 한다. 그래서 공동체를 먼저 바로 세우기 위해 개인의 양보를 요구하는데, 그들이 요구하는 양보란, 공동체를 우선해 조금만 참으면 양보가 이득이 된다는 청사진을 기초로 한다. 이를테면 기업들에게 규제철폐와 같은 좋은 기업환경을 만들어주면 기업 소득이 증대되고 결국은 그 돈이 물 떨어지듯 서민의 가계에 낙수효과로 도움이 된다는 이론이다. 이 책에서는 낙수효과의 허구성을 캔자스에서 있었던 부동산세 감세의 경우를 들어 아래와 같이 설명한다.

> 짐 룬(캔자스 주 공화당 하원의원)은 레이건 이전의 미국 경제 정책을 소련의 정책과 비교하고 부자들의 감세를 지지했다. 부자들은 이미 사회 발전에 초인적인 기여를 계속했기 때문에 그에 따른 격려가 필요하다는 논리였다. 그는 부동산세가 가난한 사람들을 더 어렵게 한다는 거짓 이유를 내세우며 부동산세를 폐지하자고 주장했다. 공화당의 부동산세 폐지 추진은 대개 불경기에 소농을 돕기 위한 정책으로 제시되었다. 그러나 지금까지 그러한 세금 폐지의 최대 수혜자는 바로 부자들이었다. […] 당신은 그의 주장들을 하나씩 대조하며 열거할 수 있다. 룬의 열렬한 기독교 신앙은 내가 아는 한, 대기업과 관련된 어떠한 의제에도 벗어난 적이 없다.

노무현 대통령 시절 추진했던 종합부동산세가 여기저기 뜯겨 누더기가 된 것이 생각나는 에피소드다. 부동산을 많이 소유한 사람들에게 부과했던 종합부동산세가 부동산 거부들의 반대에 직면하는 것은 당연하다. 그러나 종합부동산세의 가장 큰 저항 세력은 종합부동산세의 과세를 받지 않는 강남의 대형 아파트 소유자들이었다. 가족이 가지고 있는 부동산을 모두 종합해 과세하겠다는 종합부동산세의 취지는 강남에 아파트를 한 채 소유한, 대학 출신의 지식인들에게조차 큰 아파트를 갖고 있으면 무조건 '세금 폭탄'을 맞는 것으로 받아들여졌다. 이런 상황을 보면 상대적으로 학력이 낮은 캔자스 주의 농부들이 부자들을 위해 투표하는 것은 오히려 순진해 보인다.

여기서 저자가 주목하는 것은, 기독교 신앙과 대기업의 의제가 같다는 것이다. 캔자스 주의 보수적 기독교 신앙은 공화당의 든든한 후원자가 되었고, 실제로 부자 중심의 정책이 국가 전체를 이롭게 한다는 생각에 따라 가난한 농부들은 기꺼이 그들의 삶을 희생한다.

"무엇이 자신들에게 이익이 되는지 근본적으로 이해하지 못하는 현실은 오늘날 미국인의 정치적 삶이 어떤 상황인지를 단적으로 보여준다"라는 저자의 말은, 한국 상황과도 크게 다르지 않다.

개인의 삶을 우선시하겠다는 야당(미국 민주당 같은)의 주장은 영 미덥지 못하다. 조금 더 세금을 납세하면 부동산이 안정되고 복지 혜택이 늘어나게 되는데 대중들은 그것을 참지 못한다. 교회라는 공동체를 위해서는 헌금이라는 희생을 잘하는 기독교인들 역시 사회의 장기적 투자는 외면한다. 이렇게 보면 결국 헌금을 하는 것은 좋은 신앙의 표현이고, 그것이 종말의 때에 보상받는다는 전통적인 응보 사상도 아닌 것 같다. 장기적 안정을 위한 지금의 희생을 꺼려 하는 사람들이 교회에서 헌금을 잘하는 것도 결국은 헌금 역시 (보상이라는) 장기적 투자가 아니라 지금 당장 복 받기 위한 (남편의 진급, 보유한 부동산 가격의 급등, 자녀들의 진학) 단기적 투자의 성격을 가지고 있다는 것이 명확해진다.

2014년 재보선 선거에서 동작구에 출마했던 나경원 의원이 동작구를 강남 4구에 포함시키겠다는 취지의 공약을 했는데 이는 유권자들에게 그냥 먹혀 들어갔다. 땅은 분명 강남인데 서초구나 강남구와는 다른 강북적 이미지를 갖고 사는 동작구 주민들을 강남 사람으로 만들어주겠다는 이런 공약 앞에 세월호 비극에서 돌아보았던 가치의 문제, 진보 교육감을 뽑았던 한국 교육에 대한 불만 등의 수명이 채 두 달을 가지 못했다는 것을 보여주었다.

이 책에 따르면, 캔자스는 미국 경제의 모든 면이 드러나는 곳이다. 캔자스시티 교외의 부자 동네는 사무직 인텔리들이 살고, 위치토라는 외곽 지역에는 노조에 가입한 노동자들이 항공기 제작 공장에 다닌다. 저임금 이주 노동자들이 모여 사는 도시도 있다. 하지만 공화당 정권의 규제 철폐와 민영화로 농촌 인구는 감소하고 소도시 해체와 대도시 침체기를 겪는데 부자들은 거대한 저택 안에서 화려한 삶을 영위한다. 그런데 가난한 지역의 사람들이야말로 공화당의 가장 열렬한 지지자다.

2000년 미국에서 보수 대반동을 일으켰던 공화당의 주도 세력은 과거 전통적인 미국의 보수 중도파와 달리 '네오콘'이라고 불리는 기독교 우파였다. 이들은 캔자스 민중의 불만과 우려를 기독교 근본주의와 절묘하게 결합해 공격의 화살을 모두 자유주의 민주당과 지식인들에게 돌렸다. 민중들의 고단한 삶과 지역의 피폐함이 경제 구조와 그에 따른 계급 문제임에도 본질적인 문제는 피한 채 낙태와 동성애, 진화론, 총기 소지 문제와 같은 도덕적이고 종교적인 문화 현상에 민중의 분노를 집중시킨 것이다. 기독교 우파는 결코 경제 문제를 정치 의제로 내세우지 않는다.

결국은 가난한 사람들이 거짓 공약에 속아 투표하는 데에는 교회의 역할이 크다는 것이다. 캔자스 주에서 어느 선거를 앞두고 선거운동원들의 전화를 받으면 유권자들은 대개 이렇게 이야기했다고 한다.

"나는 하느님이 우리를 다스린다고 생각하기 때문에 누가 선거에 뽑히든지 걱정하지 않아요." 선거일 몇 주 전에 위치토의 한 유권자는 AP통신사 기자에게 이렇게 말했다. "하지만 기독교인이 되는 게 더 낫기는 하죠."

"그러나 무엇보다도 하느님과 맘몬을 동시에 가장 잘 섬긴 사람은 캔자스 주에서 가장 부유한 집안 출신 가운데 하나인 샘 브라운백Sam Brownback이다. 샘의 추종자들은 당신에게 샘이 워싱턴에서 얼마나 검소하게 생활하는지를 알려줄 것이다. 또 그가 인간 복제에 대해서 얼마나 단호하게 반대하는지, 그리고 제3세계 국가에서 박해받는 기독교인들을 얼마나 열심히 지원하는지도 말할 것이다."

보수 기독교 입장에서 보자면 생명을 새롭게 창조하는 것이나 다름없는 복제기술은 동성애보다 훨씬 더 위험하다. 그런 점에서 샘 브라운백의 입장은 일관성이 있다. 그런데 한국의 보수 세력은, 몇 해 전 황우석 사태에서 나타났듯이 황우석을 싸고돌았다. 조용기 목사는 MBC 〈PD수첩〉의 폭로로 황우석의 허구성이 드러났을 때 그를 싸고도는 설교를 했다. 희한하게도 동성애에는 치를 떠는 한국의 보수 기독교 세력은 복제에는 든든한 후원자다.

한국 보수 교회는
무슨 생각으로 살까

가난한 사람들이 부자를 위해서 투표하는 것은 캔자스의 일만이 아니라 한국에서도 마찬가지기 때문에 솔직히 덜 궁금하다. 이제는 현상이 되었기 때문이다. 그런데 미국에는 없는 독특한 현상이 우리에게 있다. 오래전 일이기는 하지만, 왜 한국의 보수 교회가, 도대체 무슨 생각으로, 복제라는 기독교 윤리에 역행하는 연구를 감싸고돌았는지는 정말 궁금하다. '보수' 하면 국가적 가치를 소중히 여기는데 한국의 보수 기독교는 왜 친일파를 싸고도는지는 더 궁금하다.

아! 진짜로 제일 궁금한 것이 있다. 왜 한국의 진보 정당은 자꾸 우클릭을 못해서 안달인가? 유권자들이 우편향 정책에 관심이 있다면 더 확실한 보수 정당에 투표하지 굳이 야당에 투표할 일이 없다는 것은 삼척동자도 알 터인데 그들은 자신들의 인기 없음이 좌클릭을 했기 때문이라고 착각한다. 한 번도 제대로 한 적도 없으면서.

교회도 다르지 않다. '성공'한 대형교회를 벤치마킹함으로써 목회의 성공을 꿈꾸는 중소형교회들은 대형교회 프로그램의 따라쟁이 역할을 충실히 해낸다. 그런 프로그램이 내 신앙 취향에 맞는다면 나부터도 시행착오의 과정을 겪게 될 중소형교회보다는 더 세련된 대형교회에 다니겠다. 그런데 중소형교회들은 언젠가 해 뜰 날이 오겠지, 하며 죽자 살자 따라한다. 자신의 독특한 목회 영역을 개발하지 않고 이루어질 수 없는 성공에만 목맨 이들을 보면, 정치 영역에서 궁금증은 아무것도 아닐지도 모른다는 생각이 불현듯 든다.

· T. 프랭크, 『왜 가난한 사람들은 부자를 위해 투표하는가』(김병순 옮김, 갈라파고스, 2012).

양반놀이 해보니
재밌더냐

요즘은 다르겠지만 내 세대에는 초등학교 고학년쯤 되면 '가문'에 관심을 가지기 시작했던 것으로 기억한다. 교실에서 아이들은 자기가 무슨 본에 무슨 파라고 이야기했으며 누구의 몇 대 손임을 밝히기도 했다. 그런 이야기를 집에서 들어본 적이 없는 나는 아버지께 물었다. "왜 우리 집에는 족보가 없어요?" 아버지는 대답했다. "우리 집안은 오래전부터 예수를 믿었기 때문에 족보를 다 불태웠단다."

지금 생각하니 우리 집안은 본래부터 족보가 없는 천민 가문일 수도 있었다. 어느 쪽이 되었건 부끄러운 일은 아니다. 족보가 기독교라는 새로운 신념과 어긋난다고 믿고 태웠다면 전통이라는 추상적 보편성과 단절을 이야기한 알랭 바디우가 생각나 싫지 않다.

처음부터 족보가 없었던 천민이라고 해도 조상이 착취 계급이 아니었다는 말이니 후손의 마음이 편하다. 농어촌이 결합된 조그만 마을이기는 해도 그 마을에서는 꽤 부호 행세를 했던 집안이었다. 족보가 필요했으면 충분히 족보 하나 사들여서 족보 세탁을 하기에 어려움 없는 재력을 가지고 있음에도 그리 하지 않았다면 뭔가 고집이 있었을 게다.

어차피 전 국민이 성씨를 갖게 된 때는 일제 강점기이고 그때부터 김·이·박 씨가 전 국민의 45퍼센트 정도를 차지하는 쏠림 현상이 나타났는데, 내 조상이 김씨면 어떻고 마당쇠면 어떤가? 또한 남인계 실학자들과 중인들이 주축이었던 가톨릭 초기 교인들과 달리 하층민 중심으로 선교를 한 개신교를 받아들인 1세대 집안이 양반일 가능성은 거의 없다.

족보,
슬픈 역사의 기록

조선 후기 대구에서의 어느 호구 조사 결과를 보면, 1690년에는 9.2퍼센트였던 양반 계층(조선 초기 양반은 전 국민의 5퍼센트 정도)이 1858년에는 70퍼센트를 넘는다. 그중에는 합법적인 신분상승도 있었겠지만 대부분 재력을 바탕으로 한 신분 세탁이었다.

고려대학교 권내현 교수의 『노비에서 양반으로, 그 머나먼 여정』은 경상도 단성현(현 경남 산청)에 살던 김흥발이라는 인물의 신분 세탁 연구서다. 1717년에 작성된 단성현 호적에 김흥발은 군포를 바치는 의무를 지닌 평민이었다. 반면 김흥발의 아버지 김수봉은 평민의 직역을 갖고 있는 것으로 돼 있지만, 조부 어련과 증조부 이동, 외조부 이금금의 직역은 호적에 없는 것으로 보아 그들은 노비였다. 그런데 3년 뒤인 1720년에 작성된 호적에는 이들의 직역이 모두 기재돼 있다. 재력을 바탕으로 신분 세탁이 이루어진 것이다.

권내현 교수는 김수봉의 가계가 약 2백 년 동안 노비에서 평민으로, 다시 양반으로 신분상승을 이뤄낸 과정을 조선시대 호적대장을 추적해 밝혀냈다.

1717년 호적에 김흥발의 직역은 '납속통정대부'였다. 납속納粟이란, 국가에 납부한다는 의미이다. 김수봉은 인구가 141만 명 감소한 을병 대기근(1695~1696)을 거친 이후에 많은 곡식을 납부하고 통정대부라는 평민의 품계를 받았다고 추정할 수 있다.

수봉은 성을 '김'으로 하고 본관을 '김해'로 했다. 수봉의 가문은 19세기 중엽에는 호적에 유학幼學으로 기록되었다. 유학은 관직을 갖지 못한 일반 양반을 지칭하는 것으로, 양반에게만 부여되는 직역이었다. 노비에서 양반이 되는 데 약 2백여 년이 소요되었다. 죽으면서 족보를 세탁하라고 유언을 해야만 가능한 일이었다.

한국 신분상승의 기록을 보면 서구 혁명의 역사와는 판이하게 다르다. 신분제 사회의 모순을 혁파하기보다는 상부 구조 속으로 편입되기 위하여 노력했다. 저자는 이 책의 저술이 천민가의 신분상승 욕망을 희화화하기 위해 쓴 것이 아니라고 분명히 말한다. 출생이 운명을 결정하는 신분제 사회를 벗어나고자 했던 민중들의 처절한 삶의 기록일 뿐이다.

프랑스혁명처럼 사회 구조를 바꾼 것이 아니라 양반 사회를 모방하기에 급급했던 슬픈 기록이기도 하다. 모방과 세탁에 성공한 거짓 양반들은 제사에 더 집착함으로써 거짓을 숨기려고 한다. 한술 더 떠 자칭 진보라는 기독교인들은 제사에 관용적인 태도를 취하면서 제사가 가진 계급 모순과 허위를 외면한다. 그들에게 공부가 더 필요한 이유이다.

> 오늘날 경제력과 학력은 서서히 특권화되면서 대물림될 조짐을 보이고 있다. 태어나면서 이미 출발선이 다른 신양반층이 만들어지고 있는 것이다. 그런 면에서 인간이 사회적으로 평등하다는 선언은 기회의 균등을 의미할 뿐 출생과 동시에 획득된 조건의 불평등을 염두에 둔 말은 아니다. 수봉가가 여러 세대에 걸쳐 좁혀나간 심정량가(노비 수봉을 소유했던 양반가)와의 간극은 근래 들어 기회의 균등에도 불구하고 다시 멀어질 조짐을 보이고 있다.
> 성장으로 가는 사다리에서 밀려난 이들은 수봉가처럼 또다시 기회를 엿보며 장기간에 걸쳐 피나는 노력을 기울여야 할까? 수봉가의 후손들은, 심지어 심정량가의 후손들마저 그것이 현실에서 반복되지 않고 그저 흘러간 역사로 남기를 바랄지도 모르겠다.

교회는 경제력에 기초한 새로운 계급의 장이 되어가고 있다. 가난한 사람들은 교회에서조차 밀려나 새로운 하층민 계급으로 전락한다. 목사들은 입시철이 되면 학력 상승 욕구를 자극하는 기도회를 열어주고, 명문대 입학, 재벌 회사 입사, 유학이라는 새로운 호적에 기록된 사람들은 '구원'마저 독점한 계급처럼 교회에서 행세한다.

책은 김수봉가가 어떻게 재력을 쌓아나갔는지는 밝혀내지 못했지만 그나마 조선시대에는 천민도 부를 쌓을 기회가 있었던 모양이다. 신분제가 없어진 지금, 주변부로 밀려난 사람들이 과연 경제력으로 신분상승이라도 할 수 있는 사회이기는 한 건가?

양반이 되고 싶어 했던 수봉가의 한恨조차 풀 수 없는 현실이라는 것이 더욱 슬프게 다가온다. 잘못된 구조를 고쳐나가야 할 목사들은 교회의 제사장이 되어 신분상승 욕구를 적절히 자극하면서 그들보다 상층의 계급처럼 군림한다.

천민의 후손이었을지도 모를 나의 조부(일찍 돌아가셨으므로 뵌 적은 없다)는 기독교를 통해 새로운 사회를 꿈꾸었을지도 모른다. 족보를 세탁해서 양반 행세를 하기보다는 시골 마을까지 찾아온 권서인勸書人으로부터 구입했을 책으로 공부하는 기독교인이 되고 싶어 했던 당신의 손자는 아직도 신흥 양반이 되지 못한 채 책을 읽고 있다.

· 권내현, 『노비에서 양반으로, 그 머나먼 여정』(역사비평사, 2014).

국민 그만하고
시민하자

　'독일' 하면 떠오르는 이미지는 루터의 종교 개혁, 칸트와 헤겔로 대표되는 철학, 괴테와 문학, 베토벤과 음악 등이다. 이 나라 사람들은 항상 자부심으로 가득 차 있을 것 같고 논리와 이성에 기초해서 사는 것처럼 보인다. 그런데 우리의 선입견과 달리 그들은 두 번의 세계대전의 전범국이며 2차대전 중에는 6백만 명에 이르는 유대인을 학살했다.

　도대체 어떻게 이런 일이 가능했을까? 미국의 언론인 마이어Milton S. Mayer는 나치에 가담했던 독일인들을 1년간 인터뷰하면서 『그들은 자신들이 자유롭다고 생각했다(They Thought They Were Free: The Germans, 1933-45)』를 탈고했다. 1955년에 출판된 책이니 우리말 번역이 늦은 셈인데 시의는 적절해 보인다. 지금 대한민국이 '민주화 이후 시대'에 접어든 것처럼 '자유'를 심각하게 고민해야 할 상황에 처해 있기 때문이다. 작금의 한국에서 통용되는 '자유'는 그것을 위해 투쟁한 사람들의 것이 아니라 과거에 자유를 억압하던 자들의 구호가 되었다. 두 진영 간에는 어떤 통약의 가능성도 없어졌다.

평범한 사람들의 묵인

저자는 독일 프랑크푸르트 인근의 소도시인 '크로넨베르크'에 체류하면서 열 명을 심층 인터뷰했다. 이 소도시 명칭은 저자가 지은 가명이다. 1938년 11월 9일 밤, 마을의 유대인 회당이 몇몇의 반유대주의 선동가에 의해 화염에 휩싸였다. 열 명의 사람들은 그 사건에 직간접으로 연루되어 방화를 적극 옹호하는 사람들도 있고 방화는 심하지 않았느냐는 사람들도 있었지만, 이러한 차이는 사소한 것일 뿐 서로 동화한 그들은 유대인 학살의 암묵적 동조자가 되어갔다.

열 명의 직업도 다양해서, 당시 독일 사회에서 한 개인의 직업이 어떻게 변천되어갔는지도 가늠해볼 수 있다. 저자는 마치 소설의 등장인물을 소개하듯이 책 앞부분에 이들에 대한 간단한 소개를 배치한다. 소설 등장인물 같지만 실존 인물(역시 가명이다)인 이들이 어떻게 나치의 협력자 내지는 암묵적 동조자가 되어갔는지 5백여 쪽의 두터운 책은 그들의 행적을 추적한다.

우리가 아는 나치즘은 노골적이고 철저한 폭정이었으며, 그 신봉자를 타

락시키는 한편, 그 적과 신봉자 모두를 노예로 삼았다. 테러리즘과 테러가 공과 사를 가리지 않고 일상에 만연했다. 모든 조직마다 개인이나 집단의 난폭한 불의가 자행되었다. 하지만 이 평범한 독일인은 나치즘을 우리와 전혀 딴판으로 알았으며, 지금까지도 전혀 딴판으로 안다.

내가 만난 사람은 독일인이 아니라 인간 그 자체라는 인상을 받았다. 그는 단지 특정한 조건하에서 독일에 있었을 뿐이었다. 특정한 조건하에서는 그가 이곳에 있게 될 수도 있다. 그리고 특정한 조건하에서는 그가 바로 나 자신이 될 수도 있다.

국민과
시민

저자는 그들과의 대화에서 여러 가지 특징을 발견하지만 국민과 시민의 차이는 특히 곱씹어볼 만하다. 마이어는 국민과 시민의 차이를 설명하면서 미국인들이 시민의식을 가지고 있다면 독일인들은 주권자로서 시민보다는 '국민'이기를 고민 없이 받아들였다고 말한다.

시민이야말로 사실상 국가수반이라는 개념조차도, 이들의 눈에는 마치 자기모순에 불과한 것처럼 보였다. 나는 미리 준비한 강연문을 나의 친구들 가운데 세 명에게 읽어주었는데, 그 내용 중에는 나 자신이 미국에서도 최고위의 공직자, 즉 시민이라는 공직을 맡은 사람이라는 주장이 들어 있었다. 이때 나는 '국민(Staatsburger)'이라는 단어를 사용했다. 그러자 세 명 모두 한목소리로 말했다. "하지만 그건 공직이 아니잖아요."
예상대로였다. "하지만 미국에서는 이거야말로 최고위의 공직이라구요."
내가 말했다. "시민이 바로 주권자(군주)라니까요. 그러면 제가 '주권자 국
민'이라고 말하면 좀 더 명료해질까요?"

그들은 자신들이 의사 결정을 할 수 있는 주권을 가진 시민임을 알
지 못했고 국민의 '지위'에 만족했다. 그리고 국민으로서 '누리는' 반유
대주의를 자유로운 결정이라고 착각했다. 자신들을 둘러싸고 있는 역
사 문화 정치 상황에 대해 주체적으로 고민할 여건을 갖지 못했다는
말이다.

마이어는 지식에 기반한 시민사회가 되면 이러한 일을 막을 수도 있
지 않을까라는 실낱같은 기대를 걸고 있다. 하지만 지식인이라고 별반
다르지 않았을 것이다. 또한 1950년대 미국 사회는 시민(백인)의식이
최고조에 달했을 때일지 모르겠지만, '미국 시민, 독일 국민' 도식도 지
금과는 맞지 않다. 이제는 미국도 시민사회라기보다는 애국 마케팅에
좌우되는 국민국가로 바뀌어가고 있기 때문이다.

원서가 쓰인 지 60여 년 만에 번역서로 한국 사회에 상륙한 이 책의
등장인물들이 2차대전 중 독일 사람에 국한된 게 아니라 약자와 소수
자를 억누르고 거대 권력에 편승하는 것이 종교적 자유라고 믿는 주변
의 '평범한' 사람들과 너무도 닮아 있어 두려움이 엄습한다.

참고로 히틀러에 저항했던 몇 안 되는 목사 중 하나인 마르틴 니묄러
Martin Niemöller 목사의 유명한 시 「나치가 그들을 덮쳤을 때」도 이 책

을 통해 세상에 처음 알려졌다고 한다.

나는 침묵했다.
나는 공산주의자가 아니었기에.

이어서 그들이 사회민주당원에게 왔을 때
나는 침묵했다.
나는 사회민주당원이 아니었기에.

이어서 그들이 노동조합원들에게 왔을 때
나는 침묵했다.
나는 노동조합원이 아니었기에.

이어서 그들이 유대인을 덮쳤을 때
나는 침묵했다.
나는 유대인이 아니었기에.

이어서 그들이 내게 왔을 때
내 곁에는 더 이상 나를 위해 말해줄 이가
아무도 남아 있지 않았다.

· 밀턴 마이어, 『그들은 자신들이 자유롭다고 생각했다』(박중서 옮김, 갈라파고스, 2014).

대의 민주주의에
민의民意 없다

왕의 목을 베어보지 못한, 즉 '높은 양반들' 앞에서 작아지는 습성으로부터 아직 완전히 자유롭지 못한 '백성'들은 선거철이 되면 겨우 투표지 한 장으로 후보자들을 데리고 노는 소심한 복수를 한다. 유세 때 찾아온 후보에게 '똑바로 하라'고 소리치던 민의는 당선인 앞에서 다시 고개를 숙이고 언론은 여느 때와 다름없이 정치 혐오를 부추겨 선거 때가 되면 '바꿔야 한다', '잘못했습니다' 등등의 묵은 관용구가 항상 등장한다.

『국민을 위한 선거는 없다(Tegen verkiezingen)』에서 저자 다비트 판 레이브라우크David Van Reybrouck는 오늘의 정치에서는 '열광'과 '불신'이 슬로건이 되어버렸다고 지적한다. 두 대립항은 19대 대선에서도 그대로 드러났다. SNS를 통한 열광과 정치에 대한 불신은 신기하게도 개개인 안에서 잘 조화되었다. 정당성과 효율성, 혹은 카를 슈미트 버전으로 정당성과 합법성은 대의 민주주의를 고민하면서 깊게 생각해봐야 할 문제다. 합법적이고 효율적이면 옳은 것인가? 저자도 묻는 이 질문은 현대 민주주의가 가지고 있는 고민과 멀리 떨어져 있지 않다. 저자가 말하는 정당성이 슈미트가 말하는 정당성과는 다른 의미지만 대의 민주주의로만 모든 것을 해결할 수 없다는 점에서는 같다. 레이브라우크는 투표율과 정당 가입률이 떨어지고, 투표 성향을 종잡을 수 없는 현실에서 선거를 통해 정당성을 주장하기 어려운 현실을 지적한다.

여기서 저자는 숙의 민주주의(Deliberative Democracy)를 주장한다. 숙의 민주주의는 "시민들이 정치인들을 대상으로 투표할 뿐 아니라 그들끼리 혹은 전문가들과 더불어 토론을 벌이고 의견을 개진하는 민주주의"다. 대의제와 직접 민주주의를 병행하자는 말이다. 그러면 숙의 민주주의를 시행할 사람들은 어떻게 뽑는가? 저자는 놀랍게도 제비뽑기를 제안한다. 선거에 의해 선출되는 국회의원과 제비뽑기로 선발되는 이들이 양날개가 되어 새로운 민주주의가 가능하다는 이야기다. 우리로서는 아직 요원한 이야기다. 물론 유럽도 가능할 것 같지는 않다.

카를 슈미트는 『합법성과 정당성(Legalität und Legitimität)』에서 자유주의적 민주주의를 비판하면서 주권자의 결단을 강조한다. "이 결정은 단순히 법원의 판결도 아니고 법률을 제정하는 의회 다수파의 결정도 아니며 바로 법질서의 성격 자체에 대한 결정"이다. 카를 슈미트의 이런 주권적 정당성이 히틀러라는 괴물을 낳았다고 생각하면 이 또한 정답은 아니다.

결국 대의 민주주의로는 안 된다는 말인데, 그러면 한국적 대안은 없는가? 새로운 모색은 합리적 자유주의자(더불어민주당)들이 대의 민주주의를 지나치게 신봉하지 않는 데서부터 시작해야 한다. 합법성, 합리성에 매몰되지 말아야 한다는 뜻이다. 민의는 결코 합리적이지 않다. 이것은 민의를 무시하는 발언이 아니라 합리성을 무시하는 발언이다. 시대가 어떤 시대인데 아직도 합리를 운운하고 있는가? 합리적 선택을 하지 않았다는 점에서 '민의'의 승리는 맞는 것 같기도 하다.

제도를 믿지 말고
정치를 하라

노무현 대통령이 '진보'가 아니었다는 합리적 비판은 맞는 말이다. 왼쪽 깜빡이를 넣고 오른쪽으로 주행했다는 세간의 농이 정확하다. 강정마을, 한미 FTA, 신자유주의 정착 등이 모두 그의 재임 시절 일어난 일이다. 그때는 가만있던 민의가 다음 정권에서 폭발하니 보수 세력의 억울함도 이해는 간다. 이게 대의 민주주의로 해소될 수 없는 부분이다. 거기에는 그의 소탈함이나 연설이 가진 선동과 매력이 작동하고 있다. 이러한 매력이 자신의 생각과 다름에도 진보나 자유주의자들이 꾸준한 애정을 보내는 이유다.

보수 세력이 억울하듯이, 김규항·박노자·홍세화 같은 '진짜' 진보 논객들도 노무현이 진보의 상징이 되어 있는 현실을 몹시 불편하게 여긴다. 한때 노무현에게 칼을 갈던 진중권은 요즘 완전히 '노빠'가 되어 있다. 어쩌겠는가? 약점에도 불구하고 노무현이 꾸준한 사랑을 받고 있는 부분도 정치의 일부인 것을.

'심리연구소 함께' 소장인 김태형은 『프레시안』과의 인터뷰에서 19대 대선은 '돈으로 못 이긴다'고 전망한 적이 있는데 문재인의 당선으로 그의 예언은 적중했다. 경제가 화두가 아니라 시대정신이 슬로건이 되어야 한다는 말이다. 노무현이 기치로 내걸었던 '사람 사는 세상'의 정치를 해나가면서 반대 진영에 있는 사람들을 끌어와야 한다. 새 판(프레임)을 짜라는 말이다. 그런데 한가한 이들은 오히려 그들에게 다가가서 구걸하듯이 그들의 프레임에서 놀아나고 있다. 더 한가한 이들은 집권 후 국정원 개혁이니 검찰 개혁이니 '한담'을 하고 있다. 새로운 프레임에서 권력의 하수인으로 그대로 남아 있도록 '정치'를 해야지 노무현처럼 자율성을 주는 일은 정당성과는 거리가 있다. 그럼에도 제도에서 살아남기 위해 중도를 표방하고 싸움을 피해가려고 한다.

권력을 쥐는 데에는 현재로는 선거 제도밖에 없는 것이 사실이다. 앞으로 남은 여러 선거에서 '선거 제도'의 덕이라도 보려면 그들의 정당성을 끊임없이 선전해나가야 한다. 자신의 정당성을 포기하고 저들의 정당성에 한 발 얹으려는 비굴함으로는 좋은 세상도 못 만들고 승리도 기약할 수 없다.

· 다비트 판 레이브라우크, 『국민을 위한 선거는 없다』(양영란 옮김, 갈라파고스, 2016).
· 카를 슈미트, 『합법성과 정당성』(김도균 옮김, 길, 2016).

권력자들은
시민들의 각성이 두렵다

세월호 침몰 현장에서 알파 잠수 이종인 대표의 다이빙 벨을 이용한 구조 제안이 거부되었지만 당국이 다른 곳으로부터 다이빙 벨을 몰래 빌리려 했다는 사실이 알려지면서 구조 당국은 또 한 번 비난을 받는다. 구조를 책임진 쪽에서는 일사불란한(구조 과정 내내 그런 장면을 한 번도 보여주지 못했지만) 구조 지휘 계통도 생각해야 하고, 민간인 투입 시 발생할 사고에 대한 책임 소재도 신경이 쓰였을 것이다. 게다가 이종인 대표는 천안함 폭침설이 아닌 좌초설을 주장해온 사람으로 만약 그의 구조 작업이 성공한다면 천안함에 대한 그의 의견도 신뢰를 얻을 터, 정부로서는 이래저래 불편했을 것이다.

결국 여론에 밀려 생존자 구조 가능성이 희박해진 시점에 가서야 다이빙 벨 투입을 허락한 것은 모양새가 더 좋지 않다. 하지만 리베카 솔 닛Rebecca Solnit의 『이 폐허를 응시하라─대재난 속에서 피어나는 혁명적 공동체에 대한 정치사회적 탐사(A Paradise Built in Hell: The Extraordinary Communities That Arise in Disaster)』를 보면 이종인 씨의 제안을 거절한 이유가 다른 차원에서 잘 드러난다. 이 책은 일종의 재난 보고서다. 1906년 샌프란시스코 대지진에서부터 캐나다 핼리팩스의 화물선 폭발, 멕시코 대지진, 9·11, 뉴올리언스 지역을 강타한 카트리나 등과 같은 재난 속에서 빛이 난 시민의식을 다루고 있다.

샌프란시스코 대지진 때는 가게 주인들이 식품을 모두 방출했고, 정육업자들은 난민촌에 고기를 보냈으며 여러 종류의 자원봉사들이 줄을 이었다. 멕시코 시민사회는 1985년 멕시코시티를 강타한 지진 재해 현장에서 발견한 연대의 정신으로 1926년 이래 유지되어온 제도혁명당 중심의 단일정당 체제의 변화를 이끌어내었다. 9·11 사건 당시에도 수만 명의 자원봉사자가 발 벗고 나섰다.

"제일 먼저 확인된 것은 정복할 수 없는 시민사회의 단결력이었다. 그것은 폭력에 대항하는 애정과 연대의 힘이었다. 공격의 은밀함과 오만함에 대항하는 개방된 공적 생활의 힘이었다… 이런 것들은 일종의 승리였고, 겁먹지 않겠다는 거부였고, 함께 모이려는 의지였고, 여러 면에서 테러리즘의 정반대를 보여주는 것들이었다." 반면 시민들의 각성을 두려워하던 부시 행정부는 "국민들을 집 안에 머물러 있고 경기부양을 위해 쇼핑을 하고 큰 차를 사고 아프가니스탄과 이라크에서의 전쟁을 지원하도록 유도했다."

2005년 카트리나 때도 크게 다르지 않았다. 뉴올리언스의 80퍼센트가 침수되고 6백여 명 이상의 사망자를 낸 카트리나 사태 때 도시는 거대한 수용소가 되어야만 했다. 주 정부는 수색과 구조활동을 접고 약탈과의 전쟁에만 집중하라고 명령했다.

평소 가난한 흑인들의 밀집 지역이라는 점 때문에 대부분의 언론들은 사실에 기초하지 않은 채 현장을 약탈과 강간이 그치지 않는 지옥처럼 묘사했다. 이재민들은 모두 잠재적 범죄자들로 취급받았다. 피해자 가족의 절규를 선동꾼으로 모는 세월호 현장과 흡사하다. 언론의 무책임한 공격 속에서 피해자들은 스스로를 버려진 존재라고 여겼다. 만약 강남의 상류층 자제들이 피해를 당했어도 이렇게 미온적으로 대처했을 거냐는 어느 네티즌의 한탄과 닿아 있다.

재난 현장에서 벌어지는 민간인들의 봉사를 정부와 엘리트 기득권자들은 체질적으로 싫어한다. 시민들이 각성하고 단결할 경우 관료들의 무능이 드러나기 때문이다. 시민들의 각성을 두려워하는 기득권자들의 두려움을 엘리트 패닉elite panic이라고 부른다. 다이빙 벨 사용이나 민간인 잠수부들의 제안이 계속 불허된 것도 엘리트 패닉의 일종으로 보면 쉽게 이해가 된다.

그럼 교회는
무엇을 할 것인가?

전국의 교회에서 파견단을 보내 일주일간 공사에 참여하게 했다. 많은 교회에 이 참여는 의미가 깊은 경험이었다. 수천 명의 대학생이 2~3년 동안 봄방학 대신 뉴올리언스 재건에 참여했다. 급진적인 '민중의 허리

케인 구호기금(People's Hurricane Relief Fund)'에서부터 인맥을 활용해 정치인들을 불러들여서 뉴올리언스의 참상을 직접적으로 보여준 상류층 단체 '폭풍의 여인들(Women of the Storm)'에 이르기까지, 새로운 지역 조직이 생겨났다. 흑인 후손들의 권력운동에서 젊은 백인 아나키스트 집단에 이르기까지, 반체제 문화단체들 역시 중요한 역할을 해냈다. 2005년 8월 29일 이후 사망 선고를 받았던 도시를 부활시키기 위한 노력에 놀라울 만큼 많은 사랑과 노동이 투입되었다.

이미 기득권 층이 되어버린 교회가 엘리트 패닉 상태에 빠져 섣부른 도덕 선생의 역할을 해선 안 된다. 함께 울어주고, 함께 위로해주고, 책임져야 할 사람을 찾아내는 데 함께 힘을 모아야 한다. 기독교인들의 정치 사회적 각성도 당연히 뒤따라야 하고. 그들은 욕을 더 먹어야 하지만 우리는 욕을 할 만큼 했다. 이제 욕과 사이버적 분노를 접고 이 비극을 어떻게 시민의 각성으로 조직시켜나갈 것인가를 고민할 때다. 지금부터 시작이다.

· 리베카 솔닛, 『이 폐허를 응시하라』(정해영 옮김, 펜타그램, 2012).

너무 쉬운 용서는
용서가 아니었음을

　　2015년 6월, 사우스캐롤라이나 주 찰스턴 시 찰스턴 대학교 실내 경기장에서 열린 임마누엘 AMC 교인 희생자 장례식에서 버락 오바마 Barack Obama 대통령이 부른 〈어메이징 그레이스〉가 많은 사람들의 심금을 울렸다.

　　이어 오바마 대통령은 추모사에서 "하느님은 이번에도 신묘한 방식으로 존재함을 보여줬습니다. 범인은 희생자 가족들이 오히려 자신을 용서할 것을 상상조차 못했을 것입니다. 이 역시 하느님의 은총입니다"라고 애도함으로써 언론과 시민들의 찬사를 받았다.

　　『워싱턴포스트』는 "오바마 대통령 퇴임 후에도 오래 기억될, 사회 통합에 대한 역대 대통령 최고 수준의 메시지"라고 했고 시민들도 "소름이 돈을 만한 명연설"이라고 평했다고 미국 언론들이 보도했다.

여기서 화두는 용서다. 용서는 종교를 넘어 인류가 보편적으로 지향해야 할 가치다. 그러나 용서가 가해자나 피해자 모두에 의해 왜곡될 때 전혀 다른 방향으로 흐를 수 있다.

오바마 대통령의 명연설이 폄훼되어서는 안 되겠지만, 미국의 주류 언론과 시민들의 진솔한 반응을 믿어야 하겠지만, 혹시라도 증폭될 흑백 갈등을 서둘러 봉합하기 위한 '립서비스'의 측면도 없지 않은 것이 사실이다. 대통령은 피해자 가족의 용서를 말하지만, 그리고 실제로 그들은 용서했지만, 왜 피해자는 항상 피해만 당하고 살아야 하는지에 대해서는 누구도 무게 있게 묻지 않는다. 물론 오바마 대통령은 용서 이후의 삶에 대해 다음과 같은 원론적인 이야기를 했다.

하느님의 은총은 그냥 얻어지는 게 아닙니다. 노력하는 사람들에게만 주어집니다. 누구도 인권 문제, 흑백 갈등을 하룻밤 사이에 개선할 수는 없습니다. 말로만 해서는 안 됩니다. 만일 우리가 오늘 영결식 후 또다시 편안한 침묵에 빠져들고 안주한다면 이는 희생자들이 보여줬던 용서에 대한 배신입니다. 오래된 타성에 젖는다면 우리는 희생자들이 범인을 용서한 용기를 더럽히는 것이 됩니다.

하지만 오바마 대통령은 피부가 검다는 것 말고는 우리의 선입견 속에 존재하는 '흑인'이 아니다. 그는 노예로 끌려온 흑인의 후손도 아니고 슬럼가에서 자란 입지전적 인물도 아니다. 게다가 그의 어머니는 백인이었다.

18대 대선 과정에서 연세대학교 심리학과 황상민 교수가 당시 박근혜 후보를 향해 '생식기만 여성'이라고 한 말 때문에 여성폄하라고 곤욕을 당했지만 그 말은 박근혜 후보의 철학이나 배경, 지지 세력이 박근혜 후보를 통해 이루고자 하는 가치들이 '부드러운 여성적 리더십', 또는 '페미니즘적 정치 지형'과는 거리가 멀다는 의미였다.

황상민 교수의 말을 패러디하자면 오바마 대통령은 '피부색만 검지' 흑인이 아니다. 오바마 대통령의 그 감동 어린 연설도 어찌 보면 미국 사회의 '양식있는' 기득권자들(한국식으로 말하면 '강남 좌파', '입진보')의 의식에 다름 아니다. '나쁘지 않은 착한' 기득권자들의 명연설 속에 흑백문제의 해법은 또다시 '타성'에 묻히게 된다.

그런 점에서 흑인 사회 지도자들의 '용서' 발언이 너무 성급했다는 인상을 지울 수가 없다. 용서와 화해가 선포되는 사회 분위기 속에 무려 여섯 개의 흑인 교회가 불탔다. 그중 몇 개는 확실한 방화로 보인다고 언론들은 보도하고 있다. 용서의 어려움이 여기에 있다.

증오의 기술을
배우라!

프랑스의 심리학자 가브리엘 뤼뱅Gabrielle Rubin의 『증오의 기술 (Du bon usage de la haine et du pardon)』은 우리에게 미워하는 법을 가르친다. 왜냐하면 어떤 외상(트라우마)은 반드시 미워하는 마음이 움직여야 극복할 수 있기 때문이다. 각자에게 응당한 책임을 묻고 가해자에게 그에 걸맞은 죄의식을 느끼게 할 때 비로소 피해자는 자기가 만들어낸 죄의 무거운 짐을 벗어버릴 수 있다. 실제로 피해자는 자기의 실수 또는 무능함 때문에 그런 일이 일어났다고 믿는 경우가 많다. 그래서 섣불리 용서를 말해버림으로써 도피하지만 결과적으로는 정체성이 상실된 자신만이 남는다.

이 책에 위게트라는 여성의 사례가 있다. 열 살 위의 오빠로부터 어릴 때부터 성폭행을 당해왔는데 그녀는 오빠를 아버지처럼 존경했다. 오빠는 '그녀의 정신과 육체를 모두 지배'했다. 피해자로서 위게트는 오빠의 행동이 잘못되었다는 것을 인지하면서도 원망은 하지 않는 양면성을 가지고 살아갔다. 저자의 말에 따르면 위게트는 30살이 넘어서도 소녀 취향적(항상 보호받고 있다는)으로 살아가고 자신의 능력에 훨씬 못 미치는 직장생활을 하고 있었다.

오빠를 미워하고 그의 잘못을 지적한 후에 진정한 용서가 이루어지는 법인데 위게트는 '용서'를 왜곡해 사용함으로써 자기 성장이 멈추어버린 예다.

저자는 피해자들에게, 미워해도 괜찮으니 당당히 미워하라고 말한다. 용서는 증오를 인정한 다음에야 가능하다. 증오 없이 용서를 이야기하면 증오는 무의식 속에 숨어서 피해자를 공격한다. 용서로 포장된 자아가 아직 분노에 찬 무의식적 자아를 공격할 때 자기 분열이 일어난다. 이런 것들을 예방하기 위해서라도 자신을 파괴시킬 수 있는 증오의 고리를 끊고 정당한 증오의 과정을 거친 뒤에 용서에 이르게 된다.

즉, 증오하는 마음을 없애기 위해 미움을 이용한다는 말이다. 그 과정에서 죄를 지은 자가 누구인지 피해자가 누구인지를 명백히 밝혀야 한다. 세월호 문제도 같은 맥락이다. 해양 교통사고로 규정하려는 자들, 진실규명을 위한 특별법이나 시행령을 두려워하는 자들은 가해자와 어떤 형태로든지 연관되어 있음이 틀림없다. 그 진실이 규명되지 않는 한 가해자에 대한 용서는 없다. 이제 그만 잊고 삶으로 돌아가라고 유가족들에게 점잖게 권고하는 이들도 또 다른 가해자들이다. 그러므로 가해자가 명백히 규명되기 전까지 미움을 이용해야 한다. 그것이 사회정의도 세우고 피해자의 마음도 치유하는 길이다.

그러므로 쓸 데 없이 착한 척해도 병이 된다. 그런 피해자들을 피학적(마조히스트) 피해자라고 분류하는데, 일종의 속죄양 신드롬이다. 한때 가톨릭을 중심으로 일었던 '내 탓이오' 운동이 이런 맥락이다. 분명히 '네 탓'을 가려야 하는데 '내 탓' 속에 진리가 은폐될 수 있다.

『증오의 기술』에 특별한 기술이 있을 리 없다. 피해자의 심리가 왜곡될 수 있기에 정당한 증오를 통해 자신을 치유하고 용서를 완성하자는 이야기일 뿐이다. 그러나 깊이 새겨들어야 할 평범한 말이다.

흑인 교회에 테러를 가한 지질한 백인 '일베', 그에게 중형을 선고하는 것은 법의 몫이고 남겨진 우리에게 주어진 몫은 용서임에 틀림없다. 그러나 너무 쉽게 용서하지 말자. 어디서부터 잘못되었는지, 오바마 대통령이 피해자들과 같은 흑인이라고 착각하고 있는 것은 아닌지, 사회통합을 외치는 그들의 주장은 진솔한 것인지 일단 살펴보고 고칠 것은 고치고, 저항할 것은 저항하고 그다음 용서하자.

"너무 아픈 사랑은 사랑이 아니었다"(김광석 노래)고 말하는 류근 시인의 시구처럼, 너무 쉬운 용서는 용서가 아니라고 가브리엘 뤼뱅은 일갈하고 있다.

· 가브리엘 뤼뱅, 『증오의 기술』(권지현 옮김, 알마, 2009).

고귀함의
전이

　『뉴욕 타임스』에 자신의 삶이 얼마 남지 않았다는 내용의 글 「나의 삶」을 기고했던 작가이자 신경학 전문의인 올리버 색스Oliver Sacks 가 2015년 8월 30일 82살의 나이로 별세했다. 별세를 얼마 남기지 않은 시점에 쓴 글에서, 9년 전 수술 받은 안암이 간으로 전이되어 살날이 얼마 남지 않았다며 2퍼센트의 전이될 확률에 자신이 해당된 것은 매우 불행한 경우지만 인생을 잘 마감하겠다고 밝혔었다. 그는 또한 이 글에서 "저는 사랑했고, 사랑받았습니다. 많은 걸 받았고 돌려주었습니다"라고 유서나 다름없는 글을 남겼었다.

　1933년에 태어난 영국 런던 출신의 올리버 색스는 옥스퍼드 대학을 졸업한 뒤 미국으로 건너가 신경과 전문의로 활동하면서 수많은 환자들의 사연을 정리한 대표작 『아내를 모자로 착각한 남자(The Man Who Mistook His Wife for a Hat)』를 비롯해 많은 저서를 남겼다. 『아내를 모자로 착각한 남자』는 프랑스에서 유명한 연출가 피터 브룩이 연극으로 올렸으며, 그의 임상기록인 『소생』은 영화 〈사랑의 기적〉(페니 마샬 감독, 1991)으로도 만들어졌다.

올리버 색스의 글을 읽어본 사람이라면 누구나 환자에 대한 그의 따뜻한 마음을 발견할 수 있다. 의료 행위가 하나의 비즈니스가 되어버린 현실을 고려하면 그는 뇌의 이상으로 신경증을 앓고 있는 사람들을 일종의 '정신병자'로 취급하지 않고 그냥 우리와 다른 사람들로 생각하고 다가간다.

아내를 모자로
착각한 남자

한때 성악가로 이름을 날렸던 음악교사 P는 해박한 지식과 적절한 유머로 주변 사람들에게 기쁨을 주었다. 언제부턴가 P는 사물이나 사람을 인식하지 못하게 된다. 길을 가다가 소화전이나 주차 미터기를 보고 대화를 나누는가 하면, 제자들과 이웃의 얼굴을 점차 알아보지 못한다.

이런 일들을 제외하고 다른 문제는 전혀 없어서 차일피일 미루다가 마침내 올리버 색스를 찾아왔다. 올리버 입장에서도 뇌의 일정 부분에 이상이 있다는 것 말고는 정확한 원인도 처방도 내릴 수 없었다. 심지어는 진료를 마치고 나가다가 모자를 쓴다며 아내의 머리를 자꾸 잡아

당기기도 했다. 이 책의 제목은 거기서부터 나왔다.

올리버는 P의 증상을 판단 장애로 본다. 보는 능력에는 아무런 이상이 없는데 보이는 것을 정확하게 판단하지 못하는 '병'이라는 것이다.

의학뿐 아니라 모든 분야에서 느낌이나 주관적 판단은 비과학적인 것으로 매도된다. 종교나 사랑의 감정도 뇌의 현상일 뿐이라는 '뇌 근본주의자'들도 넘쳐난다. 올리버는 자기의 분야인 인지신경학도 P와 같은 판단 불능의 병에 걸려 있다고 지적한다. MRI나 엑스레이에 드러난 현상을 설명만 할 뿐 더 이상의 주관적 판단을 유보하는 것이 지금의 의사들이다. 개인의 견해가 자칫 거대한 의료분쟁으로 이어지는 현실은 의사와 환자의 관계를 갈수록 격리시킨다. P의 눈에는 분명히 아내가 모자로 보였다. 시각적으로 아무 이상이 없었음에도 아내라고 판단하지 못했다.

올리버 색스의 증상 설명은 우리의 삶에서도 드러난다. 원인도 규명되지 않은 사건으로 자식들을 수장시켜 보낸 부모들이 울고 있다. 정상적인 인지 능력과 판단력을 가진 사람들이라면 그들을 '슬픈 부모'로 봐야 한다. 그런데 시각 능력에 아무런 문제가 없고 P처럼 교양까지 갖춘 많은 사람들의 눈에 그들은 아픔을 당한 사람들이 아니라 '돈이나 더 받아내려는 괴물'로 보인다. 세상은 모두 아내를 모자로 착각하는 병을 앓고 있는 듯하다.

60대의 지적인 여성 S는 중풍으로 대뇌 후반부가 손상된 후 사물의 오른쪽만 파악하기 시작했다. 지능에는 전혀 이상이 없었지만 병실로 배달되는 식판의 식사 중에서도 오른쪽 것만 먹고 왜 후식이 없느냐 커피가 없느냐 항의했다. 간호사들이 그 음식들의 위치를 오른쪽으로 옮겨줘야 먹을 수 있었다. 결국은 360도 회전되는 휠체어에 앉아 계속 몸을 돌려가면서 사물을 오른쪽에 위치하게 하는 수밖에 없었다. 왼쪽이라는 개념을 완전히 상실한 것이었다.

이 글을 읽으면서 진영논리가 극복되기가 쉽지 않아 보였다. 좌건 우건 계속 한쪽 방향만 바라보면서 반대 방향에 있는 것을 놓쳐버린다. 한국 사회는 그것이 더 심해졌다. 좌가 정권을 잡았을 때 잠깐 우로 방향을 틀어보았지만 그 일로 집토끼와 산토끼를 모두 놓쳐버렸다. 다시 권력을 되찾은 '우들'은 '잃어버린 10년' 운운하며 점점 더 오른쪽을 향한다. S처럼 이 어처구니없는 상황을 인식 못하는 현실이 우리 모두를 우울하게 만든다.

대통령의 연설에
박장대소하는 이유

내가 개인적으로 제일 재미있게 읽은 에피소드는 언어상실증 병동에서 일어난 일이다. 언어상실증 환자들은 대통령의 명연설을 듣고 모두들 박장대소한다. 정상적인 사람이라면 그 명연설에 감동되어 주먹을 불끈 쥐거나 눈시울이 젖어 들어야 할 터인데 이 병동의 사람들은 배꼽을 잡고 웃는다. 왜일까?

그들은 언어가 갖는 표정을 파악한다. 언어를 사용해서 거짓말을 하기는 쉽지만 표정은 모든 것을 설명하고 있다는 말이다.

언어상실증 환자들은 언어를 이해하지 못하더라도 진실인가 아닌가를 이해하는 힘을 지니고 있다. 언어는 상실했지만 감수성이 특히 뛰어난 그들은 찡그린 얼굴, 꾸민 표정, 지나친 몸짓, 특히 부자연스러운 말투와 박자를 보고 그 말이 거짓이라는 걸 알아차린다.

이것이 배우 출신의 대통령(이 책은 미국에서 1985년에 첫 출판되었으므로 로널드 레이건을 말하고 있다)이 행하는 감동적인 명연설이 실은 거짓말임을 파악한 언어상실증 환자들이 박장대소하는 이유다.

뇌에 이상이 없는 '정상적'인 현대인들은 과연 정치인들의 연설의 진의를 잘 파악하고 있을까? 내가 보기에는 아닌 것 같다. 배우 출신 대통령의 연설만큼 감동적이 아닌데도 많은 사람들은 진의를 파악하지 못한다. 박근혜 정부 시절, 누가 봐도 수준 이하의 연설문을 읽었음에도 감동을 받는 언론도 있었다.

다양한 임상 사례를 통해 일반인에게 가르침을 준 올리버 색스의 죽음을 애도한다. 마지막 순간까지 삶의 존귀함을 지키려 했던 그에게 존경을 보낸다. 그는 뇌를 연구하는 의사이자 학자이면서도 뇌의 활동으로 모든 것을 설명하려 들지 않았다. 역자 조석현 씨의 말처럼, 올리버 색스는 영혼의 경이로움을 바라본 사람이었고 삶의 마지막 순간까지 그것을 놓치지 않았다.

• 올리버 색스, 『아내를 모자로 착각한 남자』(조석현 옮김, 알마, 2016).

불안한 시대를
불안하게 살기

걸그룹 씨스타의 멤버인 소유와 가수 정기고가 함께 부른 〈썸〉이라는 노래가 있다. 〈썸〉은 친구 사이도 연인 사이도 아닌 애매한 관계를 일컫는 말. 듀엣으로 부르는 이 노래에서 두 젊은 가수는 이렇게 노래 부른다. "요즘따라 내 꺼인 듯 내 꺼 아닌 내 꺼 같은 너/니 꺼인 듯 니 꺼 아닌 니 꺼 같은 나/이게 무슨 사이인 건지, 사실 헷갈려 무뚝뚝하게 굴지 마/연인인 듯 연인 아닌 연인 같은 너."

아침에 눈을 떠서 무엇을 입을까를 고민하는 데서부터 일상은 선택에 노출된다. 매 순간 경험하는 선택은 자신의 선택이 잘못될 수 있다는 불안감을 가중시킨다. 따라서 선택 대상이 많은 자본주의 사회는 자유롭고 풍요로운 사회가 가져다준 축복이 아니라 재앙이 될 수도 있다.

노래의 가사도 선택과 불안을 보여준다. 상대방을 연인으로 선택할지, 그냥 친구로 남겨둘지 사이에서 선택을 고민하고 있는 노래지만, 실제 연인들의 삶에서 선택을 하기까지 호감도, 사랑의 감정 이외에 수많은 결정 요인들이 작동한다. '썸' 관계에서 짜증이 나는 이유는 이러한 요인들을 단칼에 처리할 수 없는 데서 오는 불안함 때문이다.

선택이 합리적 인간이 누릴 수 있는 축복이 아니라고 『선택이라는 이데올로기(The Tyranny of Choice)』에서 말했던 레나타 살레츨Renata Salecl은 불안에 대해서도 이야기한다.

오늘 우리는 불안한 시대를 살고 있다. 넓게는 생태계 이변과 경제 위기가 우리를 위협하고, 메르스, 취업 불안, 무주택 불안, 결혼 불안 등등이 그에 뒤따른다. 정신분석학자 라캉의 이론처럼 타자(other) 또는 대타자(Other)의 시선으로부터 자유롭지 못한 인간은 주체를 상실하고 조건과 구조에 의탁해 살아간다. 불안이 사라지지 않는 이유다. 따라서 개인은 자신의 상태, 조금 더 나가서 가족의 상태에만 모든 관심을 쏟고 사회를 바꾸어나가는 데는 신경을 쓰지 못한다. '내 코가 석 자'인데 한눈팔(?) 겨를이 없다고 하소연한다.

레나타 살레츨은 과연 불안이 통제해야 하고 없애야 하는 것이냐고 우리에게 되묻는다. 현대 자본주의 사회에서는 주로 미디어가 불안을 유발하는데 그 형태는 '전쟁 속의 불안', '실패 속의 성공', '사랑 속의 불안', '모성의 불안'으로 나타난다.

'모성의 불안'은 자신의 아이를 사회가 성공이라고 규정지은 틀 속으로 강제적으로 진입하게 만든다. 한국 상황을 모르는 저자가 예화로 들지 않았지만 모성의 불안이 다른 불안을 압도하는 곳이 대한민국일 것이다. 그 과정에서 고등학생은 엄마를 살해해서 집에 방치하고, 초등학생은 이른바 '잔혹 동시'를 썼다가 출판된 동시집이 전량 폐기되는 일까지 있었다. 폐기된 시집에 실린 시 일부를 보자.

학원에 가고 싶지 않을 땐/이렇게/엄마를 씹어 먹어/삶아 먹고 구워 먹어/눈깔을 파먹어/[…]/심장은 맨 마지막에 먹어/가장 고통스럽게

시집『솔로 강아지』중에서

'실패 속의 성공'이란, 성공을 가져오는 선택은 없다는 말이다. 한 번의 선택은 끊임없이 다른 선택을 강요하게 되고 뭔가를 이루었을 때 새로운 선택을 향한 불안감은 다시 시작한다. 이처럼 현대 자본주의는 불안을 조장하고 확산하기 때문에 사람들은 지속적으로 불안에 예속되어 간다.

불안이 대중매체에서 제시되는 것을 보면 불안은 주체의 안녕에 궁극적인 장애물이라는 인상을 받게 된다. 불안은 주체가 인생에서 완전한 만족을 누리지 못하게 막고, 그래서 가능한 최소화하거나 일소해야 할 무언가로 인식된다. 항불안제 팍실 광고를 보면 여러 가족들이 묘사되는데 배우자 중 한 명이 슬프거나 안색이 좋지 않거나 무언가에 압도되어 있거나 불안해하고 이로 인해 상대 배우자도 염려하고 슬퍼한다. 그런데 힘들어하는 배우자가 팍실을 복용하기 시작하면서 가족은 행복을 되찾고 인생은 다시 희망이 넘쳐 보인다.

이처럼 약을 써도, 혹은 쓰지 않아도 불안은 궁극적으로 해소되지 않는다. 그래서 어떤 이들, 즉 자기 의지가 강하다고 믿는 사람들은 자기계발 강좌를 찾아 나선다.

> 불안들을 치료하기 위한 조언들은 다음과 같다. 너그러워지고 재산에는 관심을 덜 두라. 진정한 자아를 드러내고 심지어는 결점도 드러내라. '나는 행복을 누릴 자격이 있다'라는 글귀를 책이나 거울에 붙이라. 긍정 강조 폴더를 만들어 지금까지 받은 모든 칭찬을 적어놓고 기분이 처질 때 사용하라. 친구와 가족과의 유대를 강화하라. 이런 관계들이 사람들이 세상에 남기는 유산이기 때문이다.

살레츨은 이야기한다. 여기 '나'는 어디 있냐고, 결국은 이것 또한 타자와의 관계 속에서 나오는 것이라고. 이처럼 타자의 기준을 극복하지 않는 한 불안은 극복할 수 없다. 나(주체)를 회복해서 굳이 불안을 극복하지 말라는 이야기다. 불안에는 "주체를 준비 상태로 만들 수 있는 힘이 있고, 이는 주체가 신경쇠약이나 트라우마를 유발할 만한 사건을 맞닥뜨리는 경우 무기력해지거나 놀라는 정도를 줄여줄 수 있"기 때문에 불안 극복에 소진하지 말라고 살레츨은 권고한다.

저자는 불안의 반대말은 환상이라고 말한다. 환상은 말 그대로 존재하지 않는 것이기에 환상 때문에 불안을 제거할 필요가 없다. 그럼에도 불구하고 사람들은 불안이 극복된 환상의 상태가 있다고 착각하고 그것에 도달하려고 '나'를 소모한다.

결국 불안은 인간의 본질적인 조건이다. 불안을 없애기보다는 불안을 통해 내가 지금 사회와 관계 맺는 방식을 터득해야 한다.

목회자들은 성경에 수없이 나오는 '두려워하지 말라'는 신적 명령에 기초해서 설교를 양산한다. 그 설교는 위에서 예로 든 자기계발서 몇 줄로 불안을 해소할 수 있다는, 즉 항우울제같이 환상을 조장하는 내용으로 가득 찬 경우가 다반사다. 이유 없이 당한 고통으로 인해 불안에 처해 있는 욥에게 찾아왔던 세 친구의 위로가 거짓 위로임을 설교하면서도 불안에 처한 현대판 욥들에게 동일한 처방전을 내놓고는 설교로 위장한다.

우리 모두 레나타 살레츨의 말을 새겨들을 필요가 있다. 불안을 없애려고 노력하면 할수록 우리는 두려움에 빨려들어간다. 오히려 불안이라는 것이 나 이외의 타자가 만들어놓은 것임을 파악할 때, 불안은 진정한 파국을 막아주는 역할을 한다. 그런 점에서, '두려워하지 말라'는, 성서에 365번이 나온다는 그 말은 두려움 자체가 너희를 파멸시키는 것이 아님을 깨달으라는 말로 들린다.

· 레나타 살레츨, 『불안들(On Anxiety)』(박광호 옮김, 후마니타스, 2015).

빨갱이의
탄생

"참다운 반공이 무엇인가를, 그리고 참다운 민주주의가 무엇인가를 이해하지 못하고 자기들의 정치 지반인 전근대적인 유제가 위협을 당하면 '용공'이니 '빨갱이'이니 하는 상투적인 술어로 상대 세력을 학살시켰던 것이 한국적 매카시즘의 아류들이 저질러온 행적이었습니다. […] 전국의 지성인 여러분! 무슨 일이 있든지 우리는 차제에 한국적 매카시즘의 신봉자를 우리 사회에서 일소시키기 위해 분연히 궐기하여 과감히 투쟁합시다."

1963년 10월 5일 5대 대통령 선거에 나섰던 박정희 후보의 광고문

5대 대통령 선거에서 상대 후보 윤보선에게 사상 검증을 당하던 박정희는 각 일간지에 게재한 이런 광고를 통해 그를 향한 빨갱이 논쟁을 봉합하려 한다. 선거에 이긴 후에는 반공을 국시로 삼았고 형 박상희의 절친이자 박정희를 만나고자 북에서 내려온 황태성을 12월에 서둘러 사형시켰다. 여순 반란 사건의 '반란군' 박정희는 거꾸로 자기 생존을 위해 빨갱이 사냥에 나선다. '빨갱이'는 '국민'의 반대 개념이었다. 아버지의 유업을 이은 그의 딸은 '빨갱이'에 의지해 정권을 유지하다가 모든 것을 잃고 말았다.

'탈북 간증'에서
한국 교회를 찾다

    열세 살이면 초등학교 6학년 때쯤 된다. 내가 6학년 때 1반이었는지 2반이었는지 기억 못할 수 있다. 열세 살 기억과 스무 살 기억을 혼동하는 것은 거의 불가능한 일이지만 어쨌든 스무 살이면 대학교 1학년쯤 된다. 대학교 1학년 때 교양과목 시간이 안 맞아서 내가 그 과목을 영문과 학생들과 같이 들었는지 국문과 학생들과 들었는지 헷갈릴 수 있다.

    북한 인권운동가로 알려진 신동혁이 자신이 수감되어 있던 곳이 14호가 아니라 18호였다고, 그곳에 수용된 나이가 열세 살이 아니라 스무 살이었다고 고백하면서 북한 인권운동을 그만둘 뜻도 비쳤다. 그러자 일부에서는 신동혁이 북한 인권을 위해 공헌한 것을 생각할 때 이러한

'사소한' 차이를 문제 삼는 것은 '편향'이란다. 지옥을 지옥이라 말하는데 기억이 조금 다르게 말한 것을 왜 문제 삼느냐는 것이다.

그러나 이것은 사소한 차이가 아니다. 14호는 정치범 수용소이고 18호는 살인, 강간, 강도 등 일반 범죄인들을 위한 수용소다. 게다가 14호에 들어갔다는 나이가 그의 책(나는 이 책을 직접 읽지 않았기에 다른 글에서 도움을 받았다)에서 열세 살이라고 밝힌 바 있다. 이 나이가 의미하는 바는 스스로 저지른 범죄가 아니라 연좌제 때문에 들어갔다는 뜻이었다. 어떤 성인 정치범의 죄에 연좌되어 열세 살 꼬마가 무시무시한 정치범 수용소에 들어갔으니 '지옥'이 아니고 무엇이겠는가? 그러나 스무 살이라고 하면 성인이다. 그는 자신이 책임져야 할 어떤 '잡범 행위'로 일반 수용소에 수감된 것이다. 18호 수용소는 사안이 경미한 사람들은 '해제민'이라고 하여 풀어주기도 했는데, 사회에서 해제민이라는 신분을 안고 살아가느니 그냥 머무는 것이 편해 수용소를 떠나지 않는 사람들도 있다고 한다. 지옥은 아니라는 뜻이다.

북한 측에서는 신동혁이 미성년자를 성폭행한 죄로 수용소에 간 것이라고 주장하면서 성폭행 피해자의 어머니를 출연시킨 동영상을 공개했다고 한다. 신 씨의 아버지도 그 사실을 인정하고 확인했다.

우리가 알아온 북한을 염두에 두면 그것도 물론 거짓일 수 있다. 그러나 김일성 대학 출신 탈북자인 주성하『동아일보』기자의 "탈북자에 대한 북의 인신공격은 악랄하고 과장돼 있지만 그쪽에서 공개하는 학력 경력은 사실일 경우가 많다"라는 발언은, 신 씨에 대한 북한의 발표가 맞을 수도 있음을 시사한다. 신동혁의 북한 인권운동은 애초 거짓 증언으로부터 시작됐다는 말이다. 보수 언론인『동아일보』황호택 논설위원조차도 그의 칼럼에서 신 씨에게 빨리 사실을 밝혀달라고 주문하기도 했다.

신은미 씨 종북몰이 때, 주성하 기자는 탈북자라는 약점에도 불구하고 자신이 속한 『동아일보』의 보도 태도를 비판했다. 그의 비판 중에는, 탈북자들이 자신의 경험과 다르다고 신은미에게 토론을 제안했지만 이 토론은 끝이 나지 않는다는 내용이 있었다. 탈북자들의 경험도 맞고 신은미의 경험도 맞는데 어느 쪽도 북한의 전부라고 말할 수 없다는 것이다.

신은미가 탈북자들의 주장과 달리 북한을 사람이 살 만한 사회인 것처럼 묘사했다고 비난하는 사람들이 있는데, 주성하 기자의 말처럼 그 사회도 양면성을 가진 사회다. 신은미에게 죄가 있다면 본 대로만 말한 것일 뿐, 그의 말이 거짓은 아니었다. 인권운동가가 아닌 그녀에게 수용소를 왜 가보지 않았냐고 탓할 수 없다. 보수적인 반공주의자의 시각으로 북한을 알고 있다가 직접 보고 난 뒤에 느낀 일종의 '회개' 같은 감정이 그녀의 책에 들어 있다.

반면 신동혁은 14호도 직접 경험하지 못한 사람이다. 그런데 우리 사회는 신동혁에게는 왜 그리 너그러운가?

탈북 간증도
모두 이야기다

신동혁은 일단 제쳐놓고 다른 탈북자들의 증언은 리얼리티(실제)에 근거하고 있는가? 『내러티브와 리얼리티』는 다음과 같은 취지로 여섯 명의 연구자가 함께 기획한 책이다.

> "우리가 알고 있는 세계는 실제 세계가 아니라 내러티브와 같은 재현 시
> 스템에 의해 '구성'되는 세계이다. 한 사건이나 잇단 사건들의 '재현'이라
> 고 할 수 있는 내러티브는 인간 고유의 세계 모델링 시스템에 속하는 것
> 으로서 […] 실제를 사이에 둔 재현과 해석의 문제는 내러티브의 경우에
> 는 더욱 깊고 다면적으로 부각될 수 있을 것으로 본다."

내러티브(이야기)가 지어낸 이야기(픽션)이기는 하지만 그 이야기가
발화되는 사회 문화 속에서 재현되고 해석된다는 차원에서 무조건 픽
션이라고 폄하할 수 없다는 말이다. 이미 기독교 신학에서는 오래전부
터 이야기 신학이 연구되어왔기에 친숙했지만 다른 분야에서의 내러티
브 연구서는 처음 접해봤다. 특히 눈길을 끄는 것은 이 책의 3장인 김은
정 박사의 「탈북 서사와 현실」이라는 논문이다. 김 박사에 따르면 많은
탈북자들의 증언도 시대별로 다른 서사 구조를 가지고 있다.

> "탈북했다가 다시 들어와 사는 사람들도 많아요. 우리 동네에도 네 집이
> 나 있어요. 그냥 한 1~2년 안 보였는데 다시 일하러 나오고… 어른들이
> 그러더라구요. 남한에 갔다 온 사람이라고, 처벌 안 받아요. 뭐 그냥 몰래
> 나갔다가 몰래 들어와서 다시 살아요. 그래도 (시에서) 몰라요. 탈북을 했
> 던 건지 지방에 갔다온 건지, 걸리면 돈 주면 다 넘어가요. 남한으로 두
> 번이나 탈북했다가 다시 돌아온 사람이 있었는데 그 사람만 한 달 넘게
> 지나서 보위부에서 찾아왔나, 근데 빽이 있어서 그냥 조사만 받고 나와

서 살아요. 일도 하구. 사람들이 그 사람 전부 이상한 사람이라고 욕해요. 갔으면 잘살든가, 두 번이나 왔다 갔다 무슨 짓이냐고."

이진선(가명), 2009년 탈북.

이 증언을 보면 고난의 행군(1996~2002) 시기에 북한은 탈북자를 통제할 힘조차 없었다.

"나오기 전까지 기관사로 일했어요. 배고파서 나왔어요. [⋯] 백 딸라 뇌물 바치면 다 돼요. 딸라에 환장해요. 부패가 심해요. 노동자는 노골적으로 안전원은 안전하게 보위부는 보이지 않게 해먹어야 한다는 소리가 있어요." 이기준(가명), 1996년 탈북.

김 박사는 이 당시 탈북자들은 굶주림에 탈북했지만 북한 체제를 맹목적으로 비난하지 않는 특징을 갖는다고 말한다. "조국을 등지기는 했지만 조국이 싫어서가 아니라 상황이 그들로 하여금 조국을 이탈하게" 만들었다는 것이다.

고난의 행군이 끝나고 난 뒤 상황은 조금 바뀐다.

"전 오고 싶지 않았는데 안 가겠다고 했다가 엄마한테 죽도록 맞구 끌려왔어요. 탈북 결정되고 매일 엄마는 설득하고 난 남겠다고 울고, 맞고. 북한에 사나 여기 사나 똑같아요. 마음도 거기가 훨씬 편했고, 여기 와서 학교 다니는 것도 힘들고. 여기 오기 전에도 거기서 혼자 살 수 있다고 생각했는데 지금 생각해도 혼자도 잘 살았을 것 같아요."

김진화(가명), 2008년 탈북.

부모들과 동행해 남으로 넘어온 탈북자들에게는 남한 사회에 대한 동경이 없어 보인다. "자신의 의지가 아닌 부모님을 따라 어쩔 수 없이 환경변화에 적응해야 했기 때문에 탈북과 그 과정에 대한 저항감을 더욱 강하게 드러내고 있으며 남한에서의 생활을 체념하고 있다."

이처럼 탈북자들의 증언도 서사의 변화를 보이고 있다. 김 박사의 분석에 따르면, 1990년대 초반에는 자유를 찾아 남한으로 향했고, 1990년대 중반에는 생존을 위해 중국으로 향했다가 돌아돌아 남한으로 왔다. 반면 2007년 이후에는 경제적 문제(생존을 넘어서 '더' 잘살기 위한)이거나 가족이 불러서, 심지어는 자신의 의지와 상관없이 나온 경우도 있다. 요약하자면 탈북 서사가 자유-생존-경제 문제로 변하고 있으며 부모를 따라 탈북한 사람들과 2000년대에 단신으로 탈북한 20대들에게는 탈북 당시 남한이 자유라는 이미지로 상징화되어 있지 않다는 것이다.

때문에 중국에 머물던 북한 식당 여종업원 열두 명이 집단으로 탈북했다는 보도에 의심을 가지는 일은 당연하다. 반공 정부에 기생하는 사람들에게는 북한이 '자유 대한'을 동경하는 사회로 보이겠지만 2000년대 이후 그곳의 젊은이들이 모두 남한을 이상사회로 생각하는 것은 결코 아니다. 그런데 열두 명의 젊은이들이 한마음 한뜻이 되어 남한행을 택했다는 '결단'을 누가 믿을 것인가?

탈북자들은 오히려 탈북자 교육소인 하나원 생활을 거치면서 북한은 나쁜 나라, 남한은 자유 국가라는 이분법적 사고를 습득하게 된다. 결국 탈북자들은 정체성의 혼란을 겪고 북한이 나쁜 나라라는, 남한이 제공하는 이미지를 덮어쓰게 된다.

교육을 시키는 한국 입장에서는 이러한 구도가 탈북자들의 자긍심을 키워준다고 생각할 수 있겠으나, 김 박사는 탈북자들 "자신들이 나쁜 국가에서 자유를 찾아 남한에 올 수 있었던 선택받은 사람이 아니라 가난한 나라, 나쁜 국가의 인민이며 북한인이라는 자랑스럽지 못한 사실"만을 간직하게 되어 한국 사회에 적응 못 하고 약자임을 순응하게 된다는 것이다.

그중에 약삭빠른 사람들은 남한 사회에 살아남기 위해 나쁜 나라 북한에 대한 간증을 과장함으로써 남한 사회에서 생존하는 방법을 터득하게 된다. 영화 〈국경의 남쪽〉(안판석 감독, 2006)에서 주인공 김선호(차승원)가 대표적인 경우다. 정권의 대북 정책이 적대적이면 적대적일수록 이러한 생존방법에 의탁하는 탈북자들은 늘어날 것이다.

신동혁은 이 구도를 일찌감치 터득한 머리 좋은 청년(1982년생)이었다. 그러나 아무리 탈북 간증이 일정한 서사 유형을 가지고 있다고 하더라도 그의 서사는 원전 자체가 거짓이었다. 그는 '자유'세계에서의 생존방법을 터득했을 뿐이다. 주성하 기자에 따르면 "10여 년 전에도 14호 정치범 수용소 출신임을 주장하며 '그곳에서 기독교인들에게 쇳물을 부어 죽인다'고 했던 탈북 여성이 있었다. 하지만 그 역시 14호 출신이 아니다. 하지만 그는 거짓 간증으로 큰돈을 벌어 지금은 미국에서 상점을 운영한다고 한다."

주성하 기자는 이어 "북한 인권과 관련해 자극적인 거짓 증언은 진짜 증언까지 의심을 받게 하는 범죄이다. 거짓으론 악을 이길 수 없다"고 우리에게 설파한다. 북한에 대한 가장 정확한 정보를 가졌다고 인정받는 탈북자의 입에서 나온 말이다. 북한에 대해 적대적인 사람들에게 사랑보다 증오를 설교하는 교회가 들어야 할 설교이다.

북한의 인권 상황이 열악하다는 것에 대해 이의를 제기할 이는 없다. 그러나 정말 인권 문제를 해결하고 싶으면 그 사회가 개방될 수 있도록 도와야 한다. 교회가 앞장서서 북한 인권 상황을 왜곡하면서 한편으로는 북한 선교를 말하는 사람들에게 묻고 싶다. 라틴 아메리카 원주민을 야만인 취급한 스페인과 포르투갈에 편승해서 남미를 '선교'한 가톨릭과 다를 바가 무엇이냐고.

・김은정 외 지음, 『내러티브와 리얼리티』(한국 외국어대학교 출판부, 2014).

김하중의 김대중,
황교안의 김대중

박근혜 정부 시절 국무총리를 지낸 황교안이 김대중 전 대통령에 대해 '이런 분들이 대통령이 되니까'라고 발언해 폄하한 사실이 보도된 적이 있다. 2011년 5월 11일 부산 호산나교회에서 황교안은 부산고등 검찰청장 신분으로 행한 강연에서 "김대중·노무현 정권 때 공안검사들이 인사상 불이익을 크게 받은 '환란'을 당했지만 하느님의 은혜로 환란을 피하고 결국 검사장 승진을 할 수 있었다"라는 내용의 강연을 했다. 국가보안법을 전가의 보도로 사용하면서 수많은 사람들을 공포로 몰아넣던 공안검사들이 김대중 민주정권 들어 상대적으로 불이익을 당하는 것은 당연할 터, 그럼에도 불구하고 반성은커녕 검찰 재직 당시 임명권자인 대통령을 깎아 내리며 '하느님'과 결부시켰다.

"그때 하느님께 감사했습니다. 하느님께서 미련한 내가 미처 깨닫지 못하던 환란으로부터의 도피성을 내게 허락해주신 것을 감사드렸습니다. 사법연수원 교수라는 한직은 내가 원하지 않던 자리였지만 하느님께서 예비하신 도피성이었다라고 하는 걸 뒤늦게 깨닫게 되었습니다."(강연 중에서)

왜 같은 기독교인이면서 이리도 시각이 다를까? 김하중은 『증언—외교를 통해 본 김대중 대통령』 마지막 부분에서 이렇게 말한다.

이제 저는 마지막으로 여러분들에게 증언을 하려고 합니다. 여러분들 중에 누가 김 대통령을 공격하고 비난한다고 하더라도, 그분을 알고 사랑하며 존경하는 수많은 지도자들과 수많은 지식인들에게, 김대중 대통령은 분명 영웅이었으며 그렇게 기억될 것입니다. 김 대통령은 미국의 클린턴 대통령이 말했듯이 인권의 개척자였고, 용기 있는 생존자였으며, 더 좋은 세계를 건설하려는 미국의 동반자였습니다. […] 그리고 제가 본 김 대통령은 진정한 하느님의 사람으로서 예수를 따르는 사람이었으며 용서와 관용과 겸손의 사람이었습니다. 저는 지금까지 말씀드린 이야기들이 전부 사실에 기초한 진실임을 말씀드리며 저의 증언을 끝내고자 합니다.

김하중은
누구인가?

김하중은 김대중 정부에서 3년 8개월의 외교 안보 수석을 지내고 2001년 10월 주중대사로 임명되어 노무현 정부 5년 동안 계속 주중 대사를 지냈다. 이명박 정부 들어서도 2008년 3월부터 초대 외무부 장관을 역임했다. 황교안 내정자의 기준에 따르자면 김하중 전 장관은 이명박 정권에 의해서 장관으로 발탁된 '하느님의 은혜'를 입은 사람이다. 김대중, 노무현 정부 시절에는 '겨우' 외교 안보 수석이나 주중 대사에 머물렀기 때문이다.

그런 김하중이 자신을 장관까지 시켜준 이명박이 아닌, 책을 통해 김대중을 '증언'한다. 김대중에 호감을 가지면 모두 전라도 출신이 되어버리는 세상이지만 김하중은 강원도 사람이다. 김대중의 남북 화해 정책을 높이 사면 '종북'으로 몰리는 세상이지만 김하중은 보수적인 온누리교회 장로다. 그것도 『하느님의 대사』, 『사랑의 메신저』 등의 신앙서적을 내면서 자신의 신앙세계를 구축한 사람이다. 그 책들에서 '신사도 운동' 냄새가 난다는 일부의 비판도 있지만 색소폰을 부는 황교안 전도사보다는 고민을 더 많이 했다는 반증이다.

『증언』을 출판한 비전과리더십 출판사는 두란노서원의 일반서 브랜드다. 한국 개신교인들이 가진 김대중 전 대통령(이하 김 대통령)에 대한 반감을 감안하면 쉽지 않은 결정이었을 텐데 출판을 결정한 사람들에게 감사를 전하고 싶다.

김하중이 본
김대중 전 대통령

김하중 장로도 처음에는 김 대통령을 좋게 보지 않았었다고 고백한다.

나는 공무원이었으며, 기득권층이었고 제도권 안에 있었기 때문에 그분에 대해 들리는 것은 항상 부정적인 이야기뿐이었다. 그래서 마음에 갈등이 있었다. 내가 듣는 것이 진실인지 아니면 거짓말인지 알 수가 없었다. 그러나 그렇게 많은 사람들이 말하는 것으로 보아 떠도는 소문이 사실일 가능성이 많다고 생각했다.

하지만 김하중은 김 대통령과의 첫 만남을 '운명적인 만남'이라 부르며 그에 대한 기억을 되살린다. 1994년 김 대통령은 정계 은퇴를 선언한 상태에서 아태평화재단 이사장 자격으로 중국을 방문한다. 김 대통령은 공항에 영접을 나온 당시 주중 대사관 김하중 정무공사와 무표정하게 조우한다. 거물 정치인이 공사에게 예를 갖출 이유는 없지만 김 대통령의 무표정에 김 공사는 불쾌할 수 있었다. 눈 깜짝할 사이의 첫인상이 중요하다는 맬컴 글래드웰의 '블링크' 이론을 믿으면 김 대통령은 김하중에게 낙제점이었을 수도 있다.

중국 일정이 마쳐갈 무렵 김 대통령은 김하중 공사에게 단독 조찬을 제안한다. 이 초청에 김 공사는 한사코 거부 의사를 밝혔다고 한다. 의전상 주중 대사와 식사를 해야지 공사인 자신은 격에 맞지 않는다는 이유에서였다. 책에는 나오지 않지만 김 공사에게 조찬 초청이 달갑지 않은 이유는 단지 서열 때문만은 아니었을 것이다. 김영삼 정부에게는 눈엣가시 같은 김 대통령의 외교 순방이 부담스러웠을 터, 주중 대사도 아닌 공사가 정치적 부담을 질 이유가 없었다. 그러나 조찬은 성사되었고 김 대통령은 중국통인 김 공사의 말을 경청하며 깨알같이 적어 내려갔다.

김하중 공사는 정치적 부담을 생각하지 않고 공무원으로서 최선을 다한 것으로 보인다. 여기서 그의 인간됨을 짐작해볼 수 있다. 당시로서는 퇴물 정치인으로 보일 수도 있는 김 대통령의 중국 체류 내 의전과 일정 관리를 정치적 계산 없이 성실하게 수행한 점이, 훗날 김 대통령이 김하중을 의전비서관으로 발탁한 계기가 되었을 것이다.

    김 대통령은 사람을 고르는 안목이 뛰어났던 것 같다. 김하중은 직업 외교관 출신으로 김 대통령과는 다른 길을 걸어왔지만 아무런 정치적 혜택을 볼 수 없는 지금까지 그를 향한 존경을 접지 않고 있다. 임동원 장로(서울 광림감리교회)도 마찬가지다. 육사(13기) 출신 예비역 소장으로 김대중 정부에서 통일부 장관, 국정원장을 지냈고 지금도 김대중 대통령의 평화통일 정책 전도사가 되어 열심히 강의를 다니고 있다. 정세현 전 통일부 장관 역시 박정희의 유신 시절 행정고시를 거친 통일부 관료였다. 박 정권 당시의 통일부 정책이라는 것이 남북 적대 관계를 조장하는 것 말고 무엇이 있었겠는가? 그러나 김 대통령은 그 속에서 원석을 발견해 통일부 장관으로 발탁했고 정세현 전 장관 역시 김대중의 평화통일 정책의 전도사가 되어 지금도 열심히 강연과 집필 활동을 하고 있다.

    정세현 전 장관의 종교는 모르지만 김하중, 임동원 두 대형 보수교회의 장로가 정치적 타산 없이 지금도 김 대통령을 높이 평가하고 있는데, 대부분 기독교인들의 김대중 평가는 왜 그리 박한지 모르겠다. 교인들의 몰상식한 대화 속에서 김대중은 여전히 '빨갱이'고 '노벨상을 돈 주고 산 사람'이다.

    지난 정권, 세월호, 메르스 사태, 남북 경색 속에서 대통령은 실종되었다. 박근혜 전 대통령의 화법은 '아 몰랑'으로 놀림감이 된 지 오래며 '문고리 실세', '수첩 인사'가 대통령의 이미지가 되어버렸다.

확실한 신앙관과 역사관을 가졌던 김대중 전 대통령이었기에 사람을 고를 줄 알았다. 우리 주변에는 좋은 기독교인들이 아직도 많은데 박근혜 대통령의 주변 기독교인들이 그 모양인 것은 박근혜 대통령의 역사관과도 무관하지 않은 듯하다.

2000년 6월 15일 김대중 대한민국 대통령과 조선민주주의 인민공화국 김정일 국방위원장은 5개항의 합의사항을 가진 6·15공동선언문을 발표했다. 그때 시민들은 TV를 보며 눈시울을 붉혔고 1980년대 어렵게 이룬 절차적 민주주의에 이어 남북문제도 곧 해결되리라고 믿었다. 그 뒤 17년 동안 퇴행만을 거듭하던 민주주의와 평화 정책은 문재인 정부가 들어서면서 다시금 제 길을 찾아가고 있다. 어둠 속에서 희망의 첫 발걸음을 떼어가던 김대중 전 대통령이 더욱 생각나는 요즘이다.

· 김하중, 『증언─외교를 통해 본 김대중 대통령』(비전과리더십, 2015).

미국으로 도피하지 말고
차라리 휴거하라

1992년 10월 28일 다미선교회는 다가올 미래(다미)를 계시받은 자신들만이 휴거할 것이라며 마포구 연남동의 교회로 모여들었다. 이 례적으로 TV에서 생중계를 했으며 약속된 시간이 지나도 아무 일이 없자 기자들은 하나 둘 철수했다. 이미 한 달 전부터 교주 이장림은 구속된 상태였고 10월 24일인가에 이장림은 종말론이 실수였다고 감옥에서 말했지만 교주의 '저의'를 적극적으로 이해한 열성 신도들은 휴거를 기다리다가 망신을 당하고야 말았다.

다미선교회의 시한부 종말론은 해프닝으로 끝났지만, 종말의 위기를 전 지구적인 것으로 보고 구원받지 못하는 인류와 구원받을 자신들이라는 대하 드라마와 같은 스케일을 설정한 것은 기존의 시한부 종말운동들과 어깨를 견줄 만했다. 그들은 당시 출범을 준비하고 있던 EU(유럽연합)를 종말의 상징으로 보았다. 국가 간의 연합으로 세를 키우려는 세력은 하느님의 권세에 대항하는 악마적 집단이라는 전제가 그들에게 있었다.

같은 전제에서 교황을 수장으로 하는 교황청은 적그리스도이며, 세계교회협의회(WCC)도 마귀고 심지어는 UN도 마귀가 된다. 거대 담론을 반대한다는 점에서 다미선교회의 주장은 포스트모더니즘에 기초하고 있다. 교황과 WCC를 악으로 보는 것은 '정통' 보수 교단과도 맥을 함께한다. 그들에게 악에 물든 지구는 아쉽지만 떠나야 할 공간이다. 지구 어디도 안전한 공간은 없다. 오직 믿는 자들만이 휴거되어서 이 땅을 떠나 구원받는다.

그럴듯하다. 싸워야 할 대상을 거대한 유럽연합으로 본 것, 떠나야 할 공간을 지구 전체로 본 시각은 나름 묵시론적이다. 「요한계시록」을 쓰면서 요한이 그가 알던 세계의 전부였던 로마 제국과 한 판 싸움을 벌였듯이, 이들은 싸움의 대상을 크게 볼 줄 알았다.

그런데 이번에는 좀 다르다. 12월에 한국에서 전쟁이 난다는 '예언'을 하고 다니는 홍혜선의 말에는 묵시론적 비장함이 없다. 위기가 한반도라는 좁은 공간에 국한되고 종말론적 역사의식도 없다. 일제의 강점, 쓰나미나 세월호 사고가 하느님의 뜻이라고 해서 하느님과 유가족 모두를 모독했던 사람들처럼 그들은 하느님의 뜻으로 전쟁을 예고하며 국면 전환을 꾀한다. 국무총리 후보에서 낙마한 문창극, 어렵사리 적십자사 총재가 된 김성주, 구속 수감된 김홍도로 상징되는 기독교의 박해 국면을 타개하려는 보수 기독교인들의 집단적 무의식이 예언에 담겨 있다.

북에는 인민들이 핍박받고, 남에는 '의인'들이 핍박받는다는 구도는 젊을 때 한국을 떠나 한반도 상황에 대한 인문사회과학적 훈련의 기회를 갖지 못한 사람들에게 흔히 나타나는 현상이다. 박근혜 정부 들어서 더욱 심해진 종북몰이는 예언의 정당성의 충분조건이 된다. 인문사회과학적 소양을 보수 신문이나 종편 채널로부터만 얻는 사람들에게 한반도의 위기는 새로운 예언이 아니다. 그런 상황에서 시기를 점 찍어주니 파급이 생각보다 큰 것이다.

하지만 보수 언론이나 정치권에 유리하지만은 않다. 위기론은 두고두고 써먹어야 할 소재인데 날짜를 너무 일찍 터뜨려버렸다. 12월이 지나 전쟁의 위험이 희화화되면 그들에게도 썩 유쾌한 국면은 아니다. 전시작전권 환수를 연기함으로써 국민들의 조롱을 받고 있는 상황에서 이런 위기감 조장도 필요하겠지만 눈치 없게 시기가 너무 빨랐다. 전쟁예언을 조금 늦춰 촛불 정국에서 맞불전략으로 사용했더라면 보수 정권 차원에서도 좋아했을 터인데 말이다.

왜 휴거가 아니고
미국인가

왜 선택된 자들은 환란의 장소로부터 낚아채이지(휴거, rapture) 않고 미국으로 자발적 도피를 선택하는가? 휴거가 아니고 해외 도피로 가닥을 잡은 것은 홍혜선의 예언 스케일이 작기 때문이기도 하지만 또 다른 이유가 있다.

한국에서 종편의 출범으로 시작된 미디어의 과잉은 소재의 고갈을 가져왔지만, 안보 소재는 식상할 듯하면서도 고정 시청자가 확보되는 안전판이다. 북한의 자료 화면은 동정심과 함께 북한에 대한 공포를 증폭시킨다.

수전 손택Susan Sontag은 『타인의 고통(Regarding the Pain of Others)』에서 전쟁 보도 사진의 허구를 꼬집는다. 사람들은 보도 사진, 또는 CNN과 같은 보도 채널을 통해 전쟁이나 재난의 참상을 발견하고, 피해자들의 고통에 감정을 이입하는 것 같지만 실제로는 아니다. 미디어의 발달로 인해 타인의 고통은 경험해보지도 않고 그 참상에 정통하게 만들고 결국 진지해질 수 있는 가능성마저 앗아간다. 결국 타인의 고통에 대해 공감할 능력마저 상실하게 만든다는 말이다.

실제로 북한과 관련해서 조금이라도 긍정적인 모습을 다루면 종북이 되고 참상을 보도하면 '정론正論'이 되지만 정론으로부터 사람들은 고작 공포와 호기심을 발견하고 동정과 공감은 제쳐놓는다. 수잔 손택이 "매혹적인 육체가 외부의 공격을 받는 광경을 보여주는 모든 이미지들은 어느 정도 포르노그라피"라고 말한 것처럼 북한 참상을 동정하는 듯하면서 북중 국경 지대의 매춘과 기쁨조, 북한 미녀 응원단에 더 많은 관심을 갖는다.

작은 화면 앞에 붙박인 채로도 우리는 전 세계에서 벌어진 재앙의 이미지와 짧은 소식을 찾아볼 수 있다. 오늘날에는 예전보다 이런 소식이 엄청나게 많아진 듯하다. 그렇지만 이것도 일종의 환상임에 틀림없다. 이런 소식들이 '어디에서나' 널리 퍼진다는 것은 당연한 일이다. 그리고 (만약 특정한 고통에는 특정한 구경꾼들이 따라붙는다고 말할 수 있다면) 구경꾼들에게는 특정 사람들의 고통이 다른 사람들의 고통보다 원래부터 훨씬 더 흥미롭기도 하다. 오늘날 전쟁 소식이 전 세계로 퍼진다고 해서 멀리 떨어져 있는 타인들의 괴로움을 생각해볼 수 있는 사람들의 능력이 두드러질 만큼 더 커졌다는 말은 아니다.

홍혜선과 그녀의 '예언'을 믿는 사람들은 현실을 그대로 보려 하지 않고 이미 해석된 '뉴스'를 받아들이려는 경향이 많다. 뉴스가 그들의 공감을 적당히 자극하다가 마침내는 외면하게 만들듯이 미국에서 한국의 전쟁을 '시청'하면서 자신들의 안전을 감사하려는 심리가 내재되어 있는 것이다.

수잔 손택은 "이 책은 스펙터클이 아닌 실제의 세계를 지켜나가야 한다는 논증입니다. 저는 이 책의 도움을 받아서 사람들이 이미지의 용도와 의미뿐만 아니라 전쟁의 본성, 연민의 한계, 그리고 양심의 명령까지 훨씬 더 진실하게 생각해볼 수 있었으면 정말 좋겠습니다"라고 말하지만 미국에서 한국 전쟁의 시청을 기다리는 그들에게 이런 요구는 무리다.

다시 말해 그들에게는 휴거된 후 하늘 위에서 지상의 참상을 미디어를 통하지 않고 그대로 목격하고 해석할 능력이 없다. 성서의 증언이나 역사에 대한 진지한 성찰이 부족한 사람들은 정치권이 만들어내는 종북몰이와 미디어의 뉴스 해설을 진리의 표준으로 삼는다. 12월 전쟁설은 보수 세력의 아날로그식 종북몰이와 미디어의 디지털 기능이 교묘하게 결합된 코미디다. 거기에는 다미선교회가 가졌던 최소한의 묵시론적 관점도 없다.

갑자기 다미선교회의 스케일을 재평가하고 싶은 마음이 생겨난다.

· 수잔 손택, 『타인의 고통』(이재원 옮김, 도서출판 이후, 2009).

종북의 계시받고,
땅굴로 구원받는 사회

프랑스를 몇 번 여행한 적이 있다. 그때 안 썼던 여행기를 갑자기 쓰고 싶어졌다. 기억을 되살려 쓴다면 이런 내용이 될 것이다.

파리 시내에서 조금만 교외로 나가면 무슬림들이 주로 사는 동네가 있다. 아파트가 1970년대 한국의 시민 아파트처럼 누추해서 충격이었다. 나를 그곳까지 안내해준 친구는 동네 안은 우범 지대이므로 들어가지 말고 멀리서만 보자고 했다. 파리 시내 거리에는 개똥이 많아 제대로 걸을 수가 없었으며 관광객을 대상으로 하는 가게 점원들은 손님의 지갑을 열기 위해 혈안이 되어 있었다. 엘리베이터도 없어 삐걱거리는 계단을 통해 3층까지 걸어 올라간 호텔 방은 더럽기 그지없었다.

2년 전 가장 최근의 방문 때는 파리에서 프랑스 남부까지 기차를 두 번 갈아타고 가야 하는데 인터넷에는 있던 기차가 창구에서는 없다고 했다. 창구 직원과 실랑이 끝에 높은 사람이 온 뒤에야 마침내 기차가 있는 것을 발견했다. 파리 중앙역에서 말이다. 뒤떨어진 예약 시스템을 확인하는 순간이었다. 역내에는 소매치기를 감시하는 역무원들이 순찰을 도는데 옷차림이 볼셰비키 혁명 당시의 러시아 사람들 복장 같다. 이 나라는 아직도 볼셰비키를 추억하는 좌파 국가임에 틀림없다. 한 번을 갈아타고 두 번째 탄 남부 프랑스의 시골 기차에서 다른 승객을 전혀 배려하지 않는 교양 없는 동네 아낙들의 시끄러운 잡담은, 귀를 곤두세우고 다음 역 안내를 들어야 하는 나를 짜증나게 만들었다. 한국 TV에서 수다쟁이 이미지로 통하는 프랑스인 이다도시는 그에 비하면 조용한 사람이었다.

이런 나라에 살면서 행복한 표정을 짓는 사람들이 있다. 그들은 예술의 나라 프랑스에서 연기 지도를 받은 사람들임에 틀림없다. 물론 진짜로 행복한 사람들도 있었는데 프랑스 집권당의 간부 가족이거나 민중을 수탈한 자본가 가족으로 보였다. 전도연이 출연한 영화 〈집으로 가는 길〉을 보면 프랑스 감옥은 인권 사각지대다. 요즘 페이스북에서 유행하는 '당신이 살기 좋은 도시는?'을 따라가다 보면 내 취향에는 프랑스 파리가 나오던데 사람들은 프랑스에 대해서 너무나 모른다. 모두가 속고 있다.

내가 이런 여행기를 쓴다면 사람들은 뭐라 할까? 부정적이고 심성이 뒤틀린 사람이라고 부르겠지? 내가 뭐 하는 사람인지 아는 사람들은 나에게 "그따위로 만사에 부정적이니 이제껏 조그만 교회나 목회하며 고생하지"라고 비아냥거리는 사람도 있을 것이다. 비싼 돈 들여 여행해놓고 어두운 면만 보고 온 측은한 사람이라고 동정하는 사람도 물론 있을 것이고. '긍정의 힘'이나 '프랑스 제대로 감상하기' 같은 제목의 책을 선물해주는 사람도 있을지 모르겠다. 이처럼 내 여행기에 개인적으로 동의하지 않는 비판은 견뎠겠지만 온 사회가 나서서 비판했다면 견디기 어려웠을 것 같다.

관광객의 여행기를 검증하는 사회

그런데 여행 감상을 이런 식으로 말하지 않았다고 하루아침에 종북으로 모는 어처구니없는 일이 한국 사회에서 벌어졌다. 『재미 동포 아줌마, 북한에 가다』의 저자 신은미에 대한 비판인데, 요지는 왜 그 사회의 이면을 보지 않았냐는 거다. 신은미는 관광객이다. 비판하는 쪽에서도 관광객의 시선을 검증하는 것이 창피했던지 하루아침에 저자를 '종북 세력', '특정 세력과 연계'라는 무시무시한 말로 매도한다.

만약 관광이 그 사회의 어두운 면을 파악하는 데 목적을 둔 것이라면, 한국의 관광 상품도 다시 개발해야 한다. 세월호 참사 현장도, 용산 참사의 현장도, 아이들이 성적 때문에 자살한 학교도, 경비원이 인격적 모독 때문에 분신한 아파트도, 국정원 여직원이 댓글 작업을 하던 오피스텔도, 군인들이 적이 아니라 동료에 의해 맞아 죽은 내무반도 모두 관광 상품에 포함시킨 다음에 신은미를 비판해야 한다. 이런 면은 안 보고 경복궁, 불국사를 돌아본 다음에 '원더풀'을 외치는 외국 관광객들의 시선을 비판해야 한다.

나에게 신은미의 북한 관광기가 북한을 잘 묘사했는지 과장했는지가 중요하지 않다. 남의 여행기를, 그것도 문화관광체육부의 우수도서로 지정된 책의 저자를 온 사회가 나서서 검증하는 현상을 견딜 수가 없다. 내가 20여 년 전 한국을 떠날 때는 적어도 이러지 않았다.

지난 정권에서는 국격을 외치면서 나라의 격은 물론 나라의 곳간에까지 엄청난 손해를 입히더니 지금 정권은 내가 그토록 싫어했던 유신 시절의 억압을 되살리고 있다. 이민 가서 살면서 무슨 억압이냐고 되물을지 모르지만, 주류 사회에 편입할 능력이 없어서 한인 사회에 터전을 잡고 살다 보니 한국에 대한 관심을 끌 수가 없다. 나는 통일지상주의자도 아니어서 통일운동가들이 남북을 두 개의 국가로 보지 않으려고 사용하는 '남녘, 북녘' 또는 '남부 조국, 북부 조국'의 명칭이 어색하고, 남쪽 대한민국이 늘 그리운 사람인데 내 나라가 역주행 하고 있다. 국격뿐 아니라 모두가 인격도 잃은 것처럼 보인다.

삶의 격을 지키며
살아가는 방법

우리 사회가 예의도 격도 없이 돌아간다고 느낄 때 읽기 좋은 책이다. 독일 철학자 페터 비에리Peter Bieri가 쓴 『삶의 격—존엄성을 지키며 살아가는 방법(EINE ART ZU LEBEN: Uber die Vielfalt menschlicher Wurde)』은 '타인이 나를 어떻게 대하는가' '내가 타인을 어떻게 대하는가' '나는 나 자신을 어떻게 대하는가'의 관점에서 인간의 존엄성을 다룬다. 철학자의 책이지만 난해하다기보다는 다양한 예를 통해 독자 스스로 삶의 격의 문제를 고민하도록 돕는다. 예를 들어 독립성은 존엄성에 큰 영향을 미치지만 유럽에 실제로 있는 '난쟁이 멀리 던지기 대회'에서 던짐의 대상이 되는 난쟁이들의 독립적 선택이 존엄성과 늘 일치하는 것은 아니라고 말한다. 모두 8개의 장에서 '독립성으로서의 존엄성', '만남으로서의 존엄성'에서부터 죽음의 문제를 다루는 '유한함을 받아들이는 존엄성'까지 언급한다.

저자는 '만남으로서의 존엄성'에서 상대방을 깔보는 것뿐만 아니라 인정해야 할 때 인정하지 않는 것도 존엄성의 훼손이라 지적한다. 우리는 갑이 을을, 남이 북을(북 역시 남을) 깔보며 인정하지 않는 것이 당연한 듯 살아간다.

'독립성으로서의 존엄성'에서는 외부의 간섭으로부터 독립된 주체로 살아가라고 권하는데, 오늘 우리는 여론몰이에 자신을 맡긴 채 살아가면서 스스로 삶의 격을 훼손하고 있는 것은 아닌지 돌아보게 만든다. 책의 한 부분이다.

독재 권력은 우리의 마음속까지도 무장해제하여 사상과 감정과 소망을 통제당하는 꼭두각시로 만들어버리려고 한다. 조지 오웰이 그려낸 『1984』의 세계에 이러한 것이 잘 드러나 있다. 고문 기술자인 오브라이언이 끌려온 윈스턴에게 말한다. '당은 무슨 수를 써서든지 권력을 잡으려고 하지. 권력은 수단이 아니야. 목적이지.' 당이 국민을 대신하려고 하며 억압하는 이유는 절대 국민의 안녕을 위해서가 아니라 그들을 이용해 먹기 위해서다. 국민은 그 자체로서 손톱만큼도 가치를 인정받지 못한다. 그저 권력이 갖고 노는 고무공에 불과할 뿐이다. 게다가 국민은 굴욕을 받는다. 오브라이언은 윈스턴이 느끼는 무력감을 만끽하며 윈스턴이 그것을 인식하게끔 항상 신경을 쓴다. 그 어떤 잔혹한 신체적 고문도 마다하지 않고 시도하는 그가 괴물인 이유는, 그 잔인성에 있다기보다는 무엇보다도 굴욕을 가하는 데 가히 천재적이기 때문이다.

페터 비에리의 이 글을 읽고 어떤 사람들은 북한을 떠올릴 것이다. 우리가 배운 바에 따르면 그 사회는 그럴 것이다. 그런데 왜 지금 '자유 대한'이 그 사회를 닮아가느냐는 말이다. 그것도 교회가 앞장서서 '자유'를 침해하냐 말이다. 마침내는 보수 세력이 만들어놓은 종북 이미지의 계시를 받고 땅굴로 구원을 받는 '예언자'까지 나타났다. 내가 지금 삶의 격이 훼손당할 만큼 굴욕을 느끼는 것이 바로 이 때문이다.

· 페터 비에리, 『삶의 격―존엄성을 지키며 살아가는 방법』(문항심 옮김, 은행나무, 2014).
· 신은미, 『재미동포 아줌마, 북한에 가다』(네잎클로바, 2012).

빨갱이와
국민의 탄생

국민의정부, 참여정부 시절에는 통일이 곧 될 줄 알았다. 속내를 털어놓자면 나는 통일지상주의자는 아니다. 그럼에도 통일을 늘 생각하는 이유는 남쪽 사회의 빨갱이 포비아, 레드 콤플렉스가 싫어서이다. 모든 합리적인 판단을 막아서는 빨갱이 공포가 존재하는 한 남한 사회의 성숙은 기대할 수 없다.

나를 향해 가해진 빨갱이라는 익명의 언어폭력을 SNS에 하소연했더니 오랜 친구가 댓글을 달았다. "그런 오해받지 않게 처신하라고." 이건 여성이 옷을 야하게 입어서 강간을 초래했다는 논리와 흡사하지 않은가? 빨갱이 공포증은 이와 같이 우리의 성정을 왜곡시킨다.

전쟁을 경험한 세대가 물러나고 전쟁 이후 세대가 원로 자리에 앉게 되면 막연한 증오도 사라질 것이라는 순진한 상상을 했었다. 누구의 잘못이든 눈앞에서 살육을 목격한 세대에게 용서하라고 충고하는 일은 가혹하다. 그런데 어찌 된 일인가? '적'에 의한 살육을 목격하지 않은, 오히려 이승만·박정희 전두환 시절 '우리 편'에 의한 살육을 목격한 민주화운동의 주역인 50대와 그 위 세대의 정치 지향성을 보면 말문이 막힐 정도다. 나에게 그 댓글을 남긴 친구도 멀쩡한 친구였는데 말이다.

도대체 그 증오와 공포의 근원은 어디일까? 인터넷 서점을 검색해 보면 '빨갱이' 제목을 가진 책이 두 권 나온다.(두 권이 더 있지만 이미 품절되었다) 그중 학문적 차원의 '빨갱이' 연구서는 김득중의 『'빨갱이'의 탄생』뿐이다. 이 책에는 '여순 사건과 반공 국가의 형성'이라는 부제가 붙어 있다. 저자에 따르면 한국 사회에 빨갱이 공포증이 생겨난 것은 세칭 '여순 반란 사건' 때부터다.

제주도 항쟁(4·3 사건) 진압을 명령받은 여수 14연대가 동족 학살을 할 수 없다며 제주도 파병을 거부하고 1948년 10월 19일에 봉기한 사건이 '여순 반란 사건'이다. 여순 사건의 발발에는 북한의 지령도 남로당의 명령도 없었다. 하사관 중심으로 시작되었던 여순 사건은 지역 주민들의 참여로 인해 들불처럼 퍼져나간다. 역사에는 좌익에 의한 학살극으로 기록되어 있지만 실제로 진압군에 의한 민간인 학살이 훨씬 더 많았다. 김득중은 이렇게 말한다. "대한민국 성립 초기 국가 형성 과정에서 노골적인 국가 폭력으로 민간인 학살을 자행했던 주체가 국민을 보호해야 할 임무를 맡은 군대와 경찰이었다." 이러한 냉전적 역사 인식은 "파국의 유일한 원인으로 '폭력적 좌파 세력'을 제시하여 과거의 역사를 왜곡하고 현재의 역사를 (탈)정치화하는 것이다."

당시 친일 청산과 사회개혁이 더뎠던 것도 여순 사건에 시민들의 참여가 많게 된 이유이다. 이들은 이념 지향적 인물들이 아니라 해방 공간에서 앞으로 구성할 사회의 모습을 고민하던 사람들이었다. 일제하부터 시작된 여수 순천 지역의 독서 모임 회원들이 대부분 여순 사건에 함께했다. 하지만 이승만 정부는 이들을 빨갱이로 규정함으로써 국가폭력을 정당화하고 국민과 빨갱이를 나누기 시작했다. 조르조 아감벤의 호모 사케르 개념처럼 빨갱이는 인간도 아니고 죽여도 되는 사람들이었다.

1894년 갑오개혁을 통해 신분제가 해체되었지만 신분 해방의 체감은 일제하에서나 이루어졌다고 보아도 과언이 아니다. 1923년 시작된 백정들의 형평사 운동도 이를 반증하는 사건 중 하나다. 따라서 1948년이라면 신분제 철폐가 완전히 체감될 만한 시기는 아니었다. 하지만 법적으로는 더 이상 특권을 행사할 수 없게 된 양반층은 배제적 계급이 없어진 상태가 불안했다. 천민 출신들도 마찬가지로 짧은 역사를 가진 신분 해방이 혹시라도 취소될까 두려웠을 것이다. 이들은 제사 제도에 집착함으로써 문벌 행세를 하고 빨갱이를 새로운 '천민'으로 배제시켰다.

저자에 따르면 "이승만 정부는 여순 사건을 대한민국 국민의 자격 조건을 심사하는 계기로 활용했다." 내가 빨갱이가 아니라는 것을 증명해야만 '국민'이 되었다는 말이니 '국민'이라는 용어는 처음부터 불쾌하게 시작했다.

이 책에서 소개된 히구치 유이치는 여순 사건을 최초로 연구한 일본 학자다. 그는 여순 사건이 국민당을 지원했던 미국과 싸운 중국의 인민 해방전쟁, 프랑스 제국주의와 싸운 베트남 전쟁과 동일한 맥락에 있다고 평가했다. 여순 사건은 미국에 반대하는 봉기였고 거기에 이승만 정권에 대한 온갖 불만이 합쳐져 폭발한 사건이었다는 말이다. 여순 사건 진압군에 미 군사고문단원 여덟 명이 활동했다는 사실은 미국과 이승만 정부가 이 사건을 처음부터 빨갱이로 몰고 갈 의도를 가졌다는 사실을 보여준다.

여순 사건과
박정희

여순 사건에서 박정희가 배신했다는 사실은 이미 익히 알려져 있다. 그런데 박정희는 사건 발발 다음 날 도착한 토벌군 정보국장 김점곤의 안내를 맡았었고 여순 사건이 끝난 11월 11일에야 체포되었다. 그의 남로당 경력이 문제였던 것이지 실질적으로 여순 사건에는 참여하지 않았다. 체포된 뒤 남로당 군사 총책으로 가지고 있던 군내 좌익 명단을 토벌군에 넘겨주었고, 이로 인해 사형선고를 받았으나 무기로 감형되었고 여순 사건 진압 당시 보여주었던 박정희의 '능력'을 높이 산 군 지도부와 미군에 의해 구제되어 출감했다.

박정희는 처음부터 좌익 성향의 인물이 아니었다. 해방 공간에서 좌익에 대한 사람들의 평판이 나쁘지 않았다. 사회주의 계열은 해방 후 주요 기업의 국유화, 8시간 노동제, 최저임금제 등을 제시했고, 여운형은 민주주의와 사회주의를 동시에 추구했다. 1946년 8월 미 군정청 여론국의 여론 조사에 따르면, 앞으로 선호하는 사회에 대한 응답자의 선호도가 자본주의 14퍼센트, 공산주의 7퍼센트, 사회주의 70퍼센트였다. 해방 후 어떤 국가 수립을 원하느냐는 『동아일보』 조사에서는 70퍼센트가 사회주의를, 7퍼센트가 공산주의를 선호한다고 응답했다.

박정희는 투철한 이념에 따라 남로당에 가입했던 것이 아니라(이 책을 읽고 난 뒤에 내가 박정희에게 가졌던 티끌만 한 호감마저 사라졌다) 당시 그것이 대세로 보여 좌익에 줄을 섰을 뿐이다. 그러다가 여순 사건이 일어나자 반란군에 참여했을 법한 그는 천연덕스럽게 토벌군 편에 섰다가 남로당 경력이 발각되자 동지들의 명단을 넘기고 살아남아 결국에는 권력을 쟁취한다. 권력을 잡은 뒤에는 여순 사건의 진압 책임자들이 박정희 정권에서 요직을 차지하게끔 허용한다.

> "빨갱이는 대한민국 건국 신화의 주요한 소재다. 빨갱이를 때려잡아야 국가의 국민이 된다는 이 비극적인 건국 신화가 지금 박근혜 정부에서 건국 논란, 국사 교과서 국정화를 통해 재연되고 있다. 박정희 시절의 국사 국정교과서는 '한국 근현대사를 고난에 찬 민족의 역사이며 민족의 진로를 방해하는 내외의 모든 적은 조국과 민족의 이름으로 투쟁해야 하는 존재로 규정하였다.'"

여순 사건에서부터 시작된 빨갱이를 잡고 국민이 되자는 선동은 한국 전쟁기의 보도연맹 학살, 또 세월이 흐른 뒤의 광주 학살로 이어진다. 이어서 용산참사에서 희생된 사람들에게 '빨갱이'란 글자를 붙이면 학살은 정당화된다. 자식을 잃고 슬픔에 잠긴 세월호 유가족에게도 빨간 색칠을 하면 '자식 목숨을 돈으로 환산하는' 파렴치한 부모가 된다. 집권당의 국회의원 후보가 된 용산참사 책임자와 세월호 유가족을 비하한 자, 국정교과서 옹호자는 시민들의 의식 속에 여순 사건의 만들어진 역사가 변함없이 공포로 작용한다는 것을 증명해 보인다.

빨갱이의 공포는 세칭 진보 세력에도 작동해 선거철이 되면 빨갱이 아님을 증명하는 데 연연하면서 우클릭하기에 여념이 없다. 처음부터 배제의 원리로 시작한 '빨갱이'에 대한 공포가 사라지지 않는 한, 한국에서 진보 세력의 정치 세력화를 기대하기 어렵다.

장인의 전력 때문에 빨갱이로 몰렸던 노무현은 유세 과정에서 이렇게 호소한다. "그렇다면 내가 집사람을 버려야 한단 말입니까!" 말도 안 되는 빨갱이 논쟁을 아내 사랑으로 바꿔놓은 노무현의 연설이 그립다. "너 빨갱이지?" "아니, 나 빨갱이 아닌데"의 실체 없는 대화는 빨갱이를 블랙홀로 만들어 모든 것을 빨아들인다. 진보 세력조차 이 블랙홀에서 헤어 나오지 못하고 있다.

· 김득중, 『'빨갱이'의 탄생』(선인문화사, 2009).

아홉 살 '이쁜이'에서
'장인 영감탱이'까지

영남의 득표 결과는
왜 항상 그러한가?

대구 영천경찰서에서 1950년 작성한 처형자 명부(국군에 의한 처형)에 따르면 '정립분'이라는 이름이 있다. '립분'은 집에서 부르던 '이쁜이'의 한자 이름일 것이다. 그는 1950년 7월 10일 9살의 나이에 '10·1 당시 요인 암살 방화 행위'를 한 죄목으로 처형되었다. 10·1이라면 1946년 대구항쟁, 즉 경상북도 지역에서 일어났던 좌익에 의한 항쟁을 이르는 것이다. 이쁜이는 대구항쟁 당시에 다섯 살이었을 터인데, 이 무시무시한 죄목을 뒤집어쓰고 채 피지도 못한 꽃이 되고 말았다.

한국전쟁 당시 겁에 질려 탈영해 고향인 영천에 숨어들었던 오빠 정동택의 동생이라는 이유로, 아홉 살 아이는 다섯 살 때 '요인 암살'을 했다고 처형당했다. 정동택뿐 아니라 아버지, 어머니, 아내 또 다른 동생들 그리고 같은 마을의 정씨 성을 가진 사람들이 이유도 없이 처형당했다. 죄목은 한결같이 대구항쟁 가담자였다는 것이다. 전쟁 중 탈영은 중죄일 수 있다. 그러면 당사자만 처형하면 될 것을 그들은 왜 그렇게 잔인하게 무고한 사람들을 도륙했을까? 대구항쟁의 트라우마는 주민을 모두 잠재적 빨갱이로 보게 만들었다. 특히 영남은 인민군 비점령 지역이거나 교전 지역이 많았는데 바로 그 때문에 국민보도연맹 희생자가 많았다.

주민을 잠재적 빨갱이로 보고 신고를 하게 만들었던 국민보도연맹, 전쟁 중 국군과 경찰은 비교전 지역에서조차 빨갱이의 씨를 말린다며 아무나 끌어다 죽였다. 대구항쟁이 눈앞의 인민군보다 더 큰 공포로 자리 잡고 있었던 것이다.

1946년 10월 1일 발생한 대구항쟁은 당시 경상북도 인구(대구 포함)의 4분의 1 정도가 참여한 대규모 항쟁이었다. 박정희의 형 박상희도 구미 선산 지역 저항군을 이끌다가 이때 목숨을 잃었다. 미군에 의해 진압된 이 항쟁의 희생자들도 적지 않지만 한국전쟁 당시 보도연맹 사건 등으로 4년 만에 다시 불려나가 억울하게 죽어갔다.

경북 지역에서는 해방 직후부터 인민위원회 조직이 활성화되어 있었는데 대구항쟁과 한국전쟁을 거치면서 영남의 진보 세력은 '절멸'하고 만다.

재판도 없이 평소에 감정이 안 좋은 사람을 그냥 빨갱이로 몰면 처형당할 수밖에 없는 상황에서 주민들이 겪는 공포는 대단했을 것이다. 그들은 감히 권력에 저항할 생각을 못한 채 숨죽여 살 수 밖에 없었다.

인혁당에만
왜 그리 가혹했나?

하지만 1970년대부터 영남 지역에서는 다시 진보운동이 꿈틀대기 시작했다. 훗날 통일혁명당(통혁당), 인민혁명당(인혁당) 사건으로 희생된 지역 운동가들이 활동을 전개해나갈 즈음, 시민 조직이 아닌 '정치'에서 박정희에게 충격을 줄 만한 사건이 발생한다.

1971년 치러진 제8대 국회의원 선거에서 무명이나 다름없던 민주당의 신진욱은 국회의장을 지낸 거물인 이효상을 대구에서 꺾고 국회의원에 당선된다. 자신의 정치적 텃밭으로 여기던 대구에서, 그것도 거물이 신예에게 밀리자 박정희는 상당한 공포감을 느꼈을 것으로 보인다.

박정희는 1972년 유신을 선포하고, 1973년 김대중 납치 사건을 획책하며, 1974년 인혁당 사건을 조작한다. 인혁당 사건은 1968년의 통혁당 사건에 비한다면 '북한'과 엮을 여지가 훨씬 적은 사건이었다. 형장의 이슬로 사라진 통혁당 주모급 김종태와 이문규는 실제로 북한에 다녀왔지만, 대법원 판결 하루 만에 사형당한 인혁당의 여덟 명은 북한과의 접촉점도 찾기 어려웠다.

또한 인혁당 사건을 조작하면서 함께 터뜨렸던 민청학련 사건에서 사형선고를 받았던 이철, 유인태 등은 모두 감형되었고 수감 기간도 그리 길지 않았다.

그렇다면 인혁당에만 왜 그리 가혹했나? 사형당한 인혁당 여덟 명은 모두 영남을 배경으로 한 인사들이었다. 그들의 직업도 평범한 중산층의 그것과 크게 다르지 않았다.

서도원(『매일신문』 기자, 경남 창녕), 김용원(경기여고 교사, 경남 함안), 이수병(일어학원 강사, 경남 의령), 우홍선(한국골든스템프사 상무, 경남 울주), 송상진(양봉업, 경북 달성), 여정남(전 경북대 학생회장, 대구, 그는 겨우 31살이었다), 하재완(건축업, 경남 창녕), 도예종(삼화토건 회장, 경북 경주).

이들은 모두 영남의 시민사회 세력이라는 '죄'로 통혁당이나 민청학련보다 더 가혹한 처벌을 받았다.

이후 영남 지역의 진보 세력, 투표로 심판하려는 단순한 시민 의식 등은 모두 엄청난 공포에 빠져들게 된다. 1971년 대선에서 호남에서 김대중과 박정희의 득표 비율은 6 대 4 정도 되었고 영남 지역은 그 반대였다. 지역 구도가 극심하지 않았다는 말이다.

엄청난 부정이 동반된 관권선거였음에도 불구하고 1971년 대선에서 박정희와 김대중의 득표율 차이는 53.2퍼센트 대 45.2퍼센트에 지나지 않았다. 박정희의 멸공 구호에도 불구하고 '빨갱이' 김대중은 전국적으로 골고루 득표했다.

이에 놀란 박정희의 영남 길들이기가 인혁당 사건으로 나타났다. 호남은 김대중만 잡으면 된다는 마음으로 그를 납치하여 제거하려 했고, 형 박상희를 통하여 대구의 풀뿌리 조직을 봐왔던 박정희는 영남의 진보 세력을 끝장내려고 했던 것이다. 결국 영남 사람들은 호남을 비하하면서 그들이 박정희와 같은 생각임을 보여주어야 했다. 그것이 대구항쟁에서부터 인혁당에 이르기까지 무서운 살육극을 기억하던 사람들이 살아남는 방법이었다.

홍준표의
'장인 영감탱이'

홍준표는 지난 대선 과정에서 '장인'을 '장인 영감탱이'라고 호칭하고 결혼 후에 자신의 집에 발도 못 들여놓게 했었다는 말로 여론의 뭇매를 받자 애칭이라고 발뺌했다. SNS에서도 이 발언에 대한 비난이 줄을 이었다.

이러한 발언을 한 그의 진의는 무엇이었을까? 이것은 천박해서도 아니고 뒤에 문제가 될 것을 몰라서도 아니었다. 이 발언은 철저하게 계산된 발언이다. 알려져 있다시피 홍준표의 아내는 은행원이었고 전라도 출신이었다. 사법고시를 준비하는 학생에게 은행원 따위는 말만 잘하면 넘어온다는 인식이 있었다. 처음부터야 아니었겠지만 전라도 여성이라는 점도 홍준표에게 자신감을 심어주었을 것이다. 홍준표에게 전라도 출신의 은행원은 구제의 대상이었다. 사법고시에 합격한 그가 시혜를 베풀었는데 전라도 장인이 '감히' 결혼에 반대를 하니 그에게 '영감탱이'일 수밖에 없다.

이게 영남의 정서다. 호남을 희생양 삼아 그들을 폄하하고 고립시킴으로써 자신의 안전을 보장받고 싶어 하는 것이다. 이건 대단한 정신적 상처다.

이번 선거에서 영남 중 대구 경북은 예외 없이 자유한국당에 표를 몰아주었다. 뭐가 문제일까? 말했듯이 그들은 아직도 트라우마로 인한 극심한 공포에 시달리고 있다. 이번 선거에서 조금씩 그 두려움이 많이 줄어들기는 했지만 이 투표 형태는 언제든지 보수당으로 선회할 수 있다. 세대는 바뀌었어도 기억에 새겨진 흉터는 유전될 수 있다.

그러므로 대구 경북의 투표 행태는 조롱의 대상이 아니라 치유의 대상이다. 그들은 아직도 두려워하고 있다. 농촌 지역 주민들의 마음에는 아홉 살 이쁜이의 비극이 대를 이어 새겨져 있고 도시 지식인들에게는 인혁당의 공포가 깊게 드리워져 있다. 슬픈 현대사다.

· 김상숙, 『10월 항쟁—1946년 10월 대구, 봉인된 시간 속으로』(돌베개, 2016).

인간 자격,
인간 실격

다자이 오사무의 소설 제목에서 따왔다.

"창피하다기보다는 미웠습니다. 그분의 새삼스러운 그 심술궂음이 미웠습니다. 그렇게 모든 제자들 앞에서 공공연하게 나에게 창피를 주는 것이 그분의 관례였던 것입니다. 불과 물처럼 영원히 융합될 수 없는 숙명이 저와 그 녀석 사이에는 있는 것입니다. 개나 고양이한테 던져주듯이 한 덩어리의 빵 조각을 내 입에 쑤셔넣고, 그런 게 녀석의 분풀이였던가. 하항, 바보 같은 녀석, 나리, 녀석은 저에게 '네가 할 짓을 속히 하라'라고 말했습니다."

다자이 오사무, 「직소(直訴)」

'유다의 고백'이라는 제목으로도 번역된 다자이 오사무의 소설 「직소」는 예수를 배신한 제자 가룟 유다의 독백으로 이루어진 소설이다. 유다가 제사장에게 직소(直訴)하면서 예수의 행적을 되짚을 때 그에 대한 미움과 존경이 순간순간 교차한다. 위 인용문에서도 유다는 예수를 '그분'에서 '그 녀석'으로 추락시킨다.

예수에게 무안당한 유다가 부끄러워하지 않고 타자에게 책임을 전가시키는 순간, 그는 인간다움을 잃어간다. 부끄러움을 모르는 사람이 인간 자격을 상실한 사람과 동의어인 세상이, 우리가 기다리는 좋은 세상일 것이다. 하지만 지금 우리는 부끄러움을 모르는 사람이 지배하는 시대를 살고 있다.

김원봉과 홍준표의
대한독립만세

　　나라를 지키는 일, 외세에 항거하는 일이야말로 보수의 신념인데
우리나라에서는 어찌 된 영문인지 제 나라의 가치를 폄하하는 사람들
에게 '보수'라는 완장을 채워주고 있다. 영화 〈암살〉은 나라를 지키자는
보수적인 영화인데 보수 세력들은 이 영화의 흥행에 사뭇 긴장했다.

　김무성은 좌파를 몰아내고 독립하자고 주장하지만 영화 〈암살〉 속의
김원봉은 이동휘와 더불어 대표적인 사회주의 독립운동가였다.

　영화에서는 배우 조승우가 약산 김원봉의 역할을 맡았다. 김원봉의
자료 사진을 보면 조승우처럼 풍모가 수려하다. 김원봉은 1898년 9월
28일 밀양에서 태어났다. 1919년 의열단義烈團을 조직한 후 조선총독
부와 일본 정부를 상대로 무력투쟁을 벌여나갔다. 1926년 2월 26일 조

선공산당이 작성한 '민족해방운동의 정세와 당과의 관계'라는 보고서에 따르면, "민족혁명 전선에 직접 투쟁하는 단체는 남북만주에서 김원봉 일파의 의열단 또는 신민부 혹은 통의부밖에 없다"고 인정할 정도로 활약이 대단했다. 3·1운동 직후, 그의 나이 20대 초반에 혁명 활동을 시작한 김원봉은 1922년에는 미수에 그치기는 했지만 다나카 기이치(田中義一) 대장을 상하이에서 암살하려고 했다. 영화에서처럼 김원봉은 국내에도 암살 요원들을 다수 파견했다.

김원봉이 언제부터 공산주의자들과 연대했는지는 명확하지 않다. 일제하 조선공산주의 운동의 3분파 중 하나인 ML(마르크스-레닌)파의 리더 안광천과 1928년 상하이에서 만난 적이 있는 것으로 보아 그즈음 사회주의자들과 손을 잡게 된 것으로 보이지만 1930년대 초반까지도 김원봉은 국민당 정부의 장제스(장개석)로부터 금전적 지원을 받고 있었다. 장제스를 봐서라도 대놓고 사회주의자라고 밝히지는 않았다고 추정할 수 있다. 1937년 수세에 몰린 국민당 정부가 김원봉에 대한 지원을 중단하자 김원봉은 사회주의자들과 본격적으로 연대에 나선 것으로 보인다.

김원봉은 항일무장투쟁을 하던 사람들 중에 단연 돋보여서 김일성을 능가할 공산주의 지도자로 인정받고 있었다고 한다.(김일성이 1912년생이니 김원봉이 14살 연배다) 1945년 9월 창간된 조선공산당 기관지 『해방일보』에서도 김원봉과 김일성은 동격으로 취급되었다. 하지만 김원봉은 남쪽에 남아 분단 상황을 극복해보려고 무진 노력을 기울이다가 1947년 여운형의 암살 이후 신변의 위협을 느껴 1948년 북으로 넘어간다.

그곳에서 국가검열상을 지낸 김원봉은 1958년 김일성에 의해 '국제간첩'이라는 죄목으로 투옥되었다. 당시 같은 죄목으로 투옥된 사람 중 한지성은 사형당했으나 김원봉에 대한 기록은 없다. 자살설을 비롯해 그의 최후에 대해서는 여러 설만 난무할 뿐이다. 김일성에게는 거물 김원봉이 부담스러웠을 수도 있다.

김원봉은 공산주의자라기보다는 민족주의자였다. 임시정부 국무총리를 지냈고 독실한 기독교 전도사였던 이동휘가 소비에트를 중심으로 하는 공산주의자였다면 김원봉에게는 항상 민족이 먼저였다.

1945년 12월 4일 『해방일보』 사설은 이승만이 만주의 항일유격대를 경시하고, 일제하에서 개인적 번영과 부의 축적에 노력을 집중한 사람들에게 더 많은 관심을 쏟고 있다고 비난했다. 이승만과 반대 지점에 서 있는 신문임을 감안한다 하더라도, 이승만의 행보는 사설과 크게 다르지 않았다. 여기서부터 이승만과 김원봉은 갈등이 깊어졌던 것으로 보인다.

이승만과
보도연맹 사건

1948년 12월 시행된 국가보안법에 따라 '좌익 사상에 물든 사람들을 사상 전향시켜 이들을 보호하고 인도한다'는 취지로 국민보도연맹이 조직되었다. 국민보도연맹은 몸집을 불리기 위해 회원 확보에 수단 방법을 가리지 않았다. 좌익 가족을 둔 사람들에게는 협박과 공갈로, 아무것도 모르는 사람들에게는 쌀, 밀가루 같은 배급품으로 가입을 독려 했다.

1950년 한국전쟁이 발발하자 이승만 정권은 이들을 북에 동조할 세력으로 보고 무차별 학살했다. 공식적인 조사로는 4,934명이 희생된 것으로 알려졌지만 최대 120만 명이라는 설이 있을 정도의 대학살 사건이었다.

김원봉의 형제 네 명과 사촌동생 다섯 명은 보도연맹 사건에 연루되어 밀양의 산골짜기에서 총살당했다. 총살을 면한 아버지도 전쟁통에 굶어 죽은 것으로 전해진다. 일본 정부에게도 요주의 인물이었던 김원봉의 가족이었지만 일제하에서는 별다른 고초를 겪지 않았다. 그러나 이들은 해방된 조국에서 좌파 독립운동가의 가족이라는 이유로 비참한 최후를 맞았다.

6·25 때 목숨을 건진 다섯째 동생 김봉철은 4·19혁명 이후 네 형제의 유골을 수습하고 장례식을 치른 후 밀양 피학살자조사대책위원회를 결성했으나 5·16쿠데타로 박정희가 집권하자 북한을 찬양하고 이롭게 하는 활동을 했다는 죄목으로 기소돼 1심에서 무기징역을, 2심에서 징역 10년형을 선고받았다. 가족들은 모두 걸인으로 거리에 나앉았다. 2010년에야 모두 무죄 판결을 받았지만 가족은 풍비박산이 나고 당사자들은 젊은 나이에 목숨을 잃었는데 뒤늦은 명예 회복이 무슨 의미가 있겠는가? 김원봉은 남과 북 모두에서 버림을 받았다. 친일파의 후손들이 떵떵거리고 살 때 독립운동가의 가족은 가난 또는 죽음을 감내해야 했다.

이승만은 그런 상황을 주도적으로 조장한 사람이다. 그럼에도 그에게 '국부國父'의 호칭을 부여해야 한다고 보수 기독교계와 김무성이 앞장서고 있다. 김무성의 아버지 김용주는 이승만 정권하에서 승승장구한다. 미군정청과 긴밀한 관계를 유지했고 일본인들의 재산이었던 전남방직을 전쟁 중에 접수해 부자가 되었다. 김무성이 중앙 정치 무대에서 조금씩 몸값을 올려가던 시기에 그의 아버지 문제도 불거져 나왔다.

이승만을 사이에 두고 죽은 김원봉과 산 권력 김무성은 다른 지점에서 있다. 민족주의 좌파 김원봉과 국제정치 감각이 남달랐던 이승만은 길이 달랐다. 공산주의에 대한 이승만의 병적인 공포는 당시 힘 한번 제대로 써본 적이 없던 소련을 지나치게 두려워한 미국 정치인들의 그것과 많이 닮아 있다. 그의 빠른 국제적 감각은 전쟁통에 상대방이 아니라 제 나라(남한) 백성을 학살하는 결과를 낳고야 말았다. 김무성이 미국에 가서 조아리는 이유도 여기에 있다. 이해 관계가 복잡한 국제 질서 속에서 그는 이승만이 그랬던 것처럼 단순하게 '미국' 하나만 믿고 나라를 운영해보고 싶은 속내를 드러내었다.

홍준표와 그의 동료들은 북한의 김영철이 방남하자 그가 천안함 폭침 주범이라며 길목을 막고 앉는 객기를 부렸다. 그런데 그 김영철이 트럼프에게 말할 수 없는 환대를 받았다. 이제 미국에 실망한 홍준표가 진정한 대한 독립 만세를 외쳐야 할 때다.

・로버트 스칼라피노·이정식, 『한국공산주의 운동사』(한홍구 옮김, 돌베개, 2015).

진보 언론, 〈역적〉에서 배우라
― 진보 언론은 왜 문재인에게 가혹한가

MBC 드라마 〈역적―백성을 훔친 도둑〉(극본 황진영)은 인기 드라마 제조기인 김진만 PD와 진창규 PD가 연출을 맡은 30부작 월화 드라마다.(2017년 1월 30일부터 5월 16일까지 방영) 드라마의 주인공은 홍길동인데 우리가 잘 아는 양반집 서자로 태어나 신분제의 모순 앞에서 좌절하다가 의적이 되어 율도국을 세운 그 홍길동이 아니다. 〈역적〉 홍길동은 아모개라는 노비의 아들로 태어난 출신부터가 천민인 존재다. 원작을 비틀면서 일종의 조선판 메시아니즘인 아기장수 설화와 결합한 줄거리다. 여기서 홍길동은 연산군에 맞서 백성들을 조직한다.

허균의 『홍길동전』에서 홍길동은 어쨌든 양반집 자제다. 벽초 홍명희도 『임꺽정』을 저술하면서 임꺽정 집안에 양반 하나를 집어넣는다.

연산군 시대에 간언을 하고 죽을 위기에서 함경도로 도망친 이교리는 백정 양주삼의 딸 봉단이와 결혼한다. 중종 반정으로 다시 벼슬로 복귀한 이교리는 백정의 피가 흐르는 봉단을 정실로 삼는 의리 있는 남자로 그려진다. 봉단은 임꺽정의 당고모였다. 물론 양반의 피가 임꺽정에게 섞이지는 않았지만 월북한 인민작가 홍명희도 계급의 문제로부터 자유롭지 못했던 셈이다. 심지어는 〈대장금〉 드라마에서 장금이에게도 양반의 피가 흐르는 것으로 묘사되었다.

홍길동 역의 윤균상과
연산군 역의 김지석

이처럼 한국에서 개혁 혹은 입신양명은 양반의 도움을 받지 않고서는 어렵다는 뿌리 깊은 계급의식이 원작 소설이나 드라마에서 반영된다.

이문열은 1979년 『동아일보』에 중편 〈새하곡〉으로 등단하는데, 이 소설은 군대 내의 사병 간 혹은 사병 장교 간의 권력 및 서열 관계를 다룬 소설이다. 이 갈등을 해결하는 과정에서 중요한 역할을 하는 강 병장은 육사를 다니다가 제적당해 사병으로 입대한 인물이다. 이문열의 이후 세계관을 짐작할 수 있는 초기 작품이다. 개혁도 사병 같은 무지렁이들이 하는 것이 아니라 엘리트가 해야 된다는 의식이 담겨 있고, 이것은 홍길동이나 임꺽정 같은 의적 소설에서조차 극복 못하던 부분이었다. 민초는 그냥 지배 엘리트들 혹은 지배 엘리트의 물을 조금이라도 먹은 홍길동이나 '강 병장' 같은 이들의 지도를 받으면 되는 일이었다.

오죽하면 우리가 자랑하는 동학혁명의 기원도 교조 신원운동으로부터 시작했겠는가? 혁명의 대상으로서 극복해야 할 왕이 아니라 억울함을 풀어주는(신원) 절대 권력을 가진 존재로 왕을 생각했다는 것이 동학혁명의 씁쓸한 면이다.

그런데 드라마 〈역적〉에서 홍길동은 다르다. 양반의 피는 조금도 섞이지 않았고 연산군을 향해 "어이~ 이융"이라고 부른다. 한국 사극에서 천민이 왕을 향해 이름을 부르는 장면은 이 드라마가 처음일 듯하다. 한국의 오랜 계급 콤플렉스를 깬 작가와 PD들에게 찬사를 보낸다.

A급이라 할 만한 출연자가 없다는 점도 계급 콤플렉스를 염두에 둔 캐스팅으로 보인다. 30부작이라면 방송사에서 꽤 신경을 쓰는 드라마일 터인데 간판급 연기자 없이 드라마를 만드는 모험을 했다. 장녹수 역의 이하늬와 아모개 역의 김상중 정도가 A급일 뿐, 아직 연기력이 완전히 검증되지 않은 신인 윤균상에게 주인공 홍길동 역을 맡겼다. 그 밖에 홍길동의 측근 동료들로 나오는 조연급들도 거의가 무명 배우들이다. 굳이 표현하자면 역적 홍길동처럼 '민중'들로 드라마를 제작한 셈이다.

한국 진보 언론의
계급 콤플렉스

요즘 『한겨레』, 『경향신문』 등 '진보'로 분류되는 언론들의 '문재인 까기'에 갸우뚱해하는 사람들이 많다. 한국처럼 오른쪽으로 기울어진 운동장에서 문재인은 심상정과 함께 그나마 진보를 대표하는 정치인이다. 진보 언론이라고 해서 진보 후보를 밀 필요는 없지만 (보수 언론은 노골적으로 보수 후보를 잘도 미는데 진보 언론의 기계적 중립은 거슬리지만 그 논의는 일단 제쳐두고) 문재인을 향한 더 가혹한 논조에는 분명 문제가 있어 보인다. 진보 언론이라면 문재인, 심상정의 '우향우'를 비판해야 하는데 지금의 비판에는 그 부분은 빠져 있고 난데없이 '패권', '확장성' 운운한다.

안철수가 분명 진보는 아닐 터, 진보 언론뿐 아니라 안철수에게 기울어져 있는 일부 진보 성향의 유권자들을 보면 후보를 향한 호불호를 떠나 논리적 인과 관계가 잘 맞지 않아 보인다.

이유야 여러 가지가 있겠지만 한국 사회의 뿌리 깊은 계급의식과 엘리트주의가 비문, 반문의 실체일 가능성이 크다. 현재 한국 야당의 분열사는 1950년대 후반 민주당 구파와 신파로부터 시작되었다. 4·19로 정권을 잡은 민주당의 구파에는 대통령 윤보선이 있었고 신파에는 총리 장면이 있었다. 김영삼은 구파에서 김대중은 신파에서 정치를 배웠다. 이 둘은 훗날 상도동계와 동교동계의 수장이 되면서 정치 세력들이 양강 구도에 흡수된다.

제3의 세력으로는 민주화 운동 세력이 있었는데 원로급으로는 문익환, 장준하, 백기완 등이 있었고 김근태, 이부영이 그 뒤를 이었다. 동교동과 상도동은 선거철만 되면 민주화 운동 그룹에서 '선수'들을 수혈받았다.

조봉암 사형, 통혁당 관계자 일부 사형, 인혁당 지도부 8명 전원 사형으로 한국의 혁신 세력이 붕괴되었다. 김철(김한길의 아버지)이 혁신 세력을 잇는 듯이 보였으나 흐지부지되고 말았다. 혁신을 외쳐야 할 전통 야당 세력이나 민주화 운동 세력이 정치권의 '문법' 안으로 편입되었다는 뜻이다. 그러면서 진짜 '패권'(친노 패권이나 친문 패권이 아닌)이 생겨났고 정치 공학적 판단이 한국 정치를 이끌게 되었다.

이 양대 세력은 언론으로부터도 많은 수혈을 받았다. 언론사들은 의도적으로 엘리트들을 정당 출입기자로 보내 밀월 관계를 유지했다.

이런 풍토에서 노무현의 등장은 '듣보잡'의 출현이었다. 정통 운동권도 아니고 옛 민주당의 신구파 프레임으로도 분석되지 않았다. 굳이 따지자면 김영삼이 천거했으니 민주당 구파의 피가 흐른다고 할 수 있으나 그는 3당 합당을 거부하여 그 라인에도 속하지 못했다. 그러다 보니 야당이 갖고 있던 언론 인맥도 넘겨받지 못했다. 동교동계와 연대해서 새천년민주당을 만들었으나 여기서도 그는 천덕꾸러기 신세였다.

우여곡절 끝에 대통령이 된 노무현은 2007년 기자실을 폐쇄하려다가 언론의 호된 공격을 받고 포기했다. 언론은 언론 자유 침해라고 목소리를 높였으나 기자실 제도야말로 기자 기득권을 유지하고 은밀한 거래가 오고가는 공간, 발로 뛰기보다는 앉아서 받아먹는 구시대의 작태 공간이었다. 문재인은 노무현에 비하면 더 내세울 것이 없는 사람이다. 언론과의 관계가 좋을 일이 없다.

결국 언론이 문재인에게 가혹한 이유는, 그들에게 고분고분하지 않기 때문이며 예전 같은 핫라인이 살아 있지 않기 때문이다. 나아가서 한국 정치의 명문 사숙私塾 같은 상도동계와 동교동계에 속하지 않은 데 대한 보복이고 운동권 엘리트들의 뿌리 깊은 서열주의가 반문, 비문을 불러왔다.

재미로 보는 드라마에서조차 넘지 못했던 계급주의를 〈역적〉이 극복하고 있어서 보기 좋다. 언론들도 이제 변화하는 상황을 겸손하게 인정해야 한다. 어차피 종이 신문은 수명이 다했고 지면을 통해 필력을 펼치던 엘리트들(논설위원이나 교수들)의 칼럼도 인터넷 논객들에게 밀리고 있다. 그 빈자리를 '근본도 없는' 팟캐스트들이 대신하고 있는데, 이들은 대개가 친문 성향이다. 지금 새 정권의 주요 매체가 무엇이 될 것인가를 두고 신흥 매체와 구매체가 일전을 벌이는 것처럼 보인다.

보수 언론에 비해 더 빠른 속도로 쇠퇴하고 있는 진보 언론의 몸부림을 충분히 감안해도 이 싸움에서 살아남기 위해 '같은 편'을 희생 제물로 삼는 것은 비겁해 보인다. 그들이 누리던 '계급적 상위'의 단꿈에서 하루 빨리 깨기를 바란다.

알랭 드 보통Alain de Botton이 『뉴스의 시대—뉴스에 대해 알아야 할 모든 것(The News: A User's Manual)』에서 언급했듯, 뉴스는 '기만의 고수'다. 세상이 왜 바뀌지 않는지에 대한 진짜 이유를 설명해주지 않고 몸에 밴 현혹의 기술로 '팩트'를 이야기하지만 요즘 뉴스 소비자들은 그렇게 어리석지 않다.

· 알랭 드 보통, 『뉴스의 시대—뉴스에 대해 알아야 할 모든 것』(최민우 옮김, 문학동네, 2014).

김정숙 여사,
김정숙 씨 그리고 사모

호칭 갈등은
사회학이 아니라 문화로 풀어야

목사의 아내를 부르는 호칭 중에 '사모師母'는 어원이나 정체가 명확하지 않다. 스승이나 높은 사람의 아내를 높여 부르는 '사모'와 목사의 아내 '사모'는 다르다. 다른 사람들이 높여 부를 때는 용례가 같으나 목사 사모는 특이하게 1인칭으로도 쓰인다. 예를 들어 목사의 아내가 자신을 사모라고 스스로 호칭할 때 나는 승려들이 자신을 스님(승님이 변한 것)이라고 부르는 것이 생각나 실소를 금치 못한다. 나이 든 목사(아내)들이야 자랑할 게 나이밖에 없어서 그렇다손 쳐도 새파랗게 젊은 여성들이 '아무개 목사 사모 아모개입니다'라고 자신을 소개할 때는 불쾌하기까지 하다. 목사가 자신의 아내를 소개할 때 '사모 아모개입니다'의 경우도 맞지 않는 어법이다. 높은 사람의 아내를 부르는 '사모'와 목사 '사모'는 다르다.

이런 문제점 때문에 이른바 '교회 개혁' 운운하는 사람들이 사모라는 호칭을 사용해서는 안 된다고 주장한다. 맞는 말이다. 그러나 그들 역시 속내를 숨기고 있는 경우가 많은데, 그들은 '사모'라고 부르기는 싫어도 목사 아내에게 '희생'이라는 이름으로 무임금 노동을 강요하는 데서는 크게 다르지 않다. 이 경우는 '사모'를 남용하는 사람들보다 더 나쁘다. '희생'을 인정해서 존경의 뜻으로 높여 부르지도 않으면서 '희생'해주기를 바라기 때문이다.

사모라고 부르지 않으려면 교회 안에서 목회자 아내에게 어떠한 역할도 요구하지 말아야 한다. 미국 주류교단의 교회들처럼 아내가 다른 교회에 나가는 것도 문제 삼지 않을 정도가 되어야 사모라는 호칭의 부당성을 주장하는 마음의 진정성이 인정받는다.

결국 '사모'(목사의 아내)라는 호칭은 권위를 인정받고 싶어 하는 목사(아내)들의 욕구와 목사 아내를 사모라고 높여 부르면서 무임금 노동을 시키려는 교인들의 욕구가 묘하게 충돌하거나 조화하는 기괴한 호칭이다.

호칭 문제는 참 어렵다. 옛 사람들은 호 또는 자를 통해 호칭의 문제를 해결했다. 정몽주는 정도전보다 다섯 살 정도가 많았는데 조선 건국을 놓고 대립하기 전까지 그들은 서로를 포은과 삼봉이라고 부르면서 우정을 유지했다.

문재인 대통령의 부인 김정숙 씨를 '여사'라고 호칭할 것인가, '씨'로 부를 것인가를 놓고 갈등이 있었다. '씨' 호칭을 불편해하는 사람들의 반발에도 불구하고 『한겨레』를 비롯한 진보 언론들은 취임 초기 '씨'를 고수했다.

여사라는 말을 사전에 검색해보면, 1. 결혼한 여자를 높여 이르는 말, 2. 사회적으로 이름 있는 여자를 높여 이르는 말로 나온다. 사전적 의미로만 보자면 퍼스트레이디First Lady 대신 2번의 의미로 사용하는 것도 크게 문제는 없어 보인다.

사실 '씨'냐 '여사'냐의 논쟁은 지난 2007년 노무현 대통령의 부인을 권양숙 씨로 호칭한 일을 놓고 당시 강혜란 한국여성민우회 미디어운동본부 소장이 『미디어 오늘』에 「아직도 여사라는 호칭을 사용하십니까?」라는 글을 통해 촉발되었다.(2007년 10월 10일 『미디어 오늘』) 강혜란 소장이 소개한 『한겨레』 신문의 교열 원칙은 다음과 같았다.

『한겨레』 신문이 '영부인'도 '여사'도 아닌 '권양숙 씨'를 사용한 이유는, 우리 사회의 고질적인 병폐 중 하나인 위계적 질서에 대한 문제의식 때문이라고 한다. 즉, 모든 것을 서열화하고 그 서열에 따라 호명하지 않으면 안 되는 권위주의적 잔재를 청산하기 위한 시도라는 것이다. 남편의 지위에 따라 여성에 대한 호칭을 구분하는 것이 바람직하지 않다는 의견도 반영되었다. 여성을 남성과는 다르게 특정하는 것도 문제이지만, 그 여성의 지위를 남편의 지위에 따라 호명하는 것은 더욱 적절치 않다는 주장은 설득력이 있다.

사실 언론이 대다수를 남성이라고 전제한 채 여성을 배타적으로 호명해온 것은 어제오늘 일이 아니다. 때문에 많은 이들이 오랫동안 이

문제를 제기해왔다. 여성만 괄호를 만들어 (여)라고 기술하거나 '여성 감독', '여교수', '여류명사', '여기자' 등, 여성만을 배타적으로 호명하는 방식은 그 자체로 세상의 중심이 남성임을 확인시키는 중요한 메시지로 기능해왔다.

강 소장은 칼럼의 결론에서 "위계적이고 성차별적인 사회에 이러한 문제의식을 던져주는 언론의 시도, 이러한 언론의 시도만으로도 변화에 대한 희망은 있다"라며 『한겨레』의 손을 들어주었다.

하지만 당시에 논쟁이 더 이상 과열되지는 않았다. 2007년은 노무현 정부의 인기가 거의 바닥을 칠 때여서 누구도 '권양숙 여사'라고 불러야 된다고 총대를 매지는 않았다. 아마도 이때의 미안함 때문인지 문재인 정부 들어서서 '김정숙 씨'라고 불러서는 안 된다는 주장들이 계속되고 있다.

독일어에서 2인칭 대명사는 du와 sie가 있는데 sie는 상대방을 높여 부르는 말이다. 반대로 du는 친근한 관계에 사용된다. 마르틴 부버 Martin Buber의 명저 『나와 너(Ich und Du)』에서 부버는 너를 'Du'라고 불렀다. '너'에는 신도 포함되는데 말이다.

독일에서는 2인칭 대명사 sie 대신에 du를 사용하는 빈도가 높아지고 있다. '오늘날 빠른 du 사용에 대한 당신의 생각은'이라고 질문을 던진 1985년 여론 조사에 따르면, 녹색당의 89.7퍼센트, 사민당의 62.2퍼센트가 좋게 생각한다고 응답했고, 자민당은 59.9퍼센트가 좋지 않게 생각한다고 응답했다. 연령대로는 20대의 80퍼센트가 좋다고 대답했고 60대 이상은 64.3퍼센트가 좋지 않다고 대답했다. 흥미로운 사실은 교회에 나가는 사람들의 40퍼센트 이상이 좋다고 대답해서 좋지 않다는 응답보다 높았다. 한국이나 미국의 교회가 보수적인 것과 달리 유럽의 교회는 사회의 변화보다 앞서간다는 사실을 보여준다.

　통계에서처럼 진보적인 성향의 사람들이 호칭 문제에 대해서는 개방적이다. 여성민우회도 마찬가지다. 그러나 2017년에는 문재인에게 투표했던 사람들 일부(진보로 분류될 수 있는 사람들)가 호칭에 대해서 문제를 제기하는 형국이다.

　이 현상을 어떻게 보아야 할까? 결론적으로 말하면『한겨레』의 교열 원칙은 옳다. 앞으로 이 교열 원칙은 어떤 경우에라도 지켜져야 한다. 경우에 따라 '여사'와 '씨'를 혼용한다면『한겨레』의 신뢰는 땅에 떨어질 것이다.

　하지만 명심해야 할 부분이 하나 더 있다. '씨'라는 호칭 사용에 대한 비판의 책임도 오롯이『한겨레』에 있다는 사실이다. 호칭은, 특히 한국 사회에서 사회학적으로나 아니면 한 신문사의 교열 원칙으로서만 해결할 수 없는 복잡성을 담고 있다. 그러므로 이 호칭을 문제 삼는 이들도 『한겨레』의 교열 원칙만큼이나 정당하니 감수해야 한다. 신문은 더 이상 계몽의 도구가 아니다.

　부버가 이야기했듯이 삶의 두 가지 관계란 '나와 너'의 인격적 대화의 관계고 또 하나는 '나와 그것'의 비인격적인 관계다. 부버에 따르면, 나와 너의 관계는 대화의 관계로서 이러한 관계가 인격적으로 이루어질 때 공동체를 이루게 된다.

　'씨'와 '여사', 둘을 놓고 보면 '씨'는 '호칭 통일이라는 사회적 합의'를 우선으로 하는 것으로 보이고 '여사'는 상호 존중을 통하여 공동체로 발전해나가기 위해 인격적 관계를 앞세운 느낌이 강하다. 공동체를 강조하는 것은 옳지만 정서를 고려하지 않은 '씨'에서 '너'보다는 '그것'이 먼저 발견되는 것이 문제다.

여론의 반발에 못 이겨 『한겨레』는 결국 '김정숙 여사'로 선회했다. 잘한 결정이다. 언론이 추구해야 할 진보의 가치는 호칭 말고도 실현할 곳이 많다. 게다가 소탈한 행보를 보이는 김정숙 여사를 김정숙 씨로 호칭했다면 아주 기계적인 호칭이 되고 말았을 것이다.

· 베르너 베쉬Werner Besch, 『야, 너 그리고 당신─호칭과 문화(Duzen, Siezen, Titu-lieren: zur Anrede im Deutschen heute und gestern)』(전춘명 옮김, 한신대학교 출판부, 2009).

니노미야 긴지로와 박정희

―박정희 지게 동상은 표절이 아니라 폭력의 은폐

경상북도 구미시가 28억을 들여 제작하기로 했던 박정희 뮤지컬이 취소됐다. 여론의 역풍에 따른 선택이었지만 구미시가 박정희 우상화로부터 완전히 자유로운 것은 아니다. 2017년이면 1917년생인 박정희가 태어난 지 백 년, 구미시는 이른바 '탄신 백주년' 행사의 하나인 뮤지컬은 취소했지만 박정희 테마 밥상 등 관광 상품은 계속 추진할 계획이다.

구미시에는 박정희의 생가에서 구미초등학교까지 약 6.4km 구간에 박정희 등굣길이 조성되어 있다. 그 길에 세워져 있는 지게를 진 어린 박정희의 동상이 일본 에도 시대의 니노미야 긴지로(二宮金次郞)의 동상을 그대로 베낀 것이어서 표절 논란을 넘어 박정희 정신에 담긴 친일성을 그대로 드러내고 있다.

이 문제를 처음 제기한 사람은 『재미동포 아줌마, 북한에 가다』의 저자인 신은미 박사이다. 그는 로스앤젤레스 일본 거리(리틀 도쿄)의 니노미야 긴지로 동상 사진을 직접 찍어 페이스북에 올리면서 이렇게 썼다.

"우연히 인터넷에서 한국의 거리에 세워진 한 동상 사진을 보곤 깜짝 놀랐다. '어찌 저런 일본인의 동상을 세우다니'라고 탄식하면서. 자세히 보니 일본의 니노미야 긴지로가 아니라 한국의 박정희였다. 에도 시대 때 지게를 지고 다니며 공부를 해서 성공했다는 일본의 니노미야 긴지로 동상을 그대로 복사한 듯한 박정희의 동상이다. 모방도 좋다만 왜 하필이면 니노미야 긴지로일까. 니노미야 긴지로의 동상을 '표절'한 사람(또는 기관)은 그가 정한론자였다는 사실을 알고는 있었는지. 아니면 그들은 '뼛속까지 친일'인지…"

이어 박노자 교수는 신은미 박사의 페이스북 글을 공유하면서 니노미야 긴지로를 숭배하는 한국의 친일 세력들을 질타했다. 박 교수에 따르면 "명치 정신이 여전히 식민성을 벗어나지 못한 대한민국 우파의 정신적 고향"이라는 것이다. 박노자 교수는 페이스북에 다음과 같은 글을 올렸다.

"니노미야 긴지로라는 막말의 인물은, 명치 시대 때에 일본 지배층에 딱 필요한 '상징'으로 거듭난 것입니다. 신과 윗어른 존숭, 근검절약, 자강불식, 도서와 출세, 자조하면 천조도 따라온다… 명치 시대, 권위주의적인 위로부터의 '근대화'에 말하자면 '딱 맞는' 인간상은 바로 니노미야 였습니다.

윗사람의 말을 잘 듣고, 열심히 일하면서 열심히 독서하고, 그렇게 해서 출세를 도모하고, 가미(신)들을 잘 섬기고… '순량한 황민'의 원형이죠. 그래서 1904년부터 일본 제국의 국정교과서인 수신교과서에 이 니노미야 청년 미담이 나옵니다. 조선이 합병당하자 식민지 보통학교 수신 교과서에서도 똑같은 이야기가 실리게 됐죠. 바로 이 교과서들을 가지고 다카키 마사오나 이병철 등을 위시한 현대 한국의 '엘리트'들이 그 근본적인 세계관을 형성했습니다."

1787년 가나가와현 오다하라시 농가에서 태어난 긴지로는 어릴 때 고아가 되었지만 특유의 근면성으로 36세에 지방 관리가 되어 농가 수확을 올리고 절제, 보은, 양보의 중요성을 가르친 인물로 일본의 대부분 소학교(초등학교)에 그의 동상이 세워져 있다. 그에 대한 신비화는 이른바 긴지로 괴담을 생산하기도 했다. 성실한 긴지로는 동상 안에 갇혀 있지 않고 학생들이 모두 집으로 돌아간 뒤 밤에 운동장을 거닌다(또는 마당을 쓴다)는 따위의 괴담이 일본 소학교에는 널리 퍼져 있다고 한다.

박노자가 한국 우파의 정신적 고향이라고 지적했듯, 이어령이 2009년 6월 9일 『중앙일보』에 기고한 글에는 이러한 정신이 그대로 드러나 있다.

"바쿠단 상요시(爆彈三勇士), 구군신(九軍神) 그리고 가미카제(神風) 특공대처럼 천황을 위해 죽자는 세상에서 부모에게 효도하고 형제 우애 있게 자라면서 열심히 책을 읽는 니노미야 긴지로는 분명 일본 사람인데도 이웃 동네 할아버지쯤으로 보였다. 더구나 그는 짚신과 관계가 깊다. 밤마다 짚신을 삼고 아침 일찍 그것을 팔아 푼돈을 모은다. 그렇게 시작해 몰락한 집안을 살리고 물건을 아껴 쓰는 법과 농사짓는 법을 개량하여 나중에는 기근으로 죽어가는 마을 전체를 일으켜 세웠다. '사쿠라마치'를 필두로 수십 수백의 농촌을 빈곤과 게으름과 기근에서 구해낸 '니노미야'는 총칼이 아니고서도 영웅이 될 수 있는 길을 걸었다.

그의 농사법 개량과 수차水車와 제방을 쌓는 신기술, 그리고 고리대금을 하지 않고서도 돈을 당당하게 증식하는 그 모든 놀라운 철학들은 한 켤레 짚신, 한 권의 책에서 가져온 것이라 할 수 있다. 그는 길가에서 다 해어진 짚신을 가슴에 안고 기도하는 할머니의 짚신 공양供養에서 큰 감명을 받는다."

긴지로는 총칼이 아니라 근면과 성실로 존경받는 인물이라는 게 이어령의 주장이다. 물론 긴지로는 무사 계급도 아니고 고위 관료도 아니었다. 하지만 도쿠가와 시대에서 메이지 시대로 넘어가던 시기의 농업 개혁운동은 메이지 유신이 연착륙하는 데 크게 기여했다. 도쿠가와 시대 말기 자본 계급이 성장함에 따라 농민의 삶은 크게 피폐해졌다. 반면 사무라이를 비롯한 상위 계급들의 수탈은 더욱 심해졌다. 이 시기에 농업을 개혁하고자 했던 긴지로의 운동은 '보은' 등의 도덕적 개념을 도입함으로써 정부에 대한 농민들의 비판을 잠재울 수 있었다.

더 이상 농민을 수탈하지 못하게 된 사무라이 계급은 몰락의 길을 걷기 시작했고, 새롭게 시작한 메이지 시대는 불만에 찬 사무라이를 달랠 필요가 있었다. 불만의 시선을 밖으로 돌리게 하는 가장 좋은 이념은

정한론이었다.

특히 아시아를 벗어나 서구 세계를 지향해야 한다는 '탈아입구'를 일본 국민에게 인식시키는 데는 '근면성'만큼 좋은 것이 없었다. 그리고 '탈아'가 정당성을 확보하기 위해서는 주변의 조선이나 중국을 미개한 나라로 봐야 했다. 결국 임진왜란 이후 도쿠가와 막부가 견지해왔던 조선 존중의 태도는 에도 후기 정한론으로 뒤바뀐다.

일본에서 보면 더 '위대한' 인물이 많았는데 왜 긴지로를 근대화의 영웅으로 추앙할까? 그는 정한론의 이론적 토대를 제공한 인물이면서 동시에 중앙 무대와는 거리가 있는 인물이었다. 요시다 쇼인 같은 강경파도 아니었다. 그런 점에서 니노미야 긴지로는 메이지 이후 조선으로 눈을 돌리던 일본의 야욕을 숨기기에 적격인 '카케무샤'였다. 일본의 기독교 사상카인 우치무라 간조(內村鑑三)조차도 니노미야 간지로를 일본을 만든 5명의 사상가 중 한 명으로 꼽을 정도였으니 그는 일본의 야욕을 숨기기 위한 '상품'으로는 최적의 인물이었다.

마찬가지로 구미시의 박정희 지게 동상은 총칼로 정권을 잡은 메이지 유신 신봉자 박정희를 포장하기 위한 설정이다. 따라서 지게 동상은 단순한 표절이 아니라 이 나라 지배 권력의 일본 숭배의 표징인 동시에 지배 계급의 폭력성을 은폐하기 위한 복면에 다름 아니다.

• 장인성, 『메이지 유신―현대 일본의 출발점』(살림, 2007).

말의 정당성은 삶의 정당성에서 나온다
―박유하와 김동호

영국의 작가 버지니아 울프는 어느 날 평화운동가로부터 3기니를 후원해달라는 편지를 받는다. 기니는 지금 1파운드에 해당하는 돈으로 1.3달러 정도 되니 큰돈이 아니지만 당시 기준으로 지금보다는 더 가치가 있었을 것이다. 울프는 고민 끝에 1기니만을 보내면서 장문의 편지를 함께 보낸다. 그 편지에서 울프는 당신이 하는 일은 옳지만 나는 여자대학의 증축과 여성의 직업 마련에 각각 1기니를 기부하겠다고 말한다. 남성들이 전쟁으로 돌진하고 있는 시대에 여성들이 이 파괴적 참상을 막으려면, 경제적 자립과 정신적 자유가 보장되어야 하므로 여성교육이 전쟁 방지에는 더 시급한 일이라면서.

요즘 말로, 울프는 까칠하다. 당시로도 3기니는 아주 거액은 아니었

을 것이다. 게다가 후원 요청 편지를 받을 정도면 이미 작가로서 명망
도 얻었을 시점이다. '그냥 주고 말지'라는 생각도 든다. 하지만 울프는
자기의 생각을 관철하고야 만다. 1938년 출간된 버지니아 울프의 『3기
니』에 실려 있던 이야기이다.

　김동호 목사가 사고를 쳤다. 세월호에 대한 그의 소감이 SNS에 퍼지
면서 비난이 쏟아지고 있기 때문이다. 일단 그의 게시물을 보자.

　　"노란 리본을 단 사람들이 눈에 많이 띈다.
　　특히 정치인들. 정치인들이라고 다 진심이 아닌 것은 아니겠지만 별로
　　진실성은 없어 보인다. 사람에게 보이려고 길거리에 서서 기도하던 바리
　　새인 같은 느낌이 든다. 내게도 그런 마음이 있다는 걸 내가 안다. 그래서
　　나는 선뜻 노란 리본을 달지 못하고 있다. 그런 마음을 가지고 리본을 다
　　는 건 비겁한 거라는 생각이 들어 나는 쉽게 리본을 달지 못하고 있다.
　　막내아들이 광화문에서 열리는 세월호 추도예배에 같이 가지 않겠느냐
　　고 물었다. 난 함께 가지 못했다. 추도예배 하나 가놓고 나를 변명할까 봐
　　그것이 싫었다. 혹시 우리 막내아들 녀석, 내가 추도예배 같이 안 갔다고
　　세월호 사건에 대하여 생각도 의식도 없는 애비라고 오해하지는 않았을
　　까 조금은 걱정된다. 그건 아닌데…
　　노란 리본을 달면 종북 좌파로 몰리기 십상이다. 높은 뜻 정의교회 오대
　　식 목사의 페이스북을 보았다. 큰일할 목사가 노란 리본 달고 다니면 안
　　된다고 누가 충고했다는… 개의치 않고 당당하게 노란 리본을 단 오대식
　　목사가 나는 좋다.

그래도 난 선뜻 노란 리본을 달지 못하고 있다. 큰일하고 싶어서도 아니고 종북 좌파로 몰릴까 봐도 아니다. 누군 노란 리본 달았다고 뭐라 하고. 누군 노란 리본 안 달았다고 뭐라 하고. 누가 뭐란다고 노란 리본 안 달 수도 없지만, 누가 뭐란다고 노란 리본 달 수도 없지 않은가?

노란 리본 달았다고 뭐라 그래도 안 되고, 노란 리본 안 달았다고 뭐라 그래도 안 된다. 노란 리본 달았다고 다 빨갱이도 아니고, 노란 리본 안 달았다고 모두 다 보수 꼴통도 아니다. 우리 높은 뜻 교회에는 노란 리본 단 목사도 있고, 나처럼 노란 리본 안 단, 아니 못 단 목사도 있다. 노란 리본 단 사람도 세월호가 마음 아프고, 노란 리본 못 단 사람도 세월호가 마음 아프다. 너는 네 식대로 아파하고, 그냥 나는 내 식대로 좀 아파하자."

사실 틀린 말은 아니다. 누구나 개성 있게 슬픔을 표현할 수 있다. 슬퍼하지 않겠다는 마음도 아니다. 사방에서 쏟아지는 비난 속에서 김 목사는 이 시대의 완고함을 위해 기도하고 있을지도 모른다. 슬픔의 표현 양식까지 획일화되어야 하는 시대를 아파하고 쓰린 마음을 달랠지도 모른다. 한편에서는 '그의 발언이 어때서'라고 반문하며 세월호 추모 분위기 때문에 자신의 의사를 묻어버려야 하는 현실을 안타까워하는 사람도 있을 것이다.

버지니아 울프도 '반전 평화'라는 의미있는 일에 대체적으로 동의하면서도 전적으로 동의하기는 어려운 자기만의 의견을 확실히 밝혔고, 이유를 밝힌 내용이 지금도 명문으로 남아 있는데 김동호 목사의 개성은 왜 그리 비난받아야 하느냐고 반문할 수도 있다.

그러면 울프와 김 목사의 차이는 무엇인가?

김 목사는 이 글을 통해 자신만의 슬픔 표현 방법을 이해해달라고, 우리 사회는 획일화된 사회가 아니지 않냐고 반문한다. 문제는 그가 노란 리본을 달지 않음으로 인해 보여주고자 한 것이 없다는 점이다. 울프는 명분있는 일에 겨우 1기니를 쓰면서 나머지 2기니는 그가 생각하기에 더 명분있는 일에 썼다. 그런데 김동호 목사는 아무 일도 하지 않고 노란 리본을 거부했다.

그는 광화문에 나가지도 않았으며 세월호 같은 사고가 다시는 일어나지 않도록 하는 시민운동에도 함께하지 않았고 진상규명을 위해 단식 같은 것도 하지 않았다. 그가 동조 단식을 하면서 노란 리본을 달지 않았다면 누구도 그를 비난하지 않았을 것이다. 그러면서 자기의 개성을 내세웠기 때문에 비난받아 마땅하다. 아무 대안 없이 '나대로'를 드러내는 일은 의미가 없다.

이렇게 '자기만의 방법'을 내세우는 사람이 목회는 그렇게 해오지 않았다. 그는 늘 대세를 따랐으며 '교세' 확장에 힘써왔다. 한국의 목사들이 걸어온 그 길을 크게 벗어나지 않았다. 그런데 지금 와서 왜 갑자기 '나대로'를? 그것이 설명되지 않기에 그의 발언은 경솔했다. 노란 리본은 연대의 표현인데 거기서 개성만을 발견한 것은 뜬금없다.

그를 보면서 『제국의 위안부』의 저자 박유하 교수가 생각났다. 『제국의 위안부』를 통하여 박 교수는 일제하 종군 위안부가 민간업자 소관이었으며 위안부와 군인들 사이에 '감정적 교류'까지 있었다는 말로 시민운동 진영의 분노를 샀다. 결국 비난하는 사람들과 맞소송까지 갔다.

시중의 비난처럼 박 교수가 일본 정부의 보상 책임이 없다고 말하지 않았으므로 그녀를 향한 감정적 비난에 지나친 면이 없지 않다. 그러나

장정일의 말처럼 "사태를 하나로 묶고 파악하는 이런 총체적 관점은, 군 위안부를 착취한 일본군의 다양한 사례를 제시하려는 저자의 강박 때문에 휘발되고 말았다."

학술적으로 박 교수의 주장은 사료에 근거한 객관성을 갖는다. 오래전 인기를 끌었던 드라마 〈여명의 눈동자〉(김성종 원작, 김종학 연출, 1991)에도 민간업자가 위안부 모집을 하는 장면이 나온다. 당시 드라마를 보고 상당한 충격을 받았던 기억이 난다.

그렇다면 박유하 교수는 비난받을 일이 없나? 전쟁하에서 민간업자라는 것이 정부의 강압 없는 순수한 기업일 수 없다. 박유하 교수도 물론 그리 썼다지만 객관적 사료 위에 주관적 견해를 담아야 했다.

포스트 모던 시대는 학문이 객관성과 자료만으로 정당성을 확보할수 없는 시대이다. 박유하는 모던적인 객관성을 주장하면서 위안부 할머니들의 마음에 상처를 주었다. 1970년대 유행하던, 서울에 무작정 상경한 처녀들이 술집에 팔려가는 소재의 영화들도 그녀들을 산업화 과정의 희생양으로 묘사하는데 박유하의 논지는 '학문적 검증'이라는 '강박' 때문에 정말 말하고 싶은 것을 놓쳐버린 듯하다.

김동호 목사 역시 자신만의 개성이라는 포스트 모던식 의사 표현을 하면서 아픈 자들과 함께하는 목회를 보여주지 못했다. 옳다고 해서 정당성을 인정받는 것은 아니다. 말과 글의 정당성은 삶의 정당성과 함께 가야 할 뿐 아니라 시대의 정서와도 함께 가야 한다. 슬퍼하는 자들과 연대하는 글과 말이 필요한 시대다.

・박유하, 『제국의 위안부』(뿌리와이파리, 2013).

조만식, 팅구앙쉰, 카스너

전쟁의 공포가 희미하게라도 남아 있는 사람들의 나이가 적어도 60대 후반에 이른 시대를 살고 있다. 그러나 지난 긴 세월 동안 평화를 위한 진전은 거북이 걸음을 한 것이 사실이다. 김대중, 노무현 정부에서의 대북 화해 정책은 남북 관계를 잠시 진전시키는 듯했으나 보수 세력으로부터 퍼주기라는 비난에 직면했고 한국 정부의 대북 정책은 뒷걸음치다가 멈추어버렸다.

북한은 3대 세습, 고립, 정제되지 않은 대남방송 등으로 늘 낯설다. 그래서 북한을 건달 국가쯤으로 여기는 것이 솔직히 많은 사람들의 생각 속에 남아 있다. 하지만 유엔 가입 국가이고 외교를 활발히 하고 있으며, 그들의 자구책을 위해 애쓰는, 낯설기는 하지만 하나의 국가이다.

이렇게 본다면 통일에 별생각이 없는 젊은 세대들의 의식이 북한을 더 정확히 보는 것이라고 할 수 있다. 진보든 보수든 통일에 대한 젊은이들의 의식 부재와 6·25 발발 연도를 모른다는 역사 부재에 호들갑을 떨지만 차라리 북한을 다른 나라로 여긴다면 갈등의 요인은 현저히 줄어들기에 그들이 현명할 수 있다는 말이다.

반면 보수 정권들의 북한 인식은 이도 저도 아니다. 외교 대상 나라로도 인정 않고, 언젠가 통일이 되어야 할 민족으로도 생각하지 않는다. 66년 전이나 지금이나 물리치고 정복해야 할 '역도'로 보고 있다. 그래서 북한 코밑에서 행해지는 대규모 한미 군사훈련은 정당한 방위훈련이 되고 북한의 군사적 행동은 도발이 된다. 이런 인식은 통일에도 한반도 평화 정착에도 도움이 되지 않는 몰상식한 인식이지만 그것이 한국의 정치를 지배하는 현실 속에 살고 있다.

우리에게 통일은 어떻게 다가올까? 그리고 걸림돌은 무엇일까? 한반도 정세 분석가도 아니기에 여기에 답할 위치에 있지 않다. 그렇지만 기독교인들이 이념의 갈등을 극복하는 데 앞장서고 통일에 조금이라도 도움이 되어야 한다는 것이 당위라고 한다면, 어떤 이들의 삶과 철학으로부터 배울 수 있을까를 생각하던 중에 세 사람이 떠올랐다.

조만식

1945년 10월 14일 평양 공설운동장에서 '김일성 장군 환영 평양 시민대회'가 열렸다. 수십만이 모인 이 대회의 첫 번째 연사는 소련 제 25군 정치 사령관 레베데프 소장이었고 두 번째 연사는 고당 조만식

장로였다. 그리고 이어 김일성 장군이 연설했다. 해방 후 두 달여가 지난 시점에서 조만식과 김일성은 같은 기념식에 있었다.

조만식 장로는 주기철 목사가 목회하던 산정현교회의 장로였다. 오산학교 제자인 주기철 목사가 은사인 조만식 장로가 예배에 늦었다고 서서 예배드리라고 했다는 일화는 목사들의 단골 예화이기도 하다. 해방 이후 그는 북한 지역 건국준비위원장을 맡았다. 당시 평양에서 조만식의 영향력은 절대적인 것이어서 소련군 정보 장교는 "평양은 전부 조만식 판"이라고 보고했다고 한다.

해방 당시 북한의 정치 지형에서 소수였던 항일무장투쟁 세력을 대표하던 김일성은 국내 민족주의 세력의 지도자였던 조만식에게 최대한의 예의를 갖추었다. 김일성이 조선 건국의 주체를 프롤레타리아에 국한하지 않고 양심적인 민족주의 세력도 포함하자고 주장한 데는 조만식을 의식했다는 주장도 있다. 조만식은 강경한 사람은 아니었다. 지주와 소작농 수확 분배를 3:7로 하자는 농민연맹의 결정에 반대하며 지주의 몫을 4로 하자고 주장할 정도로 온건한 사람이었다. 북한에 친소련 정권을 세우기 위해 소련은 백성들의 존경을 받는 민족주의자가 필요했는데, 당시 북한에 남은 민족주의자라고는 조만식밖에 없었다. 그러나 우익인 조만식과 김일성 사이에는 좁힐 수 없는 간극이 있었다.

그럼에도 불구하고 조만식은 북한 지역을 포기하지 않았다. 한경직, 윤하영 같은 기독교 지도자들이 일찌감치 월남한 것과는 달리 조만식은 죽기까지 나라와 신앙에 대한 자기의 소신을 굽히지 않았다. 해방된 지 겨우 2개월 만에 남쪽으로 넘어온 한경직이 조만식장로기념사업회(1976년 창립) 초대회장을 맡은 것은 역사의 흥미로운 장면이다.

조만식은 기독교 우익이었지만 이승만과는 달랐다는 것이 학계의 중론이다. 그는 정치 지향적인 인물이 아니라 순수한 민족적 양심에 기초해서 행동했다는 점에서 이승만과 다르다는 것이다. 오히려 기독교라는 공통분모를 가진 이승만보다는 그렇지 않은 김구의 순수성과 닿아 있는 부분이 많았다고 볼 수 있다. 조만식은 일찍이 1920년대에 물산장려운동과 신간회에서 중요한 역할을 했고, 1930년대 자금난을 겪고 있던 『조선일보』를 위해 사재를 털었지만 결국은 조만식 사장을 마지막으로 지금의 방씨 일가로 조선일보 소유권이 넘어갔다. 조만식은 기독교와 민족주의 진영 모두에서 존경을 받던 인물이었다.

조만식이 민족적이고 우익적인 신념을 조금 양보하고 김일성과 협력했더라면 어떻게 되었을까? 만약 그랬다면 해방 공간에서 당장 통일은 이루어지지 않았을지 몰라도 전쟁 없이 동서독 정도의 긴장을 유지하다가 지금쯤은 통일이 되지도 않았을까? 무의미한 역사의 가정일 뿐이다.

조만식은 소련과 김일성의 견제로 활동을 제약받고 나머지 기독교 지도자들은 대부분 월남한 상황에서 북한 지역의 기독교인들이 겪었을 고충은 한동대학교 류대영 교수가 잘 설명하고 있다.

"남한 교회는 북한 교회에 지고 있는 역사적 빚을 갚아야 한다. 그것은 무엇보다 지난 잘못에 대한 역사적 반성에서 출발해야 할 것이다. 그런 반성은 월남한 서북 지역의 기독교 지도자들이 우리에게 남겨준 극단적 반공주의와 친미주의를 극복하려는 노력으로 이어져야 할 것이다. 그 바탕 위에서 북한과 북한 교회의 특성을 이해하고 사랑하는 통일 지향적인 자세가 나올 수 있다. 궁극적으로 남한 교회는 북한 교회에게 가르칠 것은 가르치고 그로부터 배울 것은 배워야 한다. 물신주의에 물들어가는 남한 교회가 북한 교회로부터 배울 바를 찾는 것도 남한 교회가 해야 할 역사적 책임이기도 한 것이다."

류대영, 『북한 기독교에 대한 남한 기독교의 역사적 책임』 중에서

해방 직후 교역자와 교인들의 대부분이 대거 남으로 떠나버린 후 북에 남아 있던 교회와 교인들은 엄청난 고난의 세월을 보내야 했다. 무엇보다 힘든 것은 사회주의라는 새로운 환경에 적응하는 일이었다. 기독교는 어떤 상황에서도 살아남을 수 있는 생명체이다. 남게 된 교인들 가운데 많은 수가 신앙을 견지했다.

현재 공식적으로 밝혀진 바에 의하면, 북한에는 30여 명의 목사가 이끄는 1만2천여 교인이 520여 '가정교회'와 2개의 교회를 중심으로 신앙생활을 계속하고 있다. 남한에서 보면 매우 이질적으로 보이지만, 그런 모습은 사회주의적 환경에 적응하여 존재하는 교회가 보이는 일반적인 특징이다. 신앙은 고백적인 것이다. 그리스도를 주로 고백하는 북한의 교회를 두고 고백의 진위를 판단하려는 태도는 건방지다.

팅구앙쉰

한국기독교교회협의회는 2012년 11월 중국 난징에서 거행된 팅 주교(Kuang-hsun Ting, 정광훈)의 장례식에 대표단을 보낸 정도로 그는 아시아 교회의 거물이었다. 그가 별세할 당시 중국 신화통신은 "뛰어난 애국 종교 지도자이자 사회운동가인 팅 주교가 향년 97세의 나이로 중국 난징(南京)에서 사망했다"고 보도했으며, 중국 CCTV도 3분여 동안 그의 죽음을 보도했다. 당시 후진타오 주석과 원자바오 총리도 애도를 표할 정도로 그는 중국 교회를 대표하는 인물이었다.

그는 본래 성공회 신부였기에 팅 주교로 불리는데, 그가 유명한 것은 중국의 분단 당시 친서구 세력, 즉 기독교에 더 우호적일 수 있는 대만의 장제스의 요청도 거부하고 마오쩌둥과 함께 중국 본토에 남았다는 사실 때문이다.

미국의 유니온 신학교에서 공부하고 1948년부터 스위스 제네바에서 세계기독학생회총연맹(WSCF)의 간사로 일하던 중 중국과 대만의 분단 과정을 보게 된다. 2차대전 직후는 새롭게 부각한 사회주의 세력에 대한 서구인들의 공포가 극에 달했을 때이다. 팅 주교의 동료들은 그의 중국행을 만류했으나 그는 '의타적이고 반동주의적 요소를 지닌 극우파의 주장'을 배척하며 기독교가 지닌 윤리 도덕적 내용이 사회주의 사회와 조화를 이룰 수 있음을 강조했다. 그의 이러한 노력으로 자치自治, 자양自養, 자전自傳을 기치로 내건 중국을 대표하는 삼자 교회가 자리 잡을 수 있었다.

삼자교회는 중국 기독교 교회 내에서 새로운 중국사회 건설에 기독교 정신이 반영되도록 노력했다. 덕분에 서구 침략 세력과 같은 이미지로 보이던 과거 기독교에 대한 중국인들의 부정적인 이미지가 많이 희석되었다.

우리들의 공통 목적은 하느님의 성전을 새로운 중국의 대지 위에 세워서 만민으로 하여금 복음의 빛을 보게 하는 것이다. 우리들의 임무가 막중

하고 갈 길이 먼 것을 여러분도 깨닫고 있으리라 믿는다. 우리들이 사랑의 과목을 공부하고 우리들의 교회를 주님께서 쓰시는 그릇으로 만들자.

팅 주교는 누구나 그랬듯이 문화혁명 때 죄목이 쓰인 명패를 목에 걸고 수모를 당했다. 나는 그를 생각할 때마다 대만 또는 서구 망명을 선택하지 않은 그가 문화혁명의 수모를 당하면서 어떤 생각을 했을까 궁금하다. 그는 이것조차도 중국의 역사 과정이라고 생각했을 것이다. 예수께서 십자가를 지셨듯이 그는 수모를 겪으면서도 자기의 선택을 후회하지 않았을 거라고 본다.

팅은 사회과학이 발달한 중국 학계에서 기독교에 대한 비판이 기승을 부리는 것에도 침묵하지 않았다. 그는 중국사회과학원이 펴낸 『중국 사회주의 시기의 종교문제』라는 책을 평하면서 종교를 다양한 요소와 중층적인 사회 실체로서 연구해야지, 교의만 갖고 비판해서는 안 된다고 주장한다. 종교가 인민의 아편이라고 주장하는 것은 얼치기 마르크스주의자들이 그의 저작도 제대로 읽지 않은 상태로서 말하는 것이라고 대립각을 세우기도 했다.

호르스트 카스너

여성 지도자로서 최고의 주가를 자랑하는 독일 총리 앙겔라 메르켈의 아버지 호르스트 카스너Horst Kassner. 루터교 목사였던 그는 앙겔라 메르켈이 태어나던 1954년 베를린 브란덴부르크 프리그티츠로 이사한다. 카스너 목사는 이곳의 루터교회 목사로 부임하는데 대부분의 사람들이 서독으로 탈출하던 시기에 그는 동독을 택한다. 2차대전 직후 독일에는 칼빈파, 루터파, 연합파의 전통을 따르는 25개 정도의 교단이 있었는데 이들은 독일개신교 협의회(Evangelische Kirche in Deutschland, 이하 EKD)를 조직하고 이 기구를 통해 교회의 공식적인 활동을 했다. 1948년 동서독이 분립되었어도 EKD는 분립되지 않았고 매년 교회의 날이면 동서독 교회의 연합행사를 치렀다. 루터파 교인이 많았던 동독 정부는 EKD의 요구를 거부할 수 없었다. 하지만 행사가 끝날 때마다 서독으로 탈출하는 사람이 많아지자 1962년 베를린 장벽을 세웠고, 1968년에는 동독 지역 교회가 EKD의 이름으로 활동하지 못하도록 했다.

이런 격변기에도 카스너 목사는 발트호프라는 공동체를 운영하면서 동독 사회주의 경제 안에서 유일하게, 재배한 농작물이 개인의 소유가 될 수 있는 자본주의 시스템으로 공동체를 운영했다. 이곳에는 교회가 운영하는 정신지체아 복지시설도 있었는데 메르켈은 이곳에서 엄격한 신앙교육을 받고, 정신지체아들과 사귀고, 자연에서 마음껏 뛰어노는 어린 시절을 보냈다고 한다.

독일의 현직 대통령인 요하임 가우크Joachim Gauck도 동독 출신의 루터교 목사다. 그는 통일 전의 동독에서 비밀경찰의 감시하에 동독 인권운동에 헌신한 인물로도 유명하다. 현재 유럽에서 독일은 경제적으로 앞선 나라이고 유대인 학살을 정치 지도자들이 진솔하게 반성함으로써 도덕적으로도 앞서 있다. 게다가 메르켈 총리는 독일 내 원전을 모두 폐기하겠다고 공언, 환경 정책에서도 세계의 주목을 받고 있는데 총리는 루터교 목사의 딸이고 대통령은 루터교 목사인 독특한 정치 지형에서 그들은 '국격'을 높이고 있다.

통일의 걸림돌은
무엇인가?

한국과 중국, 독일의 분단 상황은 모두 다르다. 독일은 패전국으로서 연합국에 의해 나뉜 경우로 둘 사이에 전쟁은 없었다. 중국은 충돌이 없었던 것은 아니나 한때 국공 합작으로 외세와 함께 싸우는 연합전선을 구축한 적도 있고, 마오쩌둥과 장제스의 전투로 중국 전역이 화마로 덮인 경험도 하지 않았다. 반면 좁은 영토의 한반도는 국토 전역이 전쟁터였고, 3년 동안 2백만 명이 희생되는 전투를 치렀기에 상대방에 대한 적개심이 강할 수밖에 없다. 그러므로 한반도 통일 담론에서 세 나라를 단순 비교하는 것은 어렵다.

단순 비교는 어려울지라도 교회가 나서서 반공의 기수가 된 것은 한국 보수 기독교 지도자들의 책임이라는 점은 반드시 짚고 넘어가야 한다. 소련과 미국은 한때 연합군이었으나 2차대전 이후 소련의 부상으로 미국을 비롯한 서구인들의 공산주의에 대한 공포는 극심했다. 미국에서 일어난 매카시즘 열풍도 이런 결과이다. 베트남 전쟁 전까지 대규모 충돌은 없었지만 그렇기 때문에 검증되지 않은 상대방에 대한 공포는 한국인들만큼이나 컸을 것이다. 그래도 서독 교회는 동독 교회를 끝까지 포기하지 않았다. 무엇보다도 서독 교회와 동독 교회를 이어줄 동독 교회 지도자들이 공산화된 동독에 남아 있었다.

일제하에서 미국은 가장 믿을 만한 존재였고 미국과 일제 강점기 조선의 백성들을 이어주는 연결고리는 기독교였다. 이것은 긍정적인 효과도 있었으나 해방 공간에서 미국과 기독교를 동일시하면서 미국과 적대적인 세력인 소련과 김일성은 기독교의 공적이 되고 말았다.(몇몇 연구에 따르면 전쟁 개전 초기에 김일성은 미국을 적대 세력으로 삼지 않았다고 한다. 유명한 1950년 7월의 미 공군의 원산폭격 이후 본격적으로 미국에 대한 적대적 표현들이 등장한 것이다. 김일성의 오판일 수도 있지만 김일성은 미국을 적으로 삼고 싶지 않았을 수도 있다.) 특히 남으로 도망친 교회 지도자들에게 공산주의자들은 대화의 상대가 아니라 적이었다. 사회주의 정신이 오히려 기독교와 가깝다고 보았던 팅구앙쉰도, 자발적으로 공산주의 진영에 남기를 원했던 카스너와 가우크도 우리에게 없었던 것이 비극의 시작이었다.

　말했듯이 조건이 다르므로 교회 지도자들이 북한 지역에 남는 것은 불가능했을 수도 있다. 그렇다면 적어도 그들의 월남을 정당화하기 위하여 북한을 악마로 취급하는 언행은 하지 말았어야 했다. 남쪽으로 도망친 교회 지도자들이 그렇게 월남을 강요해도 북녘 동포들과 끝까지 함께하겠다며 남았던 조만식이 존경받는 이유도 여기에 있다. 월남 1세대 지도자들은 모두 세상을 떴다. 그런데 교회는 반공의 기수다. 더 어처구니없는 사실은 일부 지도자들만 그럴 뿐 대부분의 교인들에게 반공은 더 이상 관심을 끄는 소재가 아니라는 것이다.

　그런 점에서 반공주의자 기독교인 문창극이 총리 후보로 천거된 적이 있었던 것은 한국 교회에서 반공 목사와 교인들이 따로 놀고(?) 있다는 사실을 간과한 정보 부재에서 나왔다. 보수 기독교 세력을 정권의 지지기반으로 삼으려고 했다가 톡톡히 망신을 당한 셈이다. 뒤집어 말하면, 6·25 발발 64년이 지나도 그날의 수법으로 정치를 하려는 사람들이 이 나라 지도자들이라는 부끄러움을 그대로 드러내었다. 한국 교회와 문창극, 반공의 연결고리에 편승하려던 정권의 의도를 깨닫지 못하고 문창극을 옹호하는 성명서를 발표했던, 그나마 존경이라도 받아오던 홍정길, 류호준, 박은조 등이 가장 바보짓을 한 것은 말할 나위가 없다.

· 니콜 슐라이, 『독일 첫 여성 총리 앙겔라 메르켈』(서경홍 옮김, 문학사상사, 2016).
· 팅구앙쉰, 『사랑은 없어지지 않습니다』(김종구 옮김, 민중사, 1999).

최태민과
라스푸틴

　　1853년부터 1856년까지 벌어진 크림전쟁에서 영국과 프랑스에 패한 국가적 위기 상황에서 러시아의 알렉산드르 2세는 농노 해방령을 비롯한 개혁 정책을 시도한다. 유럽 사회에 비해 뒤처진 러시아의 근대화가 전쟁의 패배를 불러왔다는 판단에서 추진한 알렉산드르 2세의 개혁 정책은 고무적이었지만 아래로부터의 혁명의 기운을 누르기에는 역부족이었다. 그가 1881년 암살되고 뒤이은 알렉산드르 3세와 니콜라이 2세도 개혁을 완전히 외면한 것은 아니었으나 혁명의 기운은 이미 누를 수 없는 상태에 와 있었다.

　　니콜라이 2세에게는 혈우병에 걸린 황태자가 있었다. 이때 신비의 인물 라스푸틴Grigorii Efimovich Raspuʹtin이 러시아 정계에 등장한다. 러시아정교회 수도원에서 오랫동안 수행한 그는 기도로 황태자의 출혈을 멈추게 했다고 전해진다. 이런 체험을 한 니콜라이 2세의 황후는 하느님이 라스푸틴을 통하여 자신에게 직접 말한다고 믿었다. 1915년 라스푸틴의 말을 믿고 니콜라이 2세는 전쟁터(1차 세계대전)로 나갔으며 모스크바에 남은 황후가 라스푸틴의 영향을 받아 섭정을 했다. 심지어는 라스푸틴의 예언에 의존해 전쟁터에 있는 남편에게 작전 지시까지 내렸다. 최순실이라는 여인이 박근혜 대통령의 연설문에 손을 댄 것과 흡사하다.

1916년 블라디미르 푸리슈케비치 의원은 두마(1906년 구성된 러시아 의회)에서 '장관들이 마리오네트(인형극의 인형)가 되어 있다'고 주장한 것을 계기로 라스푸틴 암살 계획이 비밀리에 진행된다. 라스푸틴은 정말 신비한 능력을 가지고 있었을까? 그는 이러한 편지를 남긴다.

상트페테르부르크에서 이 편지를 남긴다.
나는 내년 1월 1일이 오기 전까지 살기 어려울 것 같다.
나는 러시아의 국민들과 러시아의 아버지, 어머니, 자식들이
다음과 같은 것들을 이해해주기를 바란다. […]
러시아의 황제여,
만일 당신이 나 그리고리의 죽음을 알리는 종소리를
듣게 된다면 당신은 다음을 명심해야 할 것이다.
만일 당신의 일족 중 누구라도 내 죽음에 연루된다면
2년 내에 당신의 일족, 가족과 자식들까지
모두 살아남지 못할 것이다.

그들은 모두 러시아 민중들에게 죽음을 당할 것이다. […]

나는 죽을 것이며 더 이상 살아 있는 자들과

함께하지 못한다.

기도하고 기도하며 마음을 굳게 가지며

당신의 가족을 생각하라.

1916년 12월 29일 그는 '예언'대로 1월 1일을 이틀 앞두고 47세의 나이로 죽음을 맞는다. 왕의 가족이 암살에 연루되어 있었는지는 알려져 있지 않지만 그의 예언대로 1917년 볼셰비키 혁명 이듬해 니콜라이 2세와 황후, 1남 4녀의 가족은 모두 총살당한다. 혈우병에 시달리던 알렉세이 황태자도 13살의 나이로 함께 총살당했다.

데이비드 파커David Parker와 여러 학자들이 함께 쓴 『혁명의 탄생(Revolutions and the Revolutionary Tradition)』에서는 혁명의 원인을 단순화하지 않는다. 내부적인 불만 폭발, 외부정세의 변화와 같은 이유 외에도 혁명을 일으키는 요인은 다양하다는 것이다. 그렇다면 볼셰비키 혁명의 배경에는 라스푸틴의 정치 개입도 큰 부분을 차지하고 있음에 틀림없다.

러시아정교회는 로마 가톨릭보다도 더 신비적이다. 이런 신비적인 분위기에 독일 출신의 개신교인인 황후 알렉산드라가 느낀 낯선 땅에서의 외로움은 이루 말할 수 없었을 것이다. 게다가 혈우병을 앓는 아들, 끊임없이 발생하는 민중 봉기 정국에서 오는 불안감은 그녀를 더욱더 신비적 성향에 빠져들게 만들었을 것이다.

니콜라이 2세 가족은 2001년 러시아정교회에 의해 성인으로 시성된

다. 최근 푸틴과 러시아정교회의 밀월 국면에서도 알 수 있듯이 러시아
정교회는 볼셰비키 이전에 그랬던 것처럼 권력과 점점 가까워지고 있다.

최태민,
그는 누구인가

한국 정치에서 아직도 이름이 등장하는 정체불명의 인물은 최태
민이다.

1974년 어머니 육영수가 총탄에 쓰러진 뒤 '퍼스트레이디' 역할을
하던 박근혜에게 '어머니가 자신의 꿈에 나타나서 내 딸을 위로해달라
고 했다'며 최태민은 접근한다. 최태민은 훗날 '현몽' 운운한 적이 없다
며 부인했지만 정체불명의 사람이 박근혜에게 절대적인 신뢰를 받게
된 것을 보면 그에게도 정말 라스푸틴과 같은 '신비한 능력'이 있었던
것은 아닐까 궁금해진다.

중앙정보부장을 지낸 후 의문의 죽음을 당한 김형욱은 회고록에서
최태민이 박근혜에게 보냈다는 편지의 내용을 이렇게 밝힌다.

> "어머니는 돌아가신 게 아니라 너의 시대를 열어주기 위해 길을 비켜주
> 었다는 것, 네가 왜 모르느냐. 너를 한국, 나아가 아시아의 지도자로 키우
> 기 위해 자리만 옮겼을 뿐이다. 어머니 목소리가 듣고 싶을 때 나를 통하
> 면 항상 들을 수 있다. 육 여사가 꿈에 나타나 '내 딸이 우매해 아무것도
> 모르고 슬퍼만 한다'면서 '이런 뜻을 전해달라'고 했다."

최태민은 목사로 알려졌지만 박근혜에게 접근했을 때 그는 목사가 아니었다. 박근혜의 신뢰를 받으면서 목사라는 타이틀을 갑자기 달았지만 그는 승려 활동을 비롯해 신흥 종교 교주 역할을 하던 사람이었다. 라스푸틴이 대단한 성적 욕망의 소유자였다고 알려진 것처럼 최태민 주위에는 '온갖 여성과의 스캔들 의혹'이 끊이질 않았다고 『한겨레』 신문은 밝히기도 했다.

박근혜의 지근거리에 있게 된 최태민은 '대한구국선교단'을 발족하고 총재를 맡았고 박근혜는 명예총재로 추대되었다. 이 단체는 '구국봉사단', '새마음봉사단'으로 이름을 바꾸어 지속된다.

신군부 시절의 최태민 '수사자료'엔 "형식상 모든 업무는 박근혜가 관장하였으나 실질적으로 비공식 고문격인 최태민이 전권을 위임받아 행정부, 정계, 경제계, 언론계 등 각 분야에 영향력을 행사"했다는 기록이 있었다고 전해진다. 1994년 사망한 최태민이 기억에서 사라질 무렵 박근혜는 1998년 정치인으로 대중 앞에 복귀한다. 그녀만 복귀한 것이 아니라 최태민을 둘러싼 소문도 다시 복귀했다. 최태민의 딸 최순실의 남편인 정윤회가 1998년 비서실장으로 박근혜의 옆에 있었기 때문이다.

러시아정교회가 니콜라이 2세 가족을 성인으로 시성하면서 라스푸틴이 다시 거론되듯이 최태민의 흔적은 한국 정치에서 아직 살아 있다.

"간절히 바라면
우주가 도와준다"는 말

박근혜 정부 시절 어린이날 청와대를 방문한 어린이들 앞에서 박근혜 대통령은 "정말 간절하게 원하면 전 우주가 나서서 다 같이 도와준다, 그리고 꿈이 이뤄진다"고 말했다고 언론들이 보도했다. 이 기사를 읽으면서 나는 "아!"라는 장탄식을 내뱉을 수밖에 없었다. 그녀의 화법을 사람들이 비판할 때도 나는 그런 비판에 가세하지 않았다. 사람의 화술이라는 게 훈련만으로는 되지 않기에 반대자들의 괜한 비판으로 치부해버렸었다. 정책을 비판해야지 말솜씨를 비판하는 것은 옳지 않다고 생각했기 때문이다.

그런데 우주가 나서서 도와준다니, 이것은 아이들에게 꿈을 가지라는 말치고는 뭔가 '우주적'이지 않은가? 물론 이 말은 파울로 코엘료의 글에 나오는 말이기는 하다. 그가 하면 되고, 박 대통령이 하면 안 된다는 뜻은 아니다. 기독교를 긍정교로 바꾸어놓은 목사들도 파울로 코엘료의 글을 선호하고, 심지어는 간절히 바라면 모든 것을 이룰 수 있다는 론다 번Rhonda Byrne의 『시크릿─수세기 동안 단 1퍼센트만이 알았던 부와 성공의 비밀』 같은 책의 내용을 설교 시간에 아무렇지도 않게 예화로 사용하는 판에 대통령이 아이들에게 원대한 꿈을 가지라는 취지에서 한 말에 시비를 건다고 할 수도 있겠다. 그러나 파울로 코엘료의 말은 합리성과 경쟁에 기초한 사회를 살아가다가 지친 사람들에게 주는 말이지 (그 말의 옳고 그름을 떠나서) 꿈으로 가득 찬 아이들에게 할 말은 아니다.

내가 장탄식을 한 이유는 여기에 있다. '나를 통하면 다른 세상에 있는 어머니와 말을 나눌 수 있다', '영생교', '우주가 도와준다'라는 말이 묘하게 닿아 있다. 가장 예민한 시기에 감화를 주었던 '그분'의 흔적이 박근혜의 행보나 언어에 남아 있는 것처럼 보였었다. 아직도 속세의 백성들이 무엇 때문에 근심하고 아파하는지 모르고 우주를 헤매고 있는 것은 아닌지 걱정도 든다. 마침내 '에너지(기)를 모아야 한다'는 취지의 말을 '에너지를 분산시키자'로 오해할 수 있게끔 말해 네티즌들의 조롱을 받고 있다.

전시도 아닌 평시에 부모님을 흉탄에 잃었던 경험이 20대 젊은 여성에게 미친 영향을 우리는 짐작하고도 남는다. 아들을 혈우병으로 잃을지도 모른다는 알렉산드라 황후의 두려움보다 부모를 잃은 두려움이 더 컸으면 컸지 결코 적지 않을 것이다. 그 슬픔도 우리는 충분히 헤아려야 한다. 정신과 의사 정혜신은 이러한 박근혜의 트라우마가 세월호 유가족과 공감 못하는 원인이라고 분석한다. 혁명에는 어떤 완결된 조건이 없다는 말처럼, 태블릿 PC 하나가 촛불 혁명을 일으키고야 말았다.

• 데이비드 파커, 『혁명의 탄생』(박윤덕 옮김, 교양인, 2009).